The Canterbury and York Society
GENERAL EDITOR: R. L. STOREY
M.A., Ph.D.

DIOCESE OF YORK

T0339051

CANTERBURY AND YORK SOCIETY VOL. LXXI

The Register of

William Melton

ARCHBISHOP OF YORK

1317-1340

VOLUME II

EDITED BY

DAVID ROBINSON, M.A., Ph.D.

County Archivist of Surrey

PRINTED IN GREAT BRITAIN BY
THE DEVONSHIRE PRESS, TORQUAY
MCMLXXVIII

PREFACE

This volume forms the second part of the Society's edition of Archbishop Melton's register. It comprises the material which appears in folios CCXXIIII to CCLXV of the manuscript, the section covering the Archdeaconry of Cleveland. For reasons of economy, editorial practice in this volume differs from that adopted in Volume I (ed. Rosalind Hill, 1977) in the following respects: in full Latin texts, the dating clause is given in abridged form, with the year A.D. numbered as in the original and not in its modern form; in calendared entries, the marginal description has been omitted except when it is at variance with the entry or in other respects provides additional information. Most common form letters and memoranda, all entries already in print, and second and later entries similar to a first 'model' have been calendared.

The Society must record its obligation to the British Academy for a handsome subsidy towards the cost of publication. I must express my own debt to Professor Robin Storey for his editorial guidance. The present edition of the Cleveland section was undertaken initially as part of a Cambridge University doctoral thesis: my debt to my supervisor, Professor C. R. Cheney, is indeed considerable. I am indebted to the late Mrs. N. K. M. Gurney and to Dr. David Smith, successive directors of the Borthwick Institute of Historical Research, for facilitating my work on this great register.

DAVID ROBINSON

CONTENTS

ABBREVIATIONS

Cart. Gyseburne   ...   *Cartularium prioratus de Gyseburne*, ed. W. Brown, Surtees Society, vols. LXXXVI, LXXXIX, 1889, 1894.

Cart. Whiteby   ...   *Cartularium abbathiae de Whiteby*, ed. J. C. Atkinson, Surtees Society, vols. LXIX. LXXII, 1879, 1881.

CCR.   ...   *Calendar of Close Rolls*, H.M.S.O., 1892–1963.

CPR.   ...   *Calendar of Patent Rolls*, H.M.S.O., 1891–.

Raine, *L.N.R.*   ...   *Letters from Northern Registers*, ed. J. Raine, Rolls Series, 1873.

Reg. Greenfield   ...   *The register of William Greenfield*, ed. W. Brown and A. H. Thompson, Surtees Society, vols. CXLV, CXLIX, CLI–LIII, 1931–40.

ARCHDEACONRY OF CLEVELAND

[Fo. 224; N.F. 269] DE ARCHIDIACONATU CLIVELAND: ANNO GRACIE M^OCCC^{MO} SEPTIMO DECI[MO ET PONTIFICATUS] WILLELMI DE MELTON PRIMO[1]

1. [*Beverley, 14 Jan. 1318. Appointment of Thomas de Cawode, vicar of Felixkirk, as sequestrator in the archdeaconry of Cleveland.*]

CREATIO SEQUESTRATORIS IN ARCHIDIACONATU CLYVEL'. Willelmus permissione divina Eboracensis archiepiscopus Anglie primas dilecto filio domino Thome de Cawode vicario ecclesie sancti Felicis nostre diocesis salutem graciam et benedictionem. De tua fidelitate et industria plenius confidentes, te sequestratorem nostrum in archidiaconatu Clyveland' preficimus et deputamus cum cohercionis canonice potestate, universis subditis nostris per dictum archidiaconatum constitutis in virtute sancte obediencie firmiter injungentes quod tibi in hiis que ad hujusmodi officium pertinent pareant humiliter et intendant. Vale. [Beverl', 19 kal. Feb. 1317.]

2. [*Bishop Burton, 25 Jan. 1318. Inhibition against the sale of corrodies or liveries by the prioress and convent of Moxby.*]

INHIBITIO .. PRIORISSE ET CONVENTUI DE MOLSEBY NE VENDANT CORRODIUM VEL LIBERATIONEM. Willelmus etc. dilectis in Christo filiabus .. priorisse et conventui monialium de Molseby salutem [etc.]. Inter cetera que nostris incumbunt humeris exequenda illud gratum coram Deo novimus et acceptum indempnitati subditorum nostrorum prospicere pressuris etiam et gravaminibus eorundem studiosius precavere. Cum itaque sicut fidedignorum testimonio recepimus domus vestra predicta diversis debitis sit depressa nec ad ipsius supportationem congruam proprie suppetant facultates non expedit in alienos usus superefundere quod vix sufficere poterit pro necessariis dicte domus, vobis in virtute obediencie et sub pena excommunicationis majoris injungimus firmiter et mandamus quatinus nullum corrodium seu liberationem aliquam titulo venditionis seu donationis aliove colore quocumque quesito motu proprio vel ad instanciam seu requisitionem aliorum cujuscumque conditionis existant cuicumque persone absque nostra licencia speciali concedere presumatis. Valete. [Burton prope Beverl', 8 kal. Feb. 1317.]

---

[1] At foot of N.F. 269: succeeding folios and their versos have *De archidiaconatu Clyvel'*, *archidiaconatus Clyveland*, *Cliveland* or some such note, and often the year, e.g. *de anno tercio*.

3. [*Bishop Burton, 26 Jan. 1318. Commission to Master Robert de Ripplingham, chancellor of York, Master John de Skyrn, commissary-general of the official of York, and John de Hemingburgh, dean of Christianity of York, to visit Marton priory, which is in a ruinous state.*]

COMMISSIO PORRECT[A] MAGISTRIS R. DE R[YP]PLINGHAM JOHANNI DE SKYREN ETC. AD VI[SITANDUM] PRIOREM ET CONVENTUM DE MARTON IN GALTRES. W. etc. dilectis filiis magistris Roberto de Rypplingham cancellario ecclesie nostre Eboracensis Johanni de Skyrin officialis nostri Eboracensis commissario generali et domino Johanni de Hemingburgh decano nostro Christianitatis Eboracensis salutem [*etc.*]. Misere et vix reparabili ruine cui domum de Marton in Galtres et canonicos domus ejusdem suis impellentibus lacunis et demeritis hiis diebus supponitur fama intelleximus referente, piis compatientes visceribus et paternis pro reparatione eorundem sollicitas cumulavimus vigilias quibus eis consulere potuimus salubrius et mederi. Quia tamen curam nostri pastoralis officii circa alia necessaria occupati oportebit nos quandoque per alios exequi et suplere, nos de vestre puritate consciencie ac circumspectione provida confidentes, ad exercendum visitationis et inquisitionis actum apud priorem et conventum ac personas singulas domus ejusdem tam in capite quam in membris, necnon ad corrigendum et reformandum ac etiam canonice puniendum crimina et defectus quecumque per vos ibidem comperta prout secundum Deum potius videritis expedire, hiis que personam et statum prioris ejusdem contigerint nobis specialiter reservatis, necnon ad certificandum nos quamcito commode poteritis super omnibus et singulis que per vos comperta et acta fuerint in premissis, vobis committimus vices nostras cum cohercionis canonice potestate, ita quod si non omnes hiis exequendis poteritis interesse duo tamen vestrum ea cum celeritate debita nichilominus exequantur. Valete. [Burton prope Beverl', 7 kal. Feb. 1317.]

4. [*Bishop Burton, 26 Jan. 1318. Letter to the prior and convent of Marton, ordering them to obey the commissioners appointed to visit their priory and to implement their mandates and sentences.*]

LITTERA DIRECTA PRIO[RI ET] CONVENTUI DE MARTON AD OBEDIENDUM MAGISTRIS [R] DE RYPPLINGHAM [ETC.] DICTUM PRIOREM VISITANTIBUS. W. etc. dilectis filiis .. priori et conventui monasterii de Marton in Galtres salutem [*etc.*]. Curam officii nostri pastoralis oportet nos quandoque per alios exequi et suplere dum circa alia necessario occupamur. Hinc est quod vobis et cuilibet vestrum in virtute obediencie firmiter injungimus et mandamus quatinus dilectis nobis in Christo magistris Roberto de Rypplingham cancellario ecclesie nostre Eboracensis Johanni de Skyren officialis nostri Eboracensis commissario

generali et domino Johanni de Hemingburgh' decano nostro Christianitatis Eboracensis, de quorum modestia et peritia circumspecta confidimus quibusque ad visitandum vos et monasterium vestrum ac
personas singulas ejusdem inquirendum et corrigendum ac canonice
puniendum crimina et defectus prout secundum Deum viderint
expedire committimus vices nostras, eisdem cum ad vos venerint sitis
obedientes et intendentes in omnibus sicud nobis et ipsorum monita ac
mandata suscipiatis humiliter et devote eaque adimplere studeatis,
alioquin sentencias quas rite tulerint in rebelles ratas habebimus et
acceptas. [Burton prope Beverl', 7 kal. Feb. 1317.]

5. [*Cawood, 12 Feb. 1318. Custody of the sequestration of Escrick church,
vacant as a result of the papal decree 'Execrabilis', is given to Thomas de
Cawode, sequestrator in the archdeaconry of Cleveland.*]

COMMISSIO FACTA DOMINO THOME DE CAWOD' AD CUSTODIENDUM
SEQUESTRUM ECCLESIE DE ESCRIK'. Willelmus etc. dilecto filio domino
Thome de Cawod' vicario ecclesie sancti Felicis sequestratori nostro in
archidiaconatu Clyvelan' salutem [*etc.*]. Tue circumspectioni cum
potestate cohercionis canonice committimus et mandamus quatinus
ecclesie de Escrik nostre diocesis per dimissionem rectoris ejusdem in
forma constititutionis papalis contra plurales ut refertur edite in eodem
archidiaconatu jam vacantis omnium etiam fructuum proventuum et
obventionum ad ecclesiam predictam qualitercumque provenientium
a die xi mensis Februarii, quo die ipsa ecclesia in manibus nostris
dimissa extitit nomine sequestri, quod ex tunc interponi duximus in
eisdem curam et custodiam sollicitam adhibeas ac festinam, ita quod
ab omni periculo penes sedem apostolicam in eventu tua mediante
diligencia indempnes penitus conservemur sicut de hiis respondere
volueris cum super hoc fueris requisitus, proviso quod ecclesia predicta
interim debitis non fraudetur obsequiis et animarum cura in ea
nullatenus necligatur, contradictores et rebelles per omnem censuram
ecclesie debite compescendo. Vale. [Cawode, 2 id. Feb. 1317.]

6. The previous entry is repeated, the marginal note reading
CUSTODIA SEQUESTRI ECCLESIE DE ESCRIK and the date *iij idus Februarii*.

7. [*Bishopthorpe, 28 Feb. 1318. Mandate to the prioress and convent of
Arden to receive back Claricia de Spedon, a nun of the house, as a penitent
after her apostacy.*[1]]

LITTERA DIRECTA PRIORISSE ET CONVENTUI DE ERDEN PRO DOMINA
CLARICIA DE SPEDON. Willelmus [*etc.*] dilectis in Christo filiabus

---

[1] This document is badly rubbed. Those parts which are illegible have been
inserted with reference to *Reg. Greenfield*, v. 272, where a similar form is used.

priorisse et conventui de Erden nostre diocesis salutem [*etc.*]. Descendit [pastor excelsus ovem querere perditam et] ultro medicus salutaris venit ad egrotum ut idem pastor et medicus [ovem perditam] ad [ovile] suis [humeris reportaret et] egri dolores ferret medicinaliter in se ipso. Summi itaque pastoris exemplum quatenus humana [fuit fragilitas piis visceribus amplectentes], dominam Clariciam de Spedon monialem domus vestre, que emisse professionis sue et promisse stabilitatis votum oblita quem in vestra domo assumpserat dimisso vagationibus se exponens illicitis lasciviis et vanitatibus seculi diutius se [immiscuit proch]dolor et [ingessit], sed nunc ad cor rediens et sinum intrans consciencie ad gremium claustrale redire appetit penitenciam salutarem ut asserit humiliter subitura, ad vos et vestram domum duximus remittendam. Vobis injungimus firmiter et mandamus [quatinus eidem domine Claricie] ad vos in statu penitentis devotius revertenti pietatis viscera apperientes, eandem juxta regule vestre instituta et [ordinis disciplinam] sicut convenit admittatis. Valete. [Thorp' prope Ebor', 2 kal. Mar. 1317.]

8. [Fo. 224ᵛ; N.F. 269ᵛ] Licence for study until Michaelmas 1319 at any *studium generale* to John de Erghom, rector of Bossall (*Bossale*), subdeacon. He need not be promoted to higher orders nor reside in person, provided that his benefice is served by a good and sufficient vicar deputed by himself or by the archbishop. Cawood, 2 Mar. 1318.

9. Commission during pleasure to Simon, son of John de Munketon, clerk (dioc. York), of the custody of the church of Escrick (*Eskeryk*), vacant, in the gift of Elizabeth, widow of Roger de Lassceles, kt. He is to account when required to the archbishop or the official of York. Bishopthorpe, 8 Mar. 1318.

10. Mandate to the sequestrator to permit Simon free administration of the above custody. Dated as above.

11. [*Cawood, 18 Mar. 1318. Commission to Nicholas de Huggate, provost of Beverley, to discover why Robert de Hampton, rector of Middleton (by Pickering), had not been ordained priest.*]

COMMISSIO PRO RECTORE ECCLESIE DE MIDDELTON. Willelmus, etc. dilecto filio domino Nicholao de Hugate preposito in ecclesia nostra beati Johannis Beverl' salutem [*etc.*]. Ad recipiendum et examinandum in forma juris testes et alias probationes legitimas, quas dominus Robertus de Hampton rector ecclesie de Midelton nostre diocesis supes impedimento legitimo coram nobis per eundem pretenso quominur in celebratione ordinum die Sabbati quatuor temporum proxima post festa exaltationis sancte Crucis et sancte Lucie virginis anno domini millesimo trecentesimo decimo septimo ultimo jam transacta ad ordinem sacerdotii poterat promoveri intendit facere et inducere in hac parte, discretioni vestre de qua plenam optinemus fiduciam ut prefati domini Roberti in hoc parcatur laboribus et expensis tenore presentium committimus vices nostras. Proviso quod super hiis que feceritis et inveneritis in premissis nos pro loco et tempore oportunis curetis distincte et aperte certiores per omnia reddere cum ex parte ejusdem domini Roberti fueritis congrue requisiti, probationes coram vobis habitas et depositiones testium si quos coram vobis duxerit producendos nobis sub sigillo vestro clausas nulli proditas seu ostensas fideliter et plenarie transmittentes. Valete. [Cawode. 15 kal. Apr. 1318.]

12. [*Cawood, 3 Apr. 1318. Warning to the abbot and convent of Byland of the archbishop's forthcoming visit to receive procurations.*]

UT DOMINUS PROCURETUR APUD BELLAMLAND' RATIONE PRIMI ADVENTUS SUI. Willelmus etc. dilectis filiis abbati et conventui de Bella landa salutem [*etc.*]. Quia die Dominica proxima post festum inventionis Sancte Crucis videlicet septimo die mensis Maii in visitationis nostre progressu transituri intendimus ad domum vestram de Bella landa declinare, procurationem a vobis ratione primi adventus nostri nobis debitam ac hospitium in vestra domo vestris sumptibus recepturi, vos super hoc tenore presentium censuimus premunire ut interim parare possitis omnia que in omnibus[1] . . . Valete. [Cawode, 3 non. Apr. 1318.]

13. [*Cawood, 3 Apr. 1318. Warning to the prioress and convent of Moxby of impending visitation.*]

VISITATIO MONIALIUM DE MOLSEBY. Willelmus etc. dilectis in Christo filiabus priorisse et conventui de Molseby nostre diocesis salutem [*etc.*]. Quia intendimus per Dei graciam die Jovis proxima post festum Inventionis sancte crucis videlicet iiij die mensis Marcii vos in capitulo vestro intueri ac visitationis officium apud vos paternis affectibus exercere, vobis tenore presentium injungimus et mandamus quatinus omnes et singule dicto die coram nobis vel clericis nostris familiaribus personas vestras ibidem et votivam presenciam pretendatis, nostra salubria monita correctiones et injuncta debita et devota reverencia recepture. Ex quibus Altissimus fructum producat placidum qui vobis utinam proficiat sicud pie cupimus ad salutem. Commoniales vestras si que nunc absentes fuerint facientes absque dilatione premuniri ut

---

[1] *incumbunt* lost in margin?

dicta die Jovis coram nobis seu clericis nostris una vobiscum intersint nostram visitationem hujusmodi suscepture et alias facture et recepture ea que superius exprimuntur. Valete. [Cawode, 3 non. Apr. 1318.]

14. [*Cawood, 3 Apr. 1318. Mandate to the archdeacon of Cleveland to prepare for the primary visitation of the deanery of Bulmer.*]

VISITATIO DECANATUS DE BULMER. Willelmus etc. dilecto filio archidiacono Cliveland' vel ejus officiali salutem [*etc.*]. Quia clerum et populum decanatus de Bulmer diebus et locis subscriptis intendimus per Dei graciam visitare, vobis mandamus quatinus omnes rectores vicarios et presbiteros parochialium ecclesiarum et capellarum decanatus ejusdem ac ceteros in eisdem ecclesiis et capellis ministrantes necnon de singulis villis parochiarum quarumlibet duo tres vel quatuor viros fidedignos secundum majoritatem vel minoritatem villarum ipsarum citetis vel citari faciatis peremptorie quod illi de decanatu predicto in tres partes prout commodius et equalius videritis dividendo, prima scilicet pars die Martis in crastino apostolorum Philippi et Jacobi in ecclesia parochiali de Estring', secunda pars die Sabbati proxima post festum inventionis Sancte Crucis videlicet sexto die mensis Maii in ecclesia parochiali de Esingwald, tercia pars die Martis proxima post festum sancti Johannis Beverl' videlicet nono die mensis Maii in ecclesia parochiali de Brandesby tempestive coram nobis vel clericis nostris familiaribus compareant visitationem nostram devote et humiliter admissuri, exhortationes etiam examinationes et correctiones debitas canonice subituri, proviso quod laici evocandi sint veridici, bone opinionis et fame sicut canonicam effugere volueritis ultionem. Nos super hujus executione mandati et qualiter decanatum predictum per parochias duxeritis distinguendum citra primum diem superius nominatum certificantes per vestras patentes litteras harum seriem continentes, vos autem visitationi hujusmodi personaliter intersitis, decano predicti decanatus firmiter injungentes quod nomina ecclesiarum et capellarum ac citatorum omnium in scriptis redacta coram nobis vel clericis diebus exhibeat supra dictis. Valete. [Cawode, 3 non. Apr. 1318.]

15. [Fo. 225; N.F. 270] Mandate (similar to no. 13) to the prior and convent of Marton for a visitation on 5 May, adding:

Et quia per nostrum adventum vestrarum salutem querimus animarum, domus autem vestre onerationem ultra modum debitum propter nostram presenciam minime affectamus, vobis firmiter inhibemus ne de extraneis aut extrinsecis personis nichil utilitatis domui vestre afferentibus ad dictum diem invitationes aliquas quominus nostro

tunc ibidem libere vacare possimus officio aliqualiter sine nostra licencia faciatis.
Cawood, 3 Apr. 1318.

16. Memorandum of intention to visit the prior and convent of Newburgh on 8 May.

17. Licence to Alan de Notingham, deacon, rector of Dalby, to be absent for two years 'in forma constitutionis'. [Cawood?], 4 Apr. 1318.

18. Institution and mandate for induction of Simon, son of John de Monketon, acolyte, to the church of Escrick (*Eskeryk*); presented by Lady Elizabeth, widow of Sir Roger de Laceyls, 'ratione dominii et terrarum suarum de Eskryk quas habet nomine dotis sue'. Cawood. 5 Apr. 1318.

19. [*Cawood, 14 Apr. 1318. Mandate to elect a prior of Newburgh in succession to John de Foxholes.*]

LICENCIA CONCESSA SUBPRIORI ET CONVENTUI MONASTERII DE NOVO BURGO AD ELIGENDUM. Willelmus etc. dilectis filiis .. suppriori et conventui monasterii de Novo Burgo nostre diocesis salutem [*etc.*]. Cum frater Johannes de Foxholes dudum prior monasterii predicti certis ex causis onus cure pastoralis sibi incumbentis ad utilitatem dicti monasterii non valet diutius supportare, affectansque hujusmodi cura et officio penitus exonerari omni juri quod sibi competiit in cura et officio ipsius monasterii pure sponte simpliciter et absolute in nostris manibus cessisset, nobis humiliter et cum instancia supplicando ut dictam cessionem suam cum favore admittere dignaremur, nos attendentes causas ob quas cessionem desiderat predictam veras existere et canonicas suam hujusmodi admisimus cessionem, injungentes vobis propter pericula que ex diutina vacatione dicti monasterii eidem poterint provenire quatinus receptis presentibus absque more diffugio ad providendum vobis et vestro monasterio de priore et pastore debite procedatis prout ad honorem Dei et dicti monasterii utilitatem melius et consultius videritis faciendum. Proviso quod talis vobis eligatur in priorem qui nobis et ecclesie nostre Eboracensi devotus ac vobis et vestro monasterio existat utilis ad regendum. Valete. [Cawode, 18 kal. May 1318.]

20. [*Cawood, 14 Apr. 1318. Confirmation of the provision for John de Foxholes on his resignation as prior of Newburgh.*]

ORDINATIO ET PROVISIO FRATRIS JOHANNIS DE FOXHOLES NUPER PRIORIS

DE NOVO BURGO POST CESSIONEM SUAM. Universis sancte matris ecclesie filiis ad quos presentes littere pervenerint Willelmus permissione divina Eboracensis archiepiscopus Anglie primas salutem in amplexibus Salvatoris. Litteras dilectorum in Christo filiorum supprioris et conventus monasterii de Novo Burgo nostre diocesis sigillo communi ejusdem monasterii signatas recepimus tenorem qui sequitur continentes:

Venerabili in Christo patri domino W. Dei gracia Eboracensi archiepiscopo[1] Anglie primati sui devotissimi .. supprior et conventus de Novo Burgo obedienciam reverenciam et honorem. Cum illi sint honorandi precipue qui gratis cedunt honoribus ut meliora prospiciant et semet ipsos gratanter alieno submittunt arbitrio ne forsan propter eorum privatum comodum locus ubi president dispendium patiatur, nos industriam fratris Johannis prioris nostri circumspectam dampna nuper nobis illata propensius considerantis et futura pericula precaventis diversasque rerum et temporis circumstancias non inconsulte pensantis, qui prioratui suo cedere coram vobis ut credimus intendit, consentimus unanimiter pura voluntate et concedimus quantum in nobis est quod idem frater Johannes pro sua sustentatione quamdiu vixerit ecclesiam de Cundale nobis appropriatam cum omnibus pertinenciis tam spiritualibus quam temporalibus cum oneribus tam ordinariis quam extraordinariis habeat una cum habitu decenti et uno socio secum commorante, quem sibi liceat amovere prout viderit expedire et alium assensu .. prioris sui ac .. conventus ejus loco subrogare. Concedimus etiam eidem Johanni quod veniat ad domum nostram quando sibi placuerit et ibi maneat, decentem etiam cameram dictam Botolstan pro se et sua familia quamdiu morari disposuerit suis tamen sumptibus in esculentis et poculentis habeat. Et nos sibi et suis rationabiliter focale et literam ministrabimus de nostro. Volentes insuper quod sibi prospiciatur in eventu ne desperet de fraterna caritate, consentimus quod si contingat per hostes aut casum fortuitum illum locum destrui vel alias absque culpa sua inutilem fieri, quod secundum facultates domus honorifice per nos sibi celeriter provideatur et in ceteris omnibus sicut premissum est plene ministretur, unde paternitatem vestram humiliter deprecamur quatinus hiis omnibus dignemini vestram auctoritatem impartiri favorabiliter et nostrum communem consensum paterna benivolencia gracius approbare. Conservet vos Deus ad regimen commissi gregis cum votivis successibus per tempora diuturna. Datum apud Novum Burgum pridie idus Aprilis anno domini millesimo trecentesimo octavo decimo.

Nos itaque concessionem et provisionem dictorum subprioris et conventus fratri Johanni de Foxholes nuper priori suo prout in prefatis

---

[1] *Eboracensi* repeated.

litteris plenius continetur ratas et gratas habentes easque omni jure et modo quo melius possumus approbamus ac etiam confirmamus, statuentes et precipientes sub interminatione anathematis eas inviolabiliter observari, in cujus rei testimonium sigillum nostrum presentibus est appensum. [Cawode, 18 kal. May 1318.]

21. [*Cawood, 14 Apr. 1318. The grant of Cundale church to John de Foxholes, formerly prior of Newburgh, confirmed by letters patent of the archbishop.*]

[Fo. 225ᵛ; N.F. 270ᵛ] ORDINATIO DE ECCLESIA DE CUNDALE FACTA IN OMNIBUS [OB]SERVETUR. Willelmus etc. dilectis filiis .. suppriori et conventui prioratus de Novo Burgo nostre diocesis salutem [*etc.*]. Quia concessionem et ordinationem fratri Johanni de Foxholes concanonico vestro et nuper priori dicte domus ipsius meritis id poscentibus et pro utilitate domus vestre de ecclesia de Cundale pro sustentatione sua quoadvixerit per vos factas, prout littere vestre super hoc nobis misse commemorant magis plene, admissa prius per nos spontanea cessione ejusdem, certis ex causis et legitimis ejusdem domus profectum pretendentibus quo ad statum et honorem officii sui prioratus predicti vestrum in hac parte consensum unanimem et benevolum paterne provisionis officio prosequentes gratas ratas etiam et firmas in omnibus suis habentes articulis pariter et acceptas, ipsas juxta vim formam et effectum earundem auctoritate nostra ordinaria approbavimus et confirmavimus, prout in litteris nostris patentibus eidem super hiis factis et sigillo nostro communitis plenius continetur, vobis et singulis vestrum in virtute obediencie injungimus firmiter et mandamus quatinus hujusmodi ordinationem et concessionem vestram in omni sui parte quatenus ad vos attinet observantes, faciatis dicto fratri Johanni de omnibus et singulis fructibus redditibus proventibus et obventionibus ad ecclesiam predictam qualitercumque spectantibus et provenientibus integraliter decetero responderi et ipsum exnunc pacifica possessione eorundem absque cujusque offendiculo gaudere libere permittatis. Valete. [Cawod', 18 kal. May 1318.]

22. Licence to Master Thomas de Suthwerk, rector of Stonegrave (*Steyngreve*), to be absent for two years from next Michaelmas 'propter aliqua negotia tua in curia Romana prosequenda'. Cawood, 18 Apr. 1318.

23. Memorandum of licence to William de Lilleford, O.F.M. of Newcastle, to act as confessor to Sir Ranulph de Nevill and his domestic *amiliares* for one year. Cawood, 18 Apr. 1318.

24. [*Cawood, 16 Apr. 1318. Commission to the dean of Bulmer to publish the date for hearing objections to John de Hoton and his election as prior of Newburgh.*]

PROCLAMATIO SUPER ELECTIONE PRIORIS DE NOVO BURGO. Willelmus etc. dilecto filio .. decano nostro de Bulmer salutem graciam et benedictionem. Quia vacante monasterio de Novo Burgo nostre diocesis supprior et conventus dicti monasterii petita licencia et optenta alium sibi priorem eligendi et pastorem fratrem Johannem de Hoton concanonicum ejusdem monasterii in priorem ut dicitur elegerunt, ac electione de persona dicti fratris Johannis per suppriorem et conventum predictos facta nobis solempniter presentata humiliter et instanter extitit postulatum ut electionem hujusmodi confirmare canonice curaremus, nos volentes in ipsius electionis negotio statuta canonica sicut convenit observare, tibi committimus et mandamus quatinus receptis presentibus absque mora in monasterio de Novo Burgo predicto proposito publice monitionis et vocationis edicto, si qui sint qui electioni predicte se opponere voluerint quovis modo, moneas ac peremptorie cites eosdem quod die Jovis in crastino inventionis Sancte Crucis, quem diem certis ex causis eisdem duximus moderandum pro termino peremptorio assignamus, coram nobis compareant ubicumque tunc fuerimus in nostra diocesi proposituri objecturi et etiam ostensuri quicquid canonicum habuerint quod proponere obicere et ostendere voluerint contra personam electam vel electionis formam quare non debeamus electionem hujusmodi prout ad nos pertinet confirmare. Qualiter autem hoc nostrum mandatum fueris executus nos citra dictum diem Jovis certifices distincte et aperte per tuas patentes litteras harum seriem continentes. Vale. [Cawode, 6 kal. May 1318.]

25. Institution and mandate for induction of William de Whyteby, priest, to the church of Lythe, presented by the noble lord Peter de Mauley, kt., saving to the prior and convent of St. Oswald, Nostell, an annual pension of £24. Cawood, 27 Apr. 1318.

26. [*Sutton-on-the-Forest, 4 May 1318. Mandate to the subprior and convent of Newburgh to obey John de Hoton as prior, provided by the archbishop after the election had been quashed on technical grounds.*]

QUOD SUPPRIOR ET CONVENTUS DE NOVO BURGO PAREANT ET INTENDANT SUO PRIORI DE NOVO PREFECTO. Willelmus permissione etc. dilectis filiis subpriori et conventui monasterii de Novo Burgo salutem [*etc.*]. Quia presentata nobis electione facta in capitulo vestro de fratre Johanne de Hoton concanonico vestro ipsam electionem et personam electi examinari fecimus diligenter, et quia tam electus quam procurator vester omissis omnibus ambagibus et subtilitatibus electionis formam concernentibus totum negotium ipsum pure sponte simpliciter et absolute nostre gracie submiserunt, nos submissionem hujusmodi admittentes ac concernentes ipsum electum virum providum honestum et litteratum moribus fulcitum bono et laudabili testimonio commendatum ac virtutibus multipliciter insignitum in spiritualibus et temporalibus circumspectum habentes Deum pre oculis, attendentesque pericula et dampna que ex diutina vacatione dicte ecclesie de Novo Burgo iminere possent electione predicta propter ipsius forme ineptitudinem exigente justicia cassata primitus per decretum invocata Sancti Spiritus gracia, dictum fratrem Johannem de Hoton in dicte domus auctoritate nostra pontificali priorem[1] prefecimus et pastorem ac dicte ecclesie auctoritate previa providimus de eodem, administrationem ejusdem in spiritualibus et temporalibus sibi quantum ad nos attinet committentes; vobis in virtute obediencie injungimus firmiter et mandamus quatinus prefato fratri Johanni ut priori vestro in omnibus que sancte religionis conveniunt honestati pareatis humiliter et etiam intendatis, ita quod devotam promptitudinem in hac parte debeamus merito commendare. Valete. [Sutton in Galtres, 4 non. May 1318.]

27. Mandate to the archdeacon of Cleveland or his official to install the prior. Sutton-on-the-Forest, 4 May 1318.

28. [*Byland, 6 May 1318. Licence in accordance with the papal constitution 'Super cathedram' to five friars preachers of Lancaster.*]

[Fo. 226; N.F. 271] LICENCIA CONCESSA FRATRIBUS LANCASTRIE AD PREDICANDUM. Noverint universi quod nos Willelmus [*etc.*] fratres Adam de Kendale, Walterum de Acclum, Willelmum de Midelton, Willelmum de Courteson et Eliam de Novo Castro de ordine predicatorum pro conventu Lancastrie ex parte prioris provincialis eorundem nobis in forma constitutionis Bonefaciane super hoc edite ad audiendum confessiones parochianorum nostrorum infra limitationes conventus predicti commorantium et ipsis confiteri volentium, necnon pro peccatis vere contritis et confessis salutarem penitencias injungendas, juxta formam constitutionis ejusdem admisimus graciose testimonio presentium quas sigilli nostri munimine fecimus roborari. [Balande, 2 non. May 1318.]

29. Licence during pleasure to William de Baxby for the celebration of services in the oratory in his manor of Baxby, provided there is no

---

[1] MS. *in priorem*

prejudice to the parish church of Coxwold, 'super quo rectori ejusdem ecclesie cautio equa fiat'. Byland, 7 May 1318.

30. Licence for five years to the prior and convent of Kirkham to sell the profits of their appropriated church of Helmsley (*Hamelack*), before separation of the tithes, 'constitutione synodali in contrarium edita nullatenus obsistente'. Kirkham, 10 May 1318.

31. [*Byland, 6 May 1318. Decree following visitation of Moxby priory.*] DECRETUM DOMUS DE MOLSEBY. Willelmus etc. priorisse et conventui de Molseby ac omnibus et singulis monialibus ejusdem salutem [*etc*]. Quia visitationis nostre in capitulo vestro quinto die mensis Maii anno domini millesimo CCC decimo octavo officium debite et rite prout ad nos pertinuit excercentes multa comperimus corrigenda, nos affectantes pro salute animarum vestrarum et relevamen domus errata corrigere et vicia extirpare, s[t]atuimus ordinamus decernimus ac in virtute obediencie et sub pena excommunicationis majoris quam contravenientes poterunt non inmerito formidare precipimus injungendo mandamus, quod decetero regula bene custodiatur, silencium in ecclesia claustro dormitorio refectorio et aliis locis debitis firmiter observetur.

Item quod omnes moniales, prout tenentur et se voto obediencie astrinxerant, sue priorisse ac ejusdem exhortationibus et monitionibus correctionibus et injunctis obediant et intendant sine reluctatione vel murmure aliquali et ea prout injungitur faciant ut tenentur. Petantque moniales quecumque ad amicos profecture licenciam a priorissa recipiendi, si eisdem vel earum alicui aliquid offeratur, et recepta si que sint revelent postmodo priorisse et ea retineant de licencia ejusdem vel eidem restituant in utilitatem monasterii convertenda. Pensiones seu corrodia nullatenus concedantur nec puelle vel perhendinantes quicumque vel quecumque ibi recipiantur, nec alienationes seu dimissiones ad longum tempus fiant absque consensu senioris partis conventus et nostra vel successorum nostrorum[1] licencia speciali. Et sique antedicta facta fuerint, quantum possibile est concito revocentur. Secreta etiam capituli detegere non presumant.

Item quod singulis annis reddatur compotus tam per priorissam quam ceteras officiatas de officiis suis et de statu domus, ita quod de hiis majori parti conventus plenius innotescat. Procurentur infirme uberius quam sane quatenus ad hoc domus suppetent facultates. Placet nobis quod conveniatis cum domino Willelmo de Appelton capellano vobis ut creditur in aliquibus utili, si cum eodem competenter poteritis convenire, absque tamen pensione annua usque de consensu nostro si

---

[1] MS. *nostrarum*.

videatur aliter fuerit ordinatum quod vobis utiliter deserviat, ita tamen quod omnia faciat de consensu priorisse et consilio sanioris partis conventus ut sic minor subveniat murmuracio dampnum vel calumpnia in premissis.

Item volumus quod debita domus de bonis ejusdem solvantur et quod de novo debitis et precipue grossis non onerentur per priorissam absque consensu sanioris partis conventus et nostra licencia speciali. De pane et servisia que dicitur levedimete quam solebant recipere fratres minores de domo si debeatur, fiat ut debitum; si non, non nisi ex voluntate presidentis.

Item volumus et ordinamus quod moniales domus et precipue que debent sequi conventum et alie, nisi impediantur legitime, tam sero quam mane quantum possibile fuerit juxta honestatem religionis dormitorium simul vel quasi ingrediantur et egrediantur, ut mutuum conversationis testimonium vigeat inter ipsas, et quod ostia claustri diebus bene custodiantur et noctibus tempestive seruris claudantur per priorissam vel subpriorissam clavibus in earum vel earum alterius manibus securius custoditis.

Item moniales frequenter non exeant septa monasterii nec per silvas aliquo tempore evagentur, nec cum fratribus vel cum secularibus commedant vel confabulentur nisi cum parentibus et personis dumtaxat honestis, et tunc in comitiva decenti et testimonio fidedigno. Proclamationesque fiant in capitulo secundum regularia instituta et necligentes si que sint vel fuerint graviter arguantur et etiam puniantur.

Item nolumus quod aliqua monialis simoniace vel per munera pactum vel conventiones recipiatur nisi nobis consultis et consensu adhibito si viderimus faciendum.

Item volumus quod priorissa commedat in refectorio et sit in conventu frequentius quam solebat, nisi infirmitate vel alia legitima causa impediatur, et quod habeat unam dominam honeste conversationis sibi conjunctam intus et extra et unam pediscedam[1] juvenem obsequialem et honestam.

Item precipimus sub penis predictis quod priorissa se habeat pie et mansuete et caritative cum monasterio absque offensa rancore et improperationibus, nec sequatur propriam voluntatem sed utatur consilio saniori. Statuatque in grangiis et officiis tam moniales quam alios ministros et custodes circumspectos prout utilitati domus estimaverit faciendum. Parentes vel alias personas frequenter circa se non trahat ad dampnum domus vel consumptionem bonorum ejusdem, et si quis vel que ad ipsam vel alias quascumque moniales venerint causa visitandi easdem, venientes ad priorissam ultra duos dies vel ad alias

---

[1] Doubtless a form of *pedisequam, pedissecam.*

quascumque ultra unum diem sumptibus domus nullatenus commoren-
tur. Corrigatque priorissa corrigenda quantum poterit juxta conscienciam absque acceptione personarum, nisi gravitas delicti qualitas vel
protervitas delinquentis requirant alia vel exposcant, de quibus
ejusdem consciencie oneramur. Domina Sabina de Appelgarth certis
de causis quousque aliud ordinaverimus ab omnibus [Fo. 226ᵛ; N.F.
271ᵛ] officiis amovemus, injungentes eidem quod claustrum teneat
conventumque sequatur in obsequiis divinis continue nec primas portas
monasterii exeat quovismodo. Liceatque priorisse sicut ad officium
divinum pertinet inquirere et videre de statu personarum monialium
et aliarum ac statu domus, personas insufficientes vel minus circum-
spectas ab officiis ammovere et alias loca earundem subrogare, et
cetera emendare et precipue juxta consilium sanioris partis de conventu. Et volumus quod nulla persona convicta super incontinencia
vel lapsu carnis permaneat in officio vel statuatur quousque fuerint
correcte et aliud de nostro consensu de eisdem fuerit ordinatum.

Item volumus quod nulla improperet alii de delictis commissis in
capitulo vel aliter legitime correctis. Et si que convicta fuerit contrarium
fecisse, fiat[1] a quocumque officio alienam et nichilominus per priorissam
acriter castigetur, et si priorissa aliquam inveniat incorrigibilem[2] vel
non parentem eidem in injunctis canonicis et mandatis, precipimus ut
nos celeriter super hoc certificet ut inde emendam faciamus.

Item ordinamus quod decetero nullus miles vel domina vel alie
persone quecumque et precipue in eodem loco dominium non habentes
se ibidem de monialibus vel statu earundem vel dicti monasterii
intromittant, aliquid statuant vel ordinent, colligationesve faciant,
juramentave recipient vel alia vincula quecumque interponant. Et si
que talia facta fuerint, illa exnunc revocamus cassamus irritamus seu
nulla et irrita pronunciamus, precipientes sub penis predictis et sub
penis depositionis[3] a quibuscumque officiis quod omnia et singula
premissa firmiter observentur, et quod premissa quater in anno legan-
tur publicentur et exponantur in capitulo memorato, et quod penes
predictam priorissam custodiantur ut per eas certiorari poterimus
qualiter premissa fuerint observata vel etiam violata. In quorum
testimonium etc. [Bella Land', 2 non. May 1318.]

32. [*Scarborough, 15 May 1318. Licence to Master Richard de Haulay,
rector of a moiety of Hutton Bushel, to be represented by a proctor in synods and
other meetings because of his old age and weakness of body.*]

---

[1] MS. *sciat*
[2] MS. *incoruplem.*
[3] MS. *dispositionis. Revised Medieval Latin Word-List* gives a possible instance of
dispositio being used for dispossession but its use here for deposition seems to be a scribal
error.

Licencia magistri Ricardi de Haulay ad comparendum per procuratorem in synodis etc. Willelmus etc. dilecto filio magistro Ricardo de Haulay rectori medietatis ecclesie de Hoton Buscell nostre diocesis salutem etc. Ad statum persone vestre debilem quam nedum senio confractam sed ad supportandos labores corporeos fidedignorum testimonio recepimus et conspicimus impotentem nostre considerationis intuitum dirigentes, ut in sinodis et aliis congregationibus nostris vel nostra auctoritate faciendis non tenearis decetero personaliter sed per procuratorem idoneum et sufficienter instructum comparere graciam tibi tenore presentium concedimus specialem. Proviso quod procurator per te deputandus in hac parte tale mandatum habeat quod omnia facere exercere et exequi possit debite loco tui que tu ipse faceres facereve posses aut deberes si personaliter interesses. Vale. [Scardeburgh, Id. May 1318.]

33. [*Burton Agnes, 21 May 1318. Appointment of Master Robert de Shotwell as official of the archdeaconry of East Riding during the vacancy of the archdeaconry, by permission of Master Hugh Merle, papal subcollector of the fruits of vacant benefices reserved to the apostolic see.*]

Creatio officialis Estriding' archidiaconatu, carente archidiacono. Willelmus etc. dilecto nobis in Christo magistro Roberto de Shottewell' clerico salutem [*etc.*]. De tua circumspectione et industria plenius confidentes, officium officialitatis archidiaconatus Estriding' in nostra Eboracensi ecclesia jam vacantis cum excercitio jurisdictionis archidiaconatus ejusdem et omnibus ad dictum officium spectantibus, de concessu etiam discreti viri magistri Hugonis Merle subcollectoris fructuum beneficiorum ecclesiasticorum vacantium per sedem apostolicam reservatorum, cum potestate cohercionis canonice committimus exequendum, injungentes omnibus nostris subditis in virtute sancte obediencie quod tibi in hiis que ad dictum spectant officium pareant humiliter et intendant, presentibus pro nostro beneplacito duraturis, quibus sigillum nostrum apponi fecimus in testimonium premissorum. Vale. [Burton Anneys, 12 kal. June 1318.]

34. Licence to Master John de Heselerton, rector of Kirby in Cleveland, to study for two years in any *studium generale*. Lowthorpe, 20 Apr. 1318.

35. [*Bishop Wilton, 31 May 1318. Appointment of Thomas de Midlesburgh, rector of Loftus, as keeper of the temporalities of Handale priory.*]

Deputatio correctoris priorisse de Handale et conventus. Willelmus etc. dilecto filio domino Thome rectori ecclesie de Lofthous' nostre diocesis salutem [*etc.*]. De tua fidelitate et industria confidentes, ad curandum custodiendum et administrandum in bonis temporalibus dilectarum filiarum religiosarum dominarum .. priorisse et conventus de Handale nostre diocesis predicte per singula maneria et loca sua ubilibet existentia, et ad recipiendum et audiendum compotum servientum et ministrorum quorumlibet ministrantium in eisdem et ad allocandum ea que rationabiliter fuerint allocanda, necnon ad ammovendum ministros et servientes quoscumque inutiles et loco eorum magis utiles subrogandum et ad omnia alia et singula faciendum que ad utilitatem domus de Handale videris expedire, tibi tenore presentium tribuimus potestatem pro nostro beneplacito duraturam, predictis priorisse et conventui sororibus etiam et conversis domus ejusdem in virtute sancte obediencie firmiter injungentes quod te in premissis omnibus et singulis libere administrare permittant. Vale. [Wylton, 2 kal. June 1318.]

36. [*Bishop Burton, 8 June 1318. Provision for John de Foxholes, ex-prior of Newburgh, suspended and new provision made. He is to stay in the convent, to restore goods in his own possession and those alienated by him and not to communicate with anyone outside the convent, the archbishop alone excepted.*]

ORDINATIO PRO JOHANNE DE FOXHOLES NUPER PRIORE DE NOVOBURGO. Willelmus etc. dilectis filiis priori et conventui de Novoburgo nostre diocesis salutem [*etc.*]. Quia suspensa quacumque provisione facta seu concessa fratri Johanni de Foxholes nuper priori vestro certis ex causis, volumus quod idem frater Johannes in domo vestra infra septa monasterii pro salute anime sue sacris orationibus insistens permaneat et moretur [et] eidem pro congrua sustentatione sua ac alterius concanonici sibi adherentis qui sue conversationis poterit testimonium perhibere ac unius garcionis et pagii servientium eisdem providere intendimus competenter; ex nostri officii debito de vestris voluntate et consensu ordinamus quod dictus frater Johannes pro hujusmodi sua sustentatione ac canonici et servientum predictorum habeat unam cameram honestam sibi assignatam infra dicta septa in claustro interiori, recipiatque de communi celario singulis diebus panem et cervisiam conventuales pro se et suo socio antedicto quantum pertinet ad tres canonicos dicte domus et similiter de coquina de hiis que pertinent ad eandem, et insuper pro famulo eisdem deservienti tantum quantum percipit seu percipere debet aliquis de garcionibus prioris et pro pagio quantum ad pagium pertinet de ejusdem domus consuetudine vel statuto, et vestiantur singulis annis dicti fratres Johannes et canonicus sibi adherens decenter de camera communi ac pro lectis calceamentis[1] et aliis necessariis equaliter vel alii canonici recipiant sicut decet, garcioque eorundem qui pro tempore fuerit cum garcionibus prioris

[1] MS. *caliciamentis*

similiter vestiatur. Ad hec recipiat frater Johannes singulis annis pro specibus et aliis sibi necessariis sexaginta solidos sterlingorum de communi bursa in festis sancti Martini et Pentecostes per portiones equales. Nullos tamen equos seu familiam majorem quam predictum est reti [Fo. 227; N.F. 272] neant vel habeant dictus frater Johannes vel suus socius antedictus nec hospites seu supervenientes ad cameram ejusdem fratris Johannis in mensa vel aliter frequentem accessum habeant, nec septa monasterii exteriora exeat idem frater absque vestri prioris vel supprioris comitiva seu licencia speciali, sequaturque conventum saltim in ecclesia in missis et horis canonicis ut magis proficiat ad salutem nisi infirmitate vel aliis causis legitimis priori vel suppriori ostensis fuerit impeditus, frustratoriis deliciis et excusationibus exclusis penitus et semotis. Vobis in virtute obediencie et sub pena excommunicationis majoris injungendo firmiter precipimus et mandamus quatinus omnia et singula premissa quantum ad vos attinet observari et fieri studeatis, et similiter sub eisdem penis precipimus et injungimus sepedicto fratri Johanni quod ille quantum in se est diligenter observet et precipue si nostram indignationem voluerit evitare. Precipimus insuper eidem fratri Johanni sub pena excommunicationis majoris, quam in ipsum canonica monitione premissa proferimus in hiis scriptis nisi fecerit que mandantur, quatinus infra quindecim dies a tempore quo inspexerit presentes quas inspiciendas sibi precipimus exhiberi, copia si petierit sibi facta, omnia bona dicte domus que in manibus suis vel alicujus ex quacumque causa se[u] quocumque colore habet seu per eundem vel ex ejusdem parte mutuata commodata vel alias ad tempus vel precario seu qualitercumque alienata vel amota sive propria, que taliter per vitium proprietatis sibi retineri non poterint, una cum equis et aliis que adhuc retinet ad manus et potestatem dicti prioris restituat seu restitui procuret realiter cum effectu. Nullasque litteras scribat vel scribi faciat vel procuret seu mandet fieri aliis dirigendas nobis dumtaxat exceptis et in hiis que ad salutem anime sue et aliorum dici poterint merito pertinere. Salvis in omnibus hiis que ad officium nostrum pertinent et Eboracensis ecclesie dignitatem. Valete. [Burton prope Beverl', 6 id. June 1318.]

37. Memorandum that the archbishop received the resignation of Simon de Branby, late prior of Marton, and issued a licence to the subprior and convent to elect his successor. 15 June 1318.

38. [*Bishop Wilton, 21 June 1318. Ordination in litigation between Master John Gower, lord of Stittenham, and the inhabitants of Stittenham on one side, and the vicar of Sheriff Hutton on the other, over the provision of a chaplain and clerk and other expenses of the chapel of Stittenham.*]

ORDINATIO SUPER CANTARIA CAPELLE DE STITELUM. Willelmus etc.
omnibus ad quos presentes litere pervenerint salutem in omnium
Salvatore. Universitati vestre notum facimus per presentes quod cum
contentio mota fuisset inter magistrum Johannem Gouher dominum
de Stutelom et incolas ac inhabitatores ejusdem ville ex parte una et
dominum Henricum vicarium de Schirefhoton ex altera, super aliquibus articulis capellam dicte ville de Stutelom a prefata ecclesia de
Schirefhoton parochiali dependentem necnon cantariam habendam
ibidem una cum aliis certis oneribus eidem incumbentibus sumptibus
dicti vicarii et aliorum qui pro tempore fuerint in ecclesia predicta ut
pretendebatur concernentibus secundum ordinationem bone memorie
domini Willelmi de Wykewan et pronunciationem ac declarationem
Johannis Romani predecessorum nostrorum super hoc habitas, prout
in eisdem ordinatione pronunciatione et declaratione fit mentio magis
plene, tandem dicte partes coram nobis vicesimo primo die Junii apud
Wylton anno gracie millesimo trecentesimo decimo octavo presentialiter
constitute et litium amfractus canonis evitare volentes in forma que
sequitur amicabiliter concordarunt, volentes consentientes et petentes
formam concordie hujusmodi per nos acceptari et approbari et se ad
observationem ejusdem sentencialiter condempnari. Forma autem
dicte concordie talis est: videlicet quod dictus vicarius suo tempore
inveniet unum capellanum in predicta capella diebus singulis celebrantem et unum clericulum dicto capellano ministrantem, ita tamen
quod dicti incole et inhabitatores dicto clericulo in partem sustentationis ejusdem elemosinam suam qualibet die Dominica faciant
consuetam. Idem insuper vicarius inveniet in predicta capella panem
et vinum pro altari duos cereos pro diebus festivalibus et minutum
luminare pro diebus ferialibus portiforium etiam in eadem capella
existens sustentabit et quoddam psalterium[1] novum eidem portiforio
adjunget. De coopertura vero cancelli ejusdem capelle unde iidem
incole et inhabitatores vendicant .. priorem de Marton, qui dictam
ecclesiam de Schirefhoton cum dependenciis ab eadem in proprios usus
optinet, de duabus partibus fore onerandum et predictum vicarium de
tercia parte consensum est quod quandocumque predictus .. prior gratis
et amicabiliter vel per judicium predictum cancellum in coopertura ut
predictum est emendaverit seu reparaverit, idem vicarius pro portione
sua terciam partem sumptuum hujusmodi amicabiliter contribuet et
persolvet, salvo quod hec concessio ex parte vicarii facta in prejudicium
successoribus suis non cedat aliqualiter nec redundet. De quibus insuper
in hujusmodi amicabili concordia premissis memorati magister
Johannes et alii incole et inhabitatores dicte ville pro tempore vicarii
qui nunc est reputent se contentos et quod dictus vicarius de aliis in

[1] MS. *phalterium.*

prefatis ordinatione pronunciatione et declaratione contentis quamdiu vicarius fuerit nullatenus oneretur. Salvo semper dictis magistro Johanni et heredibus suis ac aliis incolis et inhabitatoribus jure eis competente habendi petendi et vendicandi omnia alia et singula in dictis ordinatione pronunciatione et declaratione contentis a successoribus dicti vicarii qui nunc est in vicaria predicta ipso cedente vel decedente, hujusmodi amicabili compositione nullatenus obsistente. Nos itaque pacem et concordiam dictarum partium in modo et forma predictis de unanimi consensu earundem ratas habentes pariter et acceptas, ipsas ad premissorum omnium observanciam hinc et inde auctoritate nostra ordinaria sentencialiter condempnamus, nolentes tamen per hujusmodi condempnationem nostram seu amicabilem compositionem predictam ordinationi pronunciationi et declarationi dictorum predecessorum nostrorum in aliquo derogare cedente vel decedente vicario qui nunc est, ut superius est expressum. In quorum omnium testimonium sigillum nostrum presentibus est appensum. Datum die anno et loco predictis et pontificatus nostri primo.

39. [*Bishopthorpe, 21 June 1318. Commission to the commissary-general of the official of York and the dean of Christianity of York to enquire into a cause between Master Richard de Cave, presented to the church of Welbury, and Master Walter de Burghley, its incumbent.*]

COMMISSIO SUPER ECCLESIA DE WELLEBERGH'. Willelmus etc. dilectis filiis .. officialis nostri Eboracensis .. commissario generali et decano nostro Christianitatis Eboracensis salutem [*etc.*]. De vestris circumspectione et industria plenius confidentes, ad cognoscendum[1] procedendum tam ex officio quam ad instanciam partis diffiniendum sentenciandum et exequendum in causa seu negotio que vel quod vertitur seu verti speratur inter magistrum Ricardum de Cave ad ecclesiam de Wellebergh' nostre diocesis presentatum ex parte una, et magistrum Walterum de Burghley [Fo. 227ᵛ; N.F. 272ᵛ] possessioni dicte ecclesie incumbentem ex altera, et ad eundem Walterum ab eadem ecclesia amovendum[2] privandum seu privatum esse declarandum vobis conjunctim et divisim vices nostras committimus cum cohercionis canonice potestate. Vale[te]. [Thorpe' prope Ebor', 11 kal. July 1318.]

40. [*Bishop Burton, 25 June 1318. Professions of obedience of John, abbot of Byland, and William, abbot of Rievaulx, and their benediction by the archbishop.*]

PROFESSIO ABBATIS DE BELLA LANDA. Ego frater Johannes abbas de

---

[1] MS. *congignoscendum*
[2] M.S. *admovendum*

Bella Landa subjectionem reverenciam et obedienciam a sanctis patribus constitutam secundum regulam sancti Benedicti tibi domine Willelme pater archiepiscope tuisque successoribus canonice substituendis et sancte sedi Eboracensi salvo ordine nostro perpetuo me exhibiturum promitto et hoc propria manu subscribo ✠.

Professio abbatis Rievall'. Ego frater Willelmus abbas Rievall' subjectionem reverenciam et obedienciam a sanctis patribus constitutam secundum regulam sancti Benedicti tibi domine Willelme tuisque successoribus canonice substituendis et sancte sedi Eboracensi, salvo ordine nostro, perpetuo me exhibiturum promitto et hoc propria manu subscribo ✠.

Facte fuerunt iste professiones et benedictiones predicte in capella de Burton prope Beverl' die Dominica proxima post festum Nativitatis sancti Johannis Baptiste anno gracie millesimo trecentesimo decimo octavo et pontificatus domini W. de Melton primo.

41. Institution, in the person of John de Guthmundham, priest, and mandate for induction of Richard de Melton, acolyte, to the church of Gilling East (*Gilling*); presented by the abbot and convent of St. Mary's, York. Bishop Burton, 9 July 1318.

42. [*Bishop Burton, 17 July 1318. Quashing of election of Alan de Shirburn as prior of Marton and provision of Henry de Melkingthorpe.*]

Prefectio fratris Henrici de Melkingthorp' in priorem de Marton. Willelmus etc. dilectis filiis subpriori et conventui monasterii de Marton in Galtres nostre diocesis salutem [*etc.*]. Presentatam nobis electionem vestram de fratre Alano de Shirburn concanonico domus vestre in priorem dicti monasterii vestri vacantis per cessionem fratris Simonis de Branby ultimi prioris ejusdem factam debito examini subjecimus, quam quia eam invenimus minus canonice celebratam cassavimus justicia exigente; et quia ad nos hac vice devoluta est potestas providendi eidem monasterio de priore juxta canonicas sanctiones, nos indempnitati dicti monasterii prospicere cupientes, eidem monasterio vacanti de persona fratris Henrici de Melkingthorp' canonici domus de Bridelington ejusdem ordinis habitus et professionis sufficientem et idoneum nostra estimatione ad regimen et curam monasterii predicti auctoritate nostra pontificali providimus et ipsum in priorem ejusdem domus canonice prefecimus et pastorem, administrationem dicti prioratus eidem tam in spiritualibus quam in temporalibus committentes, vobis omnibus et singulis in virtute obediencie et sub penis suspensionis et excommunicationis majoris ac interdicti quas exnunc canonica monitione premissa in contradictores et rebelles proferimus in hiis scriptis firmiter injungendo mandamus quod eidem ut priori vestro obediatis in omnibus intendatis etiam efficaciter ac humiliter pareatis, omnibus etiam parochianis nostris quorum interest vel interesse poterit sub eisdem penis similiter injungentes quod statum suum in dubium non revocent nec ipsum in possessione prioratus predicti inquietant quomodolibet vel perturbent. Alioquin dissimulare non possumus quin contra non parentes procedamus acriter ad majora. Valete. [Burton prope Beverl', 16 kal. Aug. 1318.]

43. Mandate to Master Roger de Heselarton, official of York, or the official of the archdeacon of Cleveland, to install the above prior. Bishop Burton, 17 July 1318.

44. [*?Bishop Burton, ?17 July 1318. Declaration of the quashing of the election of Alan de Shirburn and the provision of Henry de Melkingthorpe and injunction on subprior, canons and other persons to be obedient to him and respect his position.*]

CASSATIO ELECTIONIS PRIORIS DE MARTON. In Dei nomine amen. Cum nos Willelmus [*etc.*] nuper officium visitationis nostre in monasterio de Marton nostre diocesis excercentes invenimus quamplures defectus tam in capite quam in membris de quibus propter honestatem religionis et aliis causis variis subcitemus, fraterque Simon de Branby tunc prior ejusdem monasterii postmodo coram nobis personaliter comparens consciencia ductus ut credimus dictum prioratum et totum jus quod habuit in eodem in manibus nostris pure sponte absolute et simpliciter resignavit, supplicantes nobis tam ipse quam conventus ut dicte ecclesie sue viduate provideremus quam citius comode poterimus intuitu pietatis, nosque concernentes ipsis liberam electionem competere debere suppriori et conventui dicte domus petentibus scripsimus et concessimus quod dicto suo monasterio priorem utilem et idoneum eligerent et pastorem; cumque aliqui eorum postmodo ad electionem procedentes fratrem Alanum de Shirburn dicte domus celerarium in priorem et pastorem ut asserunt eligissent, prout per exhibita ex parte dicti supprioris et aliquorum de conventu apparere videtur, nos prout ad statum nostrum pertinet dictam electionem tam per nos quam clericos nostros in materiam et formam examinantes prout convenit diligenter, invenimus aliqua per que dicta electio utpote in materia peccans et in forma subsistere non valebat seu per nos aliqualiter confirmari; ponderantes insuper status et conditiones aliarum personarum in dicto monasterio professarum in quibus, quod dolenter referimus non invenimus ea que affectavimus invenisse et quod monasterium ipsum non debet nec poter[it] sine gravi jactura in spiritualibus et temporalibus remanere diutius viduatum quod tenemur a suis oppressionibus et periculis quantum cum Deo possimus relevare,

cogitantes intime de persona idonea apta et morigerata que eidem
monasterio preesse poterit ac curam in temporalibus et spiritualibus
merito supportare, tandem tam ex fama et fidedigna relatione plurium
ac inquisitione quam nostra examinatione comperimus unum canonicum videlicet fratrem Henricum de Melkenthorp' canonicum de
Bridelington ejusdem ordinis habitus et professionis sufficientem et
idoneum nostra estimatione ad regimen et curam monasterii de
Marton supradicti. Unde nos dictam electionem ex causis predictis et
aliis velut scienter notorie de indigno et indignis factam cassantes,
attendentesque provisionem ejusdem monasterii ad nos ob premissa ista
vice fore devolutam justicia id poscente, invocata Spiritus Sancti
gracia, ipsum fratrem Henricum virum litteratum idoneum utique et
modestum in eodem ordine professum in spiritualibus et temporalibus
ut credimus circumspectum in ordine sacerdotali constitutum ex
officii nostri debito in priorem dicte domus preficimus et pastorem,
sibi in personis et rebus tam spiritualibus quam temporalibus dicti
monasterii curam et administrationem legitimam concedentes ac ipsum
birretum nostrum investientes, decernentes ipsum in corporalem
possessionem dicti prioratus induci ac sibi stallum in choro et locum in
capitulo assignari que nos exnunc ex nostro officio eidem assignamus,
precipientes et injungentes sub penis suspensionis et excommunicationis
majoris ac interdicti quas exnunc monitione canonica premissa in
contradictores et rebelles proferimus in hiis scriptis dictis suppriori et
fratribus ac omnibus parochianis nostris quorum interest vel interesse
potest quod eidem in priori obediant pareant humiliter et intendant,
ejus statum in dubium nullatenus revocantes, alioquin dissimulare non
possumus quin contra non parentes ad majora acriter procedamus.

45. [Fo. 228; N.F. 273] Commission to Master Roger de Heselarton,
official of York, and John de Hemingburgh, dean of Christianity of
York, to correct, punish and reform defects, crimes and excesses
discovered during the archibishop's visitation of Marton priory, as are
contained in a roll annexed. Bishop Burton, 17 July 1318.

46. Similar commission to the same in respect of Newburgh priory.
Bishop Burton, 17 July 1318.

47. [*Bishop Burton, 18 July 1318. Transfer of Richard de Kirkeby, canon
of Bridlington, to Bolton priory. Bridlington will pay for his expenses. He is to
do penance.*]

LITTERA AD MITTENDUM ET RECIPIENDUM FRATREM RICARDUM DE
KIRKEBY CANONICUM DE BRIDELINGTON AD DOMUM DE BOLTON. Willelmus
etc. dilectis filiis priori et conventui monasterii de Bolton in Craven

salutem [*etc.*]. Attendentes quod ad localem mutationem corporum sepe sequitur mutatio animorum et emendationis comodum plerumque solet afferre loci mutatio prout rerum edocet experiencia et sacrorum canonum perhibent instituta, fratrem Ricardum de Kirkeby canonicum monasterii de Bridelington ex certis causis quas dudum ibidem visitantes comperimus propter status sui correctionem salubrem ad vos mittimus monasterii sui sumptibus, quos pro primo anno more sue ad quinque et pro aliis annis singulis quotquot moraturus fuerit ad quatuor marcas annuas taxamus inter vos ad tempus pro nostro moderandum arbitrio moraturum, sumptus autem predictos per priorem de Bridelington vobis priori de Bolton volumus liberari per manum vestram dicto fratri Ricardo prout indiguerit ministrandos. Quocirca vobis mandamus quatinus ipsum fratrem Ricardum cum ad vos venerit benigne admittentes, tractetis eundem fraterna in Domino caritate ad faciendum et peragendum penitenciam in cedula presentibus inclusa contentam dum in domo steterit supradicta. Vos vero .. prior de Bolton predicte nobis oportuno tempore rescribatis qualiter idem frater Ricardus se gesserit et si penitenciam peregerit aut facere in aliquo contempserit memoratam. Valete. [Burton prope Beverl', 15 kal. Aug. 1318.]

48. Institution, in the person of John de Wodhous, rector of Full Sutton, and mandate for induction of Master Richard de Cave, clerk, to the church of Welbury (*Wellebergh'*); presented by the prior and convent of Guisborough. Bishop Burton, 27 July 1318.

49. Memorandum of licence to the prior and convent of Newburgh to admit six fit persons to the habit and to let the tithes of Thirsk (*Tresk*) and the lesser tithes of their appropriated churches to suitable persons. Cawood, 3 Aug. 1318.

50. [*Cawood, 3 Aug. 1318. Letter to John de Foxholes, ex-prior of Newburgh, to amend his life and to restore the property of the priory he had alienated, especially goods of the priory at Cundall and a palfrey given by him to Sir Thomas de Colville.*]

LITTERA ORTATORIA FACTA FRATRI JOHANNI DE FOXHOLES AD ABSTINENDUM SE ETC. Willelmus etc. dilecto in Christo filio fratri Johanni de Foxholes canonico domus de Novo Burgo salutem [*etc.*]. Cederet vobis ad salutis et honoris augmentum animumque nostrum quam plurimum delectaret si vos clavibus ecclesiastice discipline ac jugo promisse obediencie velum vestre voluntatis proprie supponentes, note reprehensionis vitaretis et obloquii subjacere ut nos filialem de vobis dulcedinem degustantes, ab asperitate verborum stilum possemus avertere vobis scribendi et non alio quam suavi alloqui vos affatu. Verum quod cor nostrum diro amaritudinis eculeo penetravit ex adverso de vestra incontinencia nobis auribus inculcatur, quod vos spiritum erroris sequentes, correctiones nostras et injuncta salubria vobis pro vestris reatibus et excessibus in visitatione quam nuper exercuimus in prioratu de Novo Burgo compertis indicta recitis ea incorrigibiliter declinando, ab insolenciis solitis et voluptatibus prodigis vos nullatenus cohibentes nec de status vestri reformatione quod dolenter referimus sive morum signum aliquod pretendere vos accepimus, quin verius mala malis probrosius cumulantes, magnates et proceres patrie de bonis domus per vos hactenus non sine proprietatis vicio ac suppressione execrabili aggregatis que sub pena excommunicationis ex nostro injuncto restituisse a diu integre debuistis grandibus sibi ac dicte vestre domui excessivis donariis improvide elargitis in ruinam ejusdem domus ac subversionem destructivam properam provocastis, et indies contra professionis vestre debitum emisse Deo et vestre ordini prothdolor mollimini excitare et quod est dolosius in conspectu Dei et homini[s] secreta domus ejusdem et capituli non veremini exterius denudare, ob que premissa pertimescimus vos quod nollemus in dictam excommunicationis sentenciam incidisse. Volentes tamen mansuetudinem rigori preferre et experiri si in vobis remanserit obediencie alicuius scintilla per quam vos possimus ad viam rectitudinus reducere et salutis priusquam contra vos ad gravia procedamus in virtute sancte obediencie ac in fide qua Deo tenemini vos hortamur et firmiter obtestamur vestram nichilominus conscienciam coram Domino onerantes, quatinus omnia bona dicte domus apud Cundale nuper per indenturam muneta ac alia quecumque per vos aut de vestra sciencia ubique locorum existencia vel deposita et precipue palefridum ex traditione vestra illicita penes dominum Thomam de Colevile dimissum studeatis visis presentibus revocare, ita quod infra xv dies a die receptionis presentium continue numerandos sub penis predictis de omnibus bonis hujusmodi priori vestro restitutio plena fiat. Vosque ad disciplinam vestri ordinis ac professionis vestre debitum insuper convertatis, dicta nostra correctiones et injuncta vobis facta devotione humili pro salute vestre anime quam sumopere querimus amplectendo, et a quibuscumque insolenciis commessationibus et laciviis invitationibus etiam et expensis ac conspirationibus et partibus quibuslibet solitis domum vestram nimis onerare hactenus a modo abstinentes, correctionis nostre liniam nullatenus transgredi presumatis. Alioquin dissimulare non possumus nostra consciencia nos mordente quin vestram presumptivam rebellionem vestrosque conatus demeritos studeamus tante severitatis acrimonia refrenare quod vestra afflictio sive pena cedet aliis in terrorem. Valete. Datum apud Cawode, iij nonas Augusti pontificatus nostri anno primo. Ista littera per vos visa retentaque ipsius penes vos copia si velitis priori vestro in virtute obediencie et sub pena canonica protinus liberetur.

51. [*Cawood, 5 Aug. 1318. Transfer of canons of Marton to Thurgarton, Shelford and Worksop priories.*]

LITTERA AD RECIPIENDUM FRATREM STEPHANUM DE LANGETOFT CANONICUM DE MARTON IN MONASTERIO DE THURGARTON AD TEMPUS. Willelmus etc. dilectis filiis priori et conventui de Thurgarton nostre diocesis salutem [*etc.*]. Quante emendationis commodum localis mutatio corporum quam ut plurimum mutatio sequitur animorum consuevit afferre tam experiencia rerum edocet quam canonice perhibent sanctiones. Ob correctionem igitur salubrem ac reformationem status et vite fratris Stephani de Langetoft canonici domus de Marton in Galtres dicte nostre diocesis vestrique ordinis et religionis professi ipsum certis ex causis de suo ad vestrum monasterium auctoritate ordinaria duximus transferendum inter vos ad tempus pro nostro moderandum arbitrio domus sue sumptibus, quos propter rerum modernarum forum competens ad quatuor marcas taxamus annuas, moraturum ut exemplo vestre religionis ac vite odore contemplationis et sanctimonie utinam degustato commissa sua preterita defleat amaritudinis spiritu et digne penitencie premium sicut pie querimus mereatur, vobis in virtute obediencie firmiter injungentes quatinus eundem fratrem Stephanum inter vos beningnius admittatis et pertractetis in fraterne caritatis vinculo sub hac forma, videlicet quod in choro claustro refectorio et dormitorio continue sequatur conventum, septa monasterii non exeat, cum personis extraneis confabulationem non habeat nisi in presencia prioris vel subprioris aut alias sub testimonio non suspecto, litteras vel nuncium non recipiat neque mittat, nisi de dictis vel scriptis priori vel subpriori constiterit evidenter, et unum nocturnum dicat sui psalterii omni die ita quod unum psalterium in septimana compleat omni modo. Servet insuper consueta jejunia nisi infirmitate vel alia causa legitima fuerit impeditus, proviso quod vos prior de continencia dicti fratris Stephani inter vos et qualiter se gesserit in premissis non differatis nobis rescribere oportune ac de signis correctionis que perpenderitis in eodem. Valete. [Cawod', Non. Aug. 1318.]

Memorandum quod consimilis littera facta fuit priori et conventui de Schelford pro fratre Johanne de Malteby et alia priori et conventui de Wyrksop pro fratre Willelmo de Craven canonicis dicte domus de Marton.

52. [*Cawood, 5 Aug. 1318. Letter to the prior and convent of Marton to send canons to Thurgarton, Shelford and Worksop priories to do penance.*]

[Fo. 228ᵛ; N.F. 273ᵛ] LITTERA DIRECTA PRIORI DE MARTON PRO CANONICIS AD LOCUM TRANSMITTENDIS. Willelmus etc. dilectis filiis priori et conventui de Marton in Galtres nostre diocesis salutem [*etc.*]. Quia localis mutatio corporum mutationem parit ut plurimum animorum et emendationis affert commodum personarum approbantibus canonicis institutis, confratres vestros et concanonicos Stephanum videlicet de Langetoft ad monasterium de Thurgarton, Johannem de Malteby de Chelford, et Willelmum de Craven de Wirsop ipsius exigentibus demeritis pro tranquillitate vestri collegii ac utilitate vestri monasterii duximus transferendos ob reformationem status sui et vite utinam salubrem per tempus aliquod pro nostro moderandum arbitrio vestris tamen sumptibus quos, ad quatuor marcas annuas dumtaxat taxavimus inibi moraturos; quocirca vobis mandamus firmiter injungentes quatinus dictos fratres Stephanum Johannem et Willelmum cum nostris litteris quas presentium portitor ad vos defert ad loca singula ut scribuntur absque alicujus more diffugio transmittatis, vecturam eis necessariam atque sumptus viaticos et alios per nos ut premittitur pro sua mora taxatos prompte ac debite ministrantes. Et eos qui huic nostre voluntati se reddiderint contrarios vel rebelles, canonica monitione premissa quam eis auctoritate nostra per vos priorem denunciari mandamus in hiis scriptis majoris excommunicationis sentenciam promulgamus, volentes quod nos super hujusmodi executione mandati citra octabas Assumptionis beate Marie virginis proximas futuras certificetis distincte per vestras litteras que harum seriem et quicquid feceritis in premissis plenius representent. Bene valete. [Cawode, Non. Aug. 1318.]

53. [*No date or place. Commission to the official of York to visit nunneries in the archdeaconry of Cleveland and to arrange for the removal of inadequate or wicked prioresses and for the election of successors. He is enjoined to take with him a faithful and discreet man of the area as coassessor.*]

COMMISSIO AD VISITANDUM OMNES DOMOS MONIALIUM IN ARCHIDIACONATU CLYVELAND' CONSTITUTAS ETC. W. etc. dilecto filio officiali Eboracensi salutem [*etc.*]. De vestra circumspectione provida ac consciencie puritate plenius confidentes, ad excercendum visitationis et inquisitionis actum in quascumque domos monialium per archidiaconatum Cliveland' constitutas, ad corrigendum etiam crimina et excessus et defectus quoslibet quos per vos reperiri contigerit tam in capite et in membris quam personis rebus et possessionibus quibuscumque, necnon ab eorum administrationibus et officiis quibuslibet quascumque personas inutiles ammovendum et alias magis utiles quotiens et ubi potius expedire vid[er]itis subrogandum, et precipue priorissas singulas quas propter dilapidationem bonorum aut alios excessus vel defectus sive crimina quecumque insufficientes seu minus utiles reperieritis ad regendum a suis officiis absolvendum et earum cessionem admittendum, electiones quarumcumque personarum canonice in dictis domibus reeligendarum cum facte fuerint examinandum auctoritateque nostra confirmandum vel infirmandum[1] curamque custodiam et administrationem tam in spiritualibus quam in temporalibus prout convenit committendum, et omnia alia statuendum decernendum diffiniendum et exequendum que in premissis servari servaverint canonice sanctiones, vobis cui aliquem fidum virum de patria et discretum juxta vestram industriam[2] vobis in coassessorem et consortem injungimus assumendum cum potestate cohercionis canonice committimus vices nostras, casibus arduis super quibus nostra auctoritas seu officium pontificale est tantomodo consulendum nobis specialiter reservatis, priorissis et officiariis ac ministris ceteris tam in dictis domibus quam extra firmiter injungentes quod vobis in premissis et singulis ea contingentibus humiliter intendant et pareant sicut nobis alioquin sentencias quas rite tuleritis in easdem ratas habebimus atque firmas. Dat'.[3]

54. [*Cawood, 9 Aug. 1318. Provision of Alice de Hoton as prioress of Handale, after her election has been quashed on formal grounds.*]

PREFECTIO PRIORISSE DE HANDALE. Willelmus etc. dilectis in Christo filiabus subpriorisse et conventui domus de Handale nostre diocesis salutem [*etc.*]. Presentatam nobis electionem vestram de domina Alicia de Hoton moniali domus vestre in priorissam dicte domus vacantis per cessionem domine Mariote de Herlesey ultime priorisse ejusdem factam debito examini subjecimus, quam quia eam invenimus minus canonice celebratam cassavimus justicia exigenti, et quia ejusdem domus vestre vacationi dampnose currere cupientes dictam dominam Aliciam de Hoton domus vestre ordinem regularem expresse professam in etate legitima constitutam vita et moribus commendatam de matrimonio legitimo procreatam in temporalibus et spiritualibus circumspectam auctoritate pontificali sicut ad nos attinet ista vice in priorissam prefecimus dicte domus, sibi curam et administrationem ejusdem in spiritualibus et temporalibus committentes, vobis mandamus quatinus prefatam dominam Aliciam in vestram priorissam reverentius admittentes, sibi humiliter pareatis in omnibus que sancte religionis convenerint honestati ut vestra in hac parte devotio vos debeat merito commendare. Valete. [Cawod', 5 id. Aug. 1318.]

---

[1] MS. *confirmandi vel infirmandi*
[2] Sic; for *vestrum arbitrium?*
[3] "*–n easdem ratas habebimus atque firmas. Dat'* " is added in a different ink and perhaps a different hand. The dating clause remains incomplete.

55. Memorandum of mandate to the dean of Cleveland to install the prioress. Cawood. 9 Aug. 1318.

56. [*Laneham, 28 Aug. 1318. Commission to the official of York to act in the cause between Gawain de Tweng, rector of Kirkleatham, and the prioress and convent of Baysdale.*]

COMMISSIO INTER DOMINUM GALWANUM DE TWEYNG ET PRIORISSAM ET CONVENTUM DE BASSEDALE. Willelmus permissione etc. dilecto filio .. officiali nostro Eboracensi salutem [*etc.*]. Quia intelleximus et contineri vidimus in quodam processu habito inter discretum virum dominum Galwanum de Tweyng' rectorem ecclesie de Lithum ex parte una, et religiosas dominas priorissam et conventum de Basedale ex altera, coram venerabilibus viris et discretis dominis R. decano et capitulo ecclesie nostre beati Petri Eboracensis custodibus spiritualitatis archiepiscopatus ejusdem sede vacante[1] super contentis in quadam indentura de qua fit mentio in cedula presentibus annexa condempnationes hinc et inde fieri, prout in ipsa cedula et in registro eorundem decani et capituli nobis sede per nos plena transmisso plenius continetur, que per executionem non dum ut dicitur effectui debito mancipantur, vobis de cujus industria et circumspectione confidimus ad congnoscendum procedendum et exequendum juxta naturam et qualitatem contentorum in ipsa cedula committimus vices nostras cum cohercionis canonice potestate. Valete. [Lanum, 5 kal. Sept. 1318.]

57. Collation and mandate for induction of John de Holthorp', chaplain, to the vicarage of Whenby (*Queneby*). Cawood, 12 Sept. 1318.

58. Letters dimissory to John son of Robert son of Ingualdus de Snaynton, subdeacon. Bishopthorpe, 23 Sept. 1318.

59. Letters dimissory to Robert son of Alan son of Ralph de Mar, acolyte. Dated as above.

60. Institution and mandate for induction of Thomas Sleyght, priest, to the church of Hawnby (*Halmeby*); presented by William de Malbys, lord of Hawnby, in an exchange from the church of St. Mary, Richmond. Bishopthorpe, 6 Oct. 1318.

61. [Fo. 229; N.F. 274] Letters dimissory to John de Hoby, acolyte. Bishopthorpe, 7 Nov. 1318.

62. Letters dimissory to William de Appleton, acolyte, 'sed an fuit de Appleton in Cliveland ignoscitur'. Bishopthorpe, 25 Nov. 1318.

[1] cf. *Reg. Greenfield*, v. 263–5.

63. Writ of Edward II. He had ordered the archbishop to reassess benefices in York diocese and temporalities of prelates so wasted by Scottish attacks that the tenth granted to the king by the pope could not be paid according to the current assessment. The abbots of Rievaulx, Byland and others have petitioned the king and council that the archbishop had reassessed others' wasted benefices but not theirs on the grounds that he had delivered his commission to do this to the treasurer and barons of the Exchequer. The archbishop is to make new assessments as necessary, informing the collectors of the tenth in the diocese. York, 29 Nov. 1318.

> Printed in *Cartularium Abbathiae de Rievalle* (Surtees Soc., vol. LXXXIII, 1889), 426–7; *CPR. 1317–21*, 253.

64. [*Cawood, 21 Dec. 1318. Letter to the prior of Marton absolving Alan de Shirburn and Adam de Bergh canons of Marton from the sentences of excommunication imposed on them for attempting to poison Robert de Tickhill, and enjoining them to perform penances. A messenger is to be sent to obtain from the apostolic see a faculty to permit the dispensation of Adam de Bergh for taking services after the assault. He is not to celebrate until he has been dispensed.*]

ABSOLUTIO FRATRUM ALANI ET ADE CANONICORUM DE MARTON PRO VIOLENTA MANUUM INJECTIONE ETC. Willelmus etc. dilecto filio .. priori domus de Marton nostre diocesis salutem [*etc.*]. Fratres Alanum de Shirburn et Adam de Bergh concanonicos vestros dicte domus a sentencia excommunicationis majoris a canone Lateranensi, quam pro violenta manuum injectione in fratrem Robertum de Tichill concanonicum suum ad procurationem et consensum eorundem perpetrata extiterant involuti ac a peccato sciencie et consensus toxicationis ejusdem fratris Roberti, ad vos et domum vestram remittimus absolutos, injungentes ipsis et alteri eorum penitenciam infrascriptam videlicet quod singulis sextis feriis septennii sequenter ipsi et eorum alter pane et aqua jejunando sint contenti. Et quia dictus frater Adam post violenciam predictam scienter inmiscuit se divinis irregularitatis notam dampnabiliter incurrendo, volumus quod a celebratione divinorum decetero se abstineat, et quod quamcito se obtulerit facultas ad sedem apostolicam pro dispensatione obtinenda pro eodem super irregularitate memorata cursorem seu nuncium aliquem destinetis, ipsos fratres in loco aliquo securo et decenti conservantes donec de statu ipsorum aliud duxerimus ordinandum, dictos quoque fratres ad peragendum et complendum si necesse fuerit penitenciam suprascriptam vice nostra canonice compellendo. Valete. [Cawood, 12 kal. Jan.]

65. Commission to Master Richard de Melton, rector of Brandesburton and Thomas [de Cawood], vicar of Felixkirk, to correct crimes

etc. discovered during the archbishop's visitation of Bulmer deanery (similar to no. 45 but adding order to certify). Cawood, 2 Jan. 1319.

66. [*Cawood, 26 Jan. 1319. Injunctions consequent to the visitation of Marton priory on 5 May 1318.*]

DECRETUM DOMUS DE MARTON IN GALTRES. Willelmus permissione divina etc. dilectis filiis .. priori et conventui domus de Marton nostre diocesis salutem [*etc.*]. Ex injuncta nobis sollicitudine pastorali exhibere nos credimus obsequium Deo gratum cum utilitati subditorum prospicimus pariter et saluti. In vestro siquidem monasterio die Veneris proxima ante festum beati Johannis Beverlacensis in mense Maii anno gracie millesimo trecentesimo decimo octavo et pontificatus nostri primo visitationis officium sicut ad nos pertinet exercentes, visitatione ipsa rite facta prout possibile fuerat ea vice, quedam ad animarum vestrarum salutem religionis augmentum vestrique monasterii perpetuam utilitatem ordinanda fore decrevimus et a vobis vestrisque successoribus futuris perpetuo temporibus observanda.

(1) In primis precipimus et etiam ordinamus quod unitas caritatis et fraterna concordia sine qua nullum est vite meritum apud Deum inter vos et vestrum singulos summo opere foveatur invidie rixe et contentionis aculeis penitus exulatis.

(2) Item quod divinum obsequium in ecclesia pro varietate temporum quantum honorifice fieri poterit et devote juxta religionis observanciam celebretur, servicium insuper de Domina et pro mortuis, et si qua alia sine nota dicuntur tractim et distincte et aperte dicantur ut ante finem versus ex parte una non incipiat altera versum suum.

(3) Item regula sine qua nulla subsistit religio in divino obsequio silencio tenendo et in omnibus suis articulis melius solito et quantum est possibile observetur.[1]

(4) Item seculares extranei a discursu frequenti et inordinato in claustro infirmaria et aliis locis secretioribus quantum commode et honeste fieri poterit arceantur.

(5) Item in refectorio non nisi mature et honeste persone extranee commedere permittantur.

(6) Item infirmi secundum qualitatem egritudinum debite procurentur prout ipsius [Fo. 229ᵛ; N.F. 274ᵛ] domus suppetent facultates.

(7) Item inhibemus .. priori et custodibus sigilli communis domus sub pena excommunicationis majoris ne aliquas litteras ipso sigillo consignent seu faciant consignari absque consensu et sciencia conventus vel majoris et sanioris partis ejusdem.

(8) Item omnes et singuli canonici in habitu sint omnino juxta

[1] From *regula* to *possibile* is an insertion, replacing *silencium locis et temporis debitis secundum regulam.*

antiquam religionis observanciam uniformes nec in habitu interiori vel exteriori regulari per quemcumque fiant alique novitates.

(9) Item nullus canonicus secreta capituli extraneis aut secularibus personis quibuscumque presumat decetero revelare sub pena predicta, quam omnes revelatores secretorum capituli ex constitutionibus ordinis credi poterunt incurrisse.

(10) Item elemosina per elemosinarium et servientes suos fideliter colligatur et divine pietatis intuitu dumtaxat pauperibus erogetur nec operariis vel nunciis vel aliis quibuscumque detur nisi tantum intuitu pietatis.

(11) Item prior in ecclesia refectorio et dormitorio sequatur conventum, nisi in presencia hospitum notabilium infirmitate occupatione necessaria et utili pro negotiis monasterii aut alia causa legitima fuerit impeditus.

(12) Item .. prior in correctionibus excessuum medium discretionis semper teneat inter necgligenciam et fervorem nec sic acceptor invidus personarum.

(13) Item .. prior vel supprior canonicos claustrales ad exeundum per patriam de facili non licenciet nisi urgentem necessitatem vel evidentem utilitatem viderit iminere.

(14) Item .. prior in recreationibus et solaciis canonicorum claustralium se habeat circumspecte nunc hos nunc illos vocando ut illis[1] uberiorem graciam faciat quos secundum conditiones suas magis viderit indigere.

(15) Item .. prior in consiliis tractatibus litterarum consignationibus et aliis arduis domus sue negotiis conventus sui, si comode fieri poterit vel antiquarum et discretiorum personarum sui conventus utatur consilio nec sue prudencie innitatur.

(16) Item .. prior nulli canonicorum sui conventus licenciam concedat in obsequio seu familia personarum secularium commorandi sine nostra vel successorum nostrorum licencia speciali.

(17) Item quia domum vestram variis debitis pensionibus liberationibus et corrodiis invenimus graviter oneratam, precipimus et etiam ordinamus quod tam .. prior quam omnes officiati talem moderationem adhibeant in expensis ut saltim paulatim valeant ab oneribus huiusmodi respirare.

(18) Item quod omnis peccunia de bonis domus qualitercumque proveniens ad manus duorum bursariorum per priorem et conventum vel majorem et saniorem ipsius partem deputandorum integraliter absque omni defalcatione perveniat, et per ipsos bursarios in necessitatibus domus priori ceteris officiatis et aliis prout expediens visum fuerit liberetur.

---

[1] *Precipue* deleted.

(19) Item celerarius[1] cum senescallo vel clerico suo, si non fuerit senescallus, ac etiam adjuncto ei si expediens visum fuerit canonico maturo et discreto, omni anno circa Pascha circuiat omnia maneria sive loca ad domum pertinentia et faciat visum competentem de omnibus receptis liberatis et expensis, faciatque fieri de bladis stauro vivo et mortuo et bonis quibuscumque inventarium contra ballivos servientes et ministros in locis singulis, facta super hiis indentura, et de omnibus administrationibus, officiis, balliviis et custodiis tam in monasterio quam extra ante[2] festum Omnium Sanctorum reddatur finale compotum omni anno coram priore et quatuor vel quinque senioribus et discretioribus de conventu, ita ut audito finali compoto totus status domus ipsi conventui plenius ostendatur.

(20) Item quia de victu et vestitu fratrum conversorum dicte domus insufficienti tam nobis quam predecessoribus nostris querimonia sepius est dilata, precipimus et injungimus priori et conventui et officiatis precipue qui pro tempore fuerint sub penis infrascriptis quod memoratis fratribus conversis juxta ipsius domus facultates et eorundem conditiones tam in victu quam vestitu debito moderamine adhibito prout indiguerint necessaria ministrentur.

(21) Item propter onera gravia debitorum pensionum corrodiorum et liberationum, ut superius est expressum, firmiter inhibemus .. priori ceterisque singulis de conventu sub pena excommunicationis majoris ne de cetero pensiones quibuscumque personis concedant aut corrodia liberationesve qualitercumque vendant vel concedant, aut alienationes possessionum et reddituum nemorum seu boscorum temporales vel perpetuas faciant sine nostra vel successorum nostrorum licencia speciali.

(22) Item .. prior vel alius quilibet religiosus aut secularis nullum famulum garcionem vel alterius conditionis hominem retineat in obsequio vel sibi attrahat qui sit domui onerosus superfluus vel inutilis aut etiam super incontinencie vicio vel alio crimine graviter diffamatus.

(23) Item inhibemus ne canes superfluos vel equos habeant vel ad perhendinandum in domo recipiant absque nostra licencia speciali.

Insuper in virtute sancte obediencie districte precipimus et mandamus omnibus et singulis sub penis infrascriptis ne quis occasione visitationis nostre predicte vel compertorum in ea alteri improperet, vel quis quid dixerit aut de quo qualitercumque investiget seu investigari procuret, conventiculasque secretas conjurationes conspirationes aut qualescumque confederationes illicitas ex quibus docente magistra rerum experiencia in religionis honestate potissime oriuntur scandala graviora faciat vel procuret fieri quoquomodo.

---

[1] MS. *cerelarius*
[2] MS. *et ante*

Hec itaque salubria monita correctiones et injuncta vobis omnibus et singulis, priori scilicet sub pena depositionis, ceteris autem singulis de conventu sub pena excommunicationis majoris et inhabilitatis ad quemcumque honorem ac officium quodcumque injungimus firmiter observanda preter penas alias per nos transgredientibus juxta sua demerita infligendas, quod si forte per quemcumque in aliquo contrarium quod absit fieri contigerit, idem nobis vel successoribus nostris infra mensem sub penis predictis per .. priorem vel suppriorem volumus et precipimus nunciari. Hoc autem nostrum decretum ad Dei honorem ac vestri monasterii utilitatem futuris perpetuo temporibus (quousque per nos vel successores nostros moderatum vel revocatum fuerit) observandum singulis mensibus saltem semel coram conventu in vestro capitulo sub penis premissis tractim et distincte precipimus recitari. Valete. [Cawode, 7 kal. Feb.[1] 1318.]

67. [*Cawood, 16 Jan. 1319. Orders to the priors and convents of Newburgh and Marton to pay pensions to Henry de Melton and Richard de Cliff because of their priors' recent creation.*]

LITTERA DIRECTA .. PRIORI ET CONVENTUI DE NOVO BURGO PRO PENSIONE CONCEDENDA HENRICO DE MELTON. Willelmus permissione divina etc. dilectis filiis .. priori et conventui de Novo burgo salutem [*etc.*]. Cum simus in partem sollicitudinis pastoralis divine clemencie dispositione vocati, circa ea que ad relevationem tanti oneris rationabiliter sunt inventa studiose servare nos convenit morem fidelissime vetustatis. Cum itaque a nostris predecessoribus a multis retro temporibus provide sit obtentum et a tempore cujus non existit memoria laudabili consuetudine observatum, quod in prefectione .. abbatum et priorum nostre diocesis per eosdem et suos conventus constituende sint personis per prelatum nominandis certe annue pensiones, ut prelatus ad supportationem oneris incumbentis idoneos habere valeat suis obsequiis insistentes; devotionem vestram monemus et hortamur in Domino quatinus dilecto et carissimo germano nostro Henrico de Melton, quem ad hoc specialiter vobis duximus nominandum, juxta premissam ecclesie nostre consuetudinem constituatis et etiam per vestras patentes litteras concedatis certam annuam pensionem, que secundum vires facultatum vestri monasterii et dantes deceat et recipienti utilis ac fructuosa existat, nobisque merito grata esse debeat pariter et accepta nobisque inde velle vestrum plenius rescribatis. Valete. [Cawode, 17 kal. Feb. 1318.]

Memorandum quod consimilis littera scripta fuit priori et conventui de Marton pro Ricardo de Cliff' eisdem die et loco, hoc mutato ubi

---

[1] *iiij idus Januarii* deleted.

dicitur supra 'dilecto et karissimo germano nostro' dicebatur hic in littera ista 'caro consanguineo nostro'.

68. [Fo. 230; N.F. 275] To the prior and convent of Newburgh. Injunctions consequent to the archbishop's visitation on 8 May 1318, in almost identical terms as those for Marton (no. 66), with the following variations:

Item 7 of no. 66 omitted; instead no. 68 has: (7) Item cum infirmi in infirmaria fuerint, habeant ex assignatione prioris et conventus unum canonicum discretum et modestum qui eis horas dicat canonicas et missam celebret ad edificationem et solacium infirmorum, nec accedant aliqui inhonesti aut indomiti garciones vel alii ad infirmariam per quos infirmi turbari poterunt seu gravari.

Item 10 of no. 66 followed by this addition: Et habeat elemosinarius decimam panis de celario sicut habere consuevit in augmentationem elemosine, et quod hactenus est subtractum in hac parte solvatur et recompensetur quamcito commode poterit pro temporis exigencia juxta discretionem presidentis, cujus super hoc conscienciam oneramus.

Item 9 of no. 66 is (12) in no. 68; instead of 'sub pena predicta .. incurrisse'. no. 68 has: quia omnes revelatores secretorum capituli majoris excommunicationis sentencia sunt ligati per capitulorum generalium constituta.

Item 19 of no. 66 is (20) in no 68, which adds: Et si aliqui servientes aut ministri infideles vel inutiles inveniantur, auditis eorum compotis et dampnis si que domui intulerint quantum possibile fuerit restitutis, ab omni officio domus amoveantur et alii fideles et idonei loco eorundem subrogentur.

Items 14 and 20 omitted.

[Fo. 230ᵛ; N.F. 275ᵛ] Cawood, 17 Jan. 1319.

69. [*Bishopthorpe, 24 Jan. 1319. Licence to the prioress and convent of Rosedale to receive Beatrice de Kirkeby as a nun.*]

LICENCIA CONCESSA PRIORISSE DE ROSSEDALE AD RECIPIENDUM BEATRICEM DE KIRKEBY IN MONIALEM. Willelmus etc. dilectis in Christo filiabus .. priorisse et conventui de Rossedale nostre diocesis salutem [*etc.*]. Ut ad augmentum cultus divini ad vestre religionis habitum Beatricem de Kirkeby possitis admittere, dumtamen ad hoc apta fuerit et honesta, liberam vobis tenore presentium concedimus facultatem, inhibitione[1] predecessorum nostrorum in contrarium vobis facta nullatenus obsistente. Valete. [Thorp' prope Ebor', 9 kal. Feb. 1318.]

---

[1] MS. *inhibitionem*.

70. [*Bishopthorpe, 7 Feb. 1319. Licence to the king to take an assize of novel disseisin during septuagesima.*]

LICENCIA CONCESSA DOMINO REGI AD CAPIENDUM ASSISAM NOVE DISSESINE IN TEMPORE SEPTUAGESIMALI. Serenissimo principi domino suo domino Edwardo etc. seu ejus locum tenenti vel tenentibus in hac parte Willelmus [*etc.*]. salutem in Eo cui servire perhenniter est regnare. Licet pro communi salute fideli provide ecclesiastice dispositionis ordinatum fuerit et statutum quod certis anni temporibus contemplative devotioni deditis secularis potestas neminem possit compellere ad jurandum, amore tamen justicie quam maturari equum cernimus atque pium ex quadam conveniencia tolleramus quod assisam nove dissesine, quam Johannes de Eseby et Nicholas vicarius ecclesie de Topclyve executores testamenti Willelmi de Jafford arrainiaverunt versus Willelmum de Roseles Margaretam uxorem ejus et Johannem filium ejusdem Willelmi de libero tenemento suo in Soureby juxta Thresk, hoc tempore septuagesimali capiatis et quod justum fuerit faciatis. In cujus rei testimonium litteras nostras fieri fecimus has patentes. [Thorp' prope Ebor', 7 id. Feb. 1318.]

71. [*Bishopthorpe, 13 Feb. 1319. Letters to the abbots of Selby and St. Mary, York, informing them of the reassessment of Byland and Rievaulx abbeys.*]

CERTIFICATORIUM FACTUM ABBATI DE SELEBY, SUBCOLLECTORI DECIME DOMINO NOSTRO REGI CONCESSE DE BENEFICIIS ECCLESIASTICIS ET TEMPORALIBUS SPIRITUALIBUS ANNEXIS PER SCOTOS VASTATIS ET NOVITER TAXATIS. Willelmus etc. dilecto filio .. abbati monasterii de Seleby subcollectori decime domino nostro regi per sanctissimum in Christo patrem dominum J. divina providencia papam XXII per unum annum concesse in parte nostre diocesis deputato salutem [*etc.*]. Mandatum domini nostri regis nuper recepimus in hec verba: Edwardus Dei gracia etc. dic ut supra in secundo folio ante ubi breve regium originale registratur pro monasterio de Bella Landa.[1] Cujus virtute mandati de beneficiis ecclesiasticis religiosorum virorum .. abbatum de Ryevall' et de Bella landa ac temporalibus ipsorum spiritualibus annexis per Scotos vastatis noviter et destructis necnon de conditione valore et statu ipsorum in instanti que ad decimam inter spiritualia taxari consueverant inquisitionem fieri fecimus diligenter, per quam compertum est quod omnia bona temporalia dicti abbatis de Ryevall' spiritualibus annexa qui nulla habet beneficia ecclesiastica appropriata de quibus temporalibus decima solvi consuevit taxata erant ad ducentas quatuorginta unam libras et x solidos, que bona per invasionem

---

[1] No. 63.

Scotorum depredationes incendia et alias destructiones per eosdem perpetratas in tantum devastantur quod ipsi .. abbati non remanet nisi dumtaxat ad summam et taxationem quaterviginti unius librarum et decem solidorum. Item omnia bona temporalia .. abbatis de Bella Landa spiritualibus annexa qui nulla habet beneficia ecclesiastica appropriata de quibus temporalibus decima solvi consuevit taxabantur ad ducentas decem et octo libras xvis. ixd. et ob. que ex premissis causis in tantum devastantur quod modo eidem .. abbati non remanet nisi ad summam et taxationem quaterviginti trium librarum xvi sol. ixd. et ob. in universo, et sic bona temporalia eorundem .. abbatum per viros fidedignos noviter sunt taxata, de quibus taxationibus ut premittitur factis vos juxta mandati regii tenorem reddimus certiores ut ipsam decimam secundum taxationem predictam ad opus domini nostri regis levari sicut convenit faciatis; dictas vero taxationes una cum brevi regio thesaurario et baronibus de scaccario domini nostri regis transmisimus ut mandatur. Valete. [Thorp' prope Ebor', Id. Feb. 1318.]

Memorandum [1] quod idibus Augusti anno gracie MCCCXIX et pontificatus nostri secundo certificavimus .. abbati beate Marie Eboracensis de eadem taxatione pro decima annuali de novo domino regi concessa per diocesim Eboracensem.

72. To the treasurer and barons of the Exchequer. Certificate to the same effect, returning the writ. Bishopthorpe, 13 Feb. 1319.

73. To the prioress and convent of Thicket (*Thikheved*). Mandate (similar to no. 13) to attend the archbishop's visitation of their house on the Monday before St. Peter *in cathedra*. Bishopthorpe, 14 Feb. 1319.

74. Memorandum of licence to the king to take an assize of novel disseisin arraigned by Joan, widow of Ives Etton, against William de Ros de Yolton and Elizabeth his wife, and others named in the writ, during septuagesima. Bishopthorpe, n.d.

75. [Fo. 231; N.F. 276] Commission to Master Richard de Melton, rector of Brandesburton, and John de Sutton, rector of Hemsworth (*Hymelesworth*), to visit the nunneries of Thicket and Arthington. Bishopthorpe, 18 Feb. 1319.

76. Memorandum that the same two commissaries were sent a letter to visit Esholt priory. 20 Feb. 1319.

77. [*Bishopthorpe, 23 Feb. 1319. The prioress and convent of Baysdale are ordered to readmit Joan de Lelom, an apostate nun; her penance is specified.*]

---

[1] *Memorandum . . . Eboracensem* is a line inserted between the above entry and the next.

PENITENCIA ET REAMISSIO JOHANNE DE LELOM DE DOMO DE BASEDALE AD HABITUM ETC. Willelmus etc. dilectis in Christo filiabus . . priorisse et conventui de Bassedale nostre diocesis salutem [*etc.*]. Quia Johannam de Lelom vestre domus commonialem a sentencia excommunicationis majoris, quam incurrit ex eo quod dimisso habitu regulari jam tercio a monasterio suo recedens evagabatur in seculo apostatando, in forma juris absolvimus, eidem penitenciam pro dicta apostasia ac aliis suis criminibus coram nobis judicialiter confessis prout sequitur injungentes, videlicet quod ad vestrum monasterium rediens juxta observancias ordinis vestri ac regule et disciplinam regularem debitas et consuetas ad habitum admittatur eaque secundum ordinem sibi pro sceleribus et commissis suis de quibus nobis scripsistis injungenda fuerint humiliter completura. Et preter hec intra ecclesie chori claustri capituli refectorii et dormitorii septa se continens illa nullatenus exeat, nisi forte oporteat ad infirmariam ipsam ex causa necessaria declinare. Item ad eam nullus pateat secularium accessus nec confabulatio aliqua cum eisdem. Nulli litteras vel nuncium mittat vel recipiat a quocumque. Velo etiam nigro non utatur, ultima sit omnium ubilibet in conventu. Singulis sextis feriis in pane et aqua jejunet, quartis vero feriis a piscibus et lacticiniis abstinens pane cervisia et leguminibus sit contenta, et eisdem feriis a presidente unam recipiat disciplinam. Unum psalterium dicat singulis septimanis. Ad nullum officium assumatur vel communibus domus tractatibus interesse aliqualiter permittatur. Prescripta sibi imposuimus per septennium sustinenda et humiliter peragenda, nisi signa vere contritionis ac alia ejusdem merita animum nostrum moverint ad ipsa mitiganda vel aliter moderanda. Quocirca devotioni vestre firmiter injungendo mandamus quatinus prefatam Johannam quam ad vos mittimus absolutam ad habitum vestrum et regulam in forma prescripta admittentes, ipsam juxta ordinis disciplinam tractetis sub debito caritatis et ad injuncta nostra premissa debite peragenda efficaciter inducatis, et si oportuerit juxta regularem observanciam compellatis.[1] Valete. [Thorp' prope Ebor,' 7 kal. Mar. 1318.]

78. [*Bishopthorpe, 1 March 1319. Decree following the visitation of Thicket priory by commissaries.*]

DECRETUM DOMUS DE THIKHEVED. Willelmus etc. dilectis in Christo filiabus . . priorisse et conventui monasterii de Thikheved nostre diocesis salutem [*etc.*]. Ex injuncta nobis sollicitudine pastorali exhibere nos credimus obsequium Deo gratum cum utilitati subditorum prospicimus pariter et saluti. In vestro siquidem monasterio die Lune proxima ante diem cinerum anno gracie MCCCXVIII et pontificatus

---

[1] MS. *capellatis.*

nostri secundo per certos clericos visitationis officium excercentes, quedam correctione digna in eodem comperta reformare duximus in hunc modum.

(1) In primis injungimus .. priorisse in virtute sancte obediencie et sub pena districtionis canonice quod silencium in claustro choro refectorio dormitorio et aliis locis debitis faciat observari, et illud infringentes juxta regulam puniat et castiget.

(2) Item quia domum vestram ere alieno invenimus oneratam, precipimus et etiam injungimus tam priorisse quam ceteris dominabus dicte domus quod talem adhibeant moderationem in expensis ut saltem paulatim possint ab hujusmodi oneribus respirare.

(3) Item injungimus .. priorisse quod infirme domine juxta conditiones suas et egritudinum qualitates quatenus domus suppetent facultates debite procurentur, grossis cibariis in levioribus commutatis.

(4) Item injungimus prefate priorisse quod infirme domine in infirmaria unam secularem mulierem fidelem bone fame et conversationis honeste pro earum custodia pannorum lotione et aliis necessariis que unam dominam facere non deceat, quotiens necessitas imineat, habeant de communi.

(5) Item inhibemus tam priorisse quam ceteris dominabus de conventu ne decetero aliquam personam ad habitum monialium sororum vel conversorum recipiant ex certa conventione precedente de aliquo certo eis solvendo, cum id labem sapiat simoniace pravitatis.

(6) Item inhibemus priorisse sub pena depositionis ab officio [1] et ceteris omnibis et singulis dominabus de conventu sub pena excommunicationis majoris ne decetero corrodia pensiones vel liberationes quibuscumque personis concedant, maneria sive grangias ad firmam perpetuam vel ad tempus non modicum dimittant, alienationesve inmobilium faciant, seu aliquas personas ad habitum monialium sororum vel conversorum recipiant, vel aliquas mulieres ad perhendinandum in domo aut puellas teneant in eadem a tempore quo compleverint duodecimum etatis sue annum sine nostra vel successorum nostrorum licencia speciali, super qua nostram vel successorum nostrorum litteram habeant cum necesse fuerit exhibendam.

(7) Item .. priorissa in consiliis tractatibus et arduis domus negotiis pertractandis rationes ac consilia tam juvenum quam senium modeste audiat dominarum, quibus auditis illarum consilia et rationes sequatur que pro utilitate domus secundum suam et sanioris partis conventus considerationem melius consilium dederint in agendis.

(8) Item .. priorissa in recreationibus et solaciis suis conmonialibus faciendis se habeat circumspecte, nunc has nunc illas vocando, ut precipue illis majorem faciat graciam et recreationem quas sue

---

[1] MS. *afficio*.

probitatis merita et conditiones personarum magis viderit indigere, nec sit circa premissa aut in correctionibus faciendis acceptrix invida personarum.

(9) Item precipimus et injungimus omnibus et singulis dominabus dicte domus in virtute obediencie et sub pena excommunicationis majoris ac inhabilitatis ad quemcumque statum et honorem vel officium qualecumque in ipsa domo obtinendum quod priorisse sue que nunc est et que pro tempore erunt devote obediant, eorumque salubria monita et mandata canonica penitencias correctiones et injuncta humiliter suscipiant peragant et conservent.

(10) Item injungimus priorisse sub penis premissis quod comoniales suas in caritate et dilectione mutuis confovere studeat et tractare, et dominas discordiam seminantes in conventu debite puniat et castiget, ne impunitas unius aliis occasionem seu audaciam prebeat delinquendi.

(11) Item inhibemus priorisse et suppriorisse in virtute obediencie et sub pena depositionis ab officio ac excommunicationis majoris ne aliquam monialem aliumve servientem sive ministrum infra mona- sterium sive extra circa domui pertinentia ad aliquod officium deputet, sive in officio jam suscepto decetero ministrare permittat, propter odium vel favorem quem inutilem infidelem vel insufficientem ad officium cui preesse debeat crediderit, sed si quis vel que talis inveniatur absque mora amoveatur ac alius seu alia fidelis et ydoneus seu ydonea loco ipsius de communi consensu conventus vel majoris et sanioris partis ejusdem protinus subrogetur.

Hec autem nostra salubria monita inhibitiones precepta correctiones et injuncta vobis omnibus et singulis .. priorisse scilicet sub pena depositionis ab officio, ceteris vero singulis de conventu sub pena excommunicationis majoris injungimus firmiter observanda preter penas alias per nos vel successores nostros transgredientibus juxta sua demerita infligendas. Hoc insuper nostrum decretum ad Dei honorem et domus vestre utilitatem futuris perpetuo temporibus quousque per nos vel successores nostros moderatum vel revocatum fuerit observan- dum semel singulis mensibus in vestro capitulo coram conventu in lingua materna sub penis premissis tractim et distincte precipimus recitari, ne dominarum aliqua in predictis possit ignoranciam preten- dere vel causari. Valete. [Thorp' prope Ebor', Kal. Mar. 1318.]

79. [Fo. 231ᵛ; N.F. 276ᵛ] To the prioress and convent of Esholt. Decree (similar to no. 78) consequent to the commissaries' visitation on 24 Feb. Of the six injunctions, nos. 1, 2 and 6 are similar to nos. 1, 2 and 6 for Thicket. The remainder are as follow:

(3) Item priorissa in negotiis domus tractandis et expediendis sui

conventus vel saltem majoris et sanioris partis ejusdem utatur consilio nec sue prudencie proprie innitatur.

(4) Item injungimus priorisse in virtute obediencie quod ipsa decetero jaceat in dormitorio et comedat in refectorio, nisi infirmitate occupatione domus necessaria et utili seu in presencia hospitum notabilium vel alia causa rationabili fuerit impedita.

(5) Item inhibemus priorisse et omnibus aliis de conventu in virtute obediencie et sub pena excommunicationis majoris ne due domine in dormitorio simul jaceant aut alibi in cameris separatis nec etiam aliqua secularis mulier cum moniali cujuscumque fuerit conditionis sive status.

Bishopthorpe, 1 Mar. 1319.

[Marginal note: 'Memorandum quod istud decretum deberet registrari in quaterno archidiaconatus Eboracensis'.]

80. Institution and mandate for induction of Thomas de Panhale, priest, to the church of Lythe (*Lith'*), presented by Peter de Maulay IV, lord of Mulgrave; saving to the prior and convent of St. Oswald, Nostell, an annual pension of £24, which he swore to pay at the appointed terms. Bishopthorpe, 14 Mar. 1319.

81. [*Bishopthorpe, 14 March 1319. Commission to Master Richard del Clay, vicar of Lastingham, to hear the confessions of nuns in the archdeaconry of Cleveland for concealing facts during visitation and for taking reprisals afterwards.*]

LICENCIA SIVE COMMISSIO [1] AUDIENDI CONFESSIONES MONIALIUM IN ARCHIDIACONATU CLYVELAND'. Willelmus etc. dilecto filio magistro Ricardo del Clay vicario ecclesie de Lestyngham nostre diocesis salutem [*etc.*]. Dudum nostre diocesane visitationis officium in archidiaconatu Cliveland' pro parte prout nobis possibile fuerat inchoantes, quasdam domos monialium ejusdem archidiaconatus per nosmetipsos et quasdam per clericos nostros visitavimus, sicut ad nos novimus pertinere, et correctiones debitas quantum potuimus fecimus de compertis. Transacto siquidem post hujusmodi visitationes et correctiones modici temporis intervallo, nostris extitit auribus intimatum quod quedam moniales dictarum domuum statum religionis sue ac animarum suarum profectum nullatenus advertentes, mutuas in se manus injecerunt temere violentas ac quedam ex eisdem monialibus post et contra injunctiones nostras eis factas durante hujusmodi visitationis tempore quod nulla corrigenda in personis conventuum suorum quibuscumque aut in rebus ad ipsas domos pertinentibus celarent

---

[1] *SIVE COMMISSIO* inserted.

occasione quacumque sub pena excommunicationis majoris in personis contravenientium comminate sed quod nobis et nostris clericis omnem dicerent veritatem, quamplurimos defectus crimina et excessus que in eisdem domibus noverant corrigenda maliciose et voluntarie concelarunt, propter quod ipse inobedienciam et contemptum incurrentes predictam excommunicationis sentenciam verisimiliter jam formidant. Volentes ob hec animarum suarum saluti prospicere ut tenemur, vobis de cujus devotione et consciencie puritate plene confidimus ad absolvendum dictas moniales ab hujusmodi sentenciis, si quas violenciarum contemptus vel inobediencie predictorum occasione incurrerint, nostra auctoritate juxta nobis a jure traditam potestatem et eis penitencias salutares injungendum tenore presentium committimus potestatem, proviso quod sic celata per eas in visitationibus nostris predictis vobis secretius detegant et revelent, de quibus per vos certificari volumus quamcito poteritis oportune. Valete. [Thorp' prope Ebor', 2 id. Mar. 1318.]

82. Memorandum that a similar letter was sent to Richard de Grimeston, rector of a moiety of the church of Goodmanham (*Gothmundham*), for houses in the archdeaconry of the East Riding. Dated as above.

83. [*Bishopthorpe, 10 March 1319. Commission to Master John Gower rector of Wheldrake to hear confessions in the deanery of Bulmer of matters reserved to the archbishop, and a note of similar commissions throughout the diocese except in the archdeaconry of Richmond.*]

COMMISSIO AD AUDIENDUM CONFESSIONES EGROTORUM IN DECANATU DE BULMER. Willelmus etc. dilecto filio magistro J. Gower rectori ecclesie de Queldrik [1] nostre diocesis salutem [*etc.*]. Quia intelleximus quod quedam persone tam ecclesiastice quam seculares senio confracte et alique paupertate vel adversa valitudine adeo sunt detente in diversis partibus nostre diocesis, quod si in casus nobis reservatos inciderint ad nos vel ad penitentiarium nostrum Eboracensem accedere nequeunt absque gravi incomodo pro absolutione in hujusmodi casibus obtinenda, tibi de cujus circumspecta industria et puritate consciencie plenius confidimus ad audiendum confessiones hujusmodi subditorum nostrorum in decanatu de Bulmer commorantium tibi in talibus casibus confiteri volentium, qui ex causis predictis ad nos vel penitentiarium nostrum Eboracensem venire non possunt, et eos in dictis casibus absolvendum ac eis pro hujusmodi peccatis injungendum penitencias salutares vices nostras committimus per presentes videlicet ad festum Pentecostes proximum duraturas, quibus sigillum nostrum apponi

[1] *Escrik* deleted.

fecimus in testimonium premissorum. Vale. [Thorp' prope Ebor', 6 id. Mar. 1318.]

Memorandum quod in quolibet decanatu archidiaconatuum Clyveland' Eboracensis Estriding' Notinghamie deputatur unus consimilis confessor propter egrotos et impotentes per consimiles commissiones et de verbo ad verbum.

84. [*Bishopthorpe, 10 March 1319. Mandate to the official of the archdeacon of Cleveland to publish the appointment of penitentiaries in the archdeaconry, and a note that this had been done in the other archdeaconries, Richmond excepted.*]

LITTERA OFFICIALI ARCHIDIACONI CLYVELAND' AD PUBLICANDUM TALES CONFESSORES ESSE CONSTITUTOS. Willelmus etc. dilecto filio .. officiali archidiaconi Clyveland salutem' [*etc.*]. Quia a nonnullis concepimus fidedignis quod diverse persone tam ecclesiastice quam seculares infra dictum archidiaconatum constitute nedum senio et corporum invalitudine sed etiam quedam ex eis paupertate et inopia adeo sunt depresse, quod ad nos vel ad penitentiarium nostrum apud Ebor' pro serenatione consciencarium suarum si fortassis in casus nobis a jure reservatos inciderint accedere absque gravi incomodo nequeunt ut affectant, nos volentes hujusmodi subditorum nostrorum animarum saluti prospicere et ipsorum laboribus parcere et expensis, magistro Johanni Gower rectori ecclesie de Queldrik in decanatu de Bulmer magistro Roger de Hauley rectori medietatis ecclesie de Hoton Bussell in decanatu de Rydale et magistro Rogero de Kellessey rectori ecclesie de Crathorn' in decanatu Clyveland' de quorum circumspecta industria et puritate consciencie confidimus, vices nostras commisimus ad audiendum confessiones eorundem subditorum nostrorum infra dictos decanatus existentium silicet peccata sua confiteri volentium et ipsis pro peccatis eis confessis prout animarum suarum saluti viderint expedire injungendum penitencias salutares etiam in casibus nobis a jure reservatis, quod in vestris capitulis singulis in eisdem decanatibus celebrandis per vos volumus et precipimus publicari ut omnes et singuli hujusmodi confessione indigentes ad dictos confessores per nos ut premittitur deputatos prout indiguerint accessum habere valeant et recursum, certificantes nos super hiis que feceritis in premissis citra quindenam Pasche distincte et aperte per vestras patentes litteras harum seriem continentes. Valete. [Thorp' prope Ebor', 6 id. Mar.]

Memorandum quod eisdem die et loco consimiles littere emanarunt .. officialibus archidiaconorum Eboracensis Estriding' Notinghamie ad publicandum tales confessores esse constitutos in quolibet decanatu infra suam officialitatem existente.

85. [*Bishopthorpe, 15 March 1319. Licence granted to the prior and convent of Marton to put their manor of Cornbrough to farm.*]

LICENCIA CONCESSA PRIORI ET CONVENTUI DE MARTON UT POSSINT DIMITTERE UNUM MANERIUM AD FIRMAM. Willelmus etc. dilectis filiis . . priori et conventui de Marton nostre diocesis salutem [*etc.*]. Quia ex insinuatione fratris Stephani de Snayth celerarii domus vestre recepimus quod de manerio vestro de Cornburgh tantum habere hucusque comodum nequivistis sicuti nunc potestis si vobis illud dimittere permitteremus ad firmam, nos super hiis vestras consciencias onerantes ut majus comodum domui vestre inde facere valeatis, vobis concedimus quatinus habitis super hoc tractatu diligenti et consensu unanimi si domui vestre expediat illud ad firmam per tempus modicum dimittatis, ita quod nullo modo transeat alicui in feodum vel alienetur a domo, nostra inhibitione in contrarium edita nullatenus obstante. Valete. [Thorp' prope Ebor', Id. Mar. 1318.]

86. [*An inserted leaf containing a summary of the evidence given on 9 Sept. 1326 against John de Foxholes, ex-prior of Newburgh, and on the verso the accounts of his manor of Hood.*]

[N.F. 277] Dominus Robertus de Raskelf presbiter juratus dicit ad natale Domini erat unus annus elapsus quod presens fuit ubi Philippus de Monketon in periculo mortis jacens tradidit priori qui nunc est duo vel tria scripta obligatoria, que novit bene sigillo communi domus de Novo burgo sigillata, que dixit sibi fuisse tradita per dictum fratrem Johannem de Foxoles.

Item Robertus de Foxoles juratus dicit quod bene scit quod una domus fuit amota et alibi locata in defectum dicti fratris Johannis. Item dicit quod dictus Johannes dedit boscum aliquibus vicinis pro focali qui ceperunt viginti cartatas, quod dictus Johannes impedivisse potuit. Item dicit quod vidit dictum Johannem osculari sepius Matildem Wace tam in ortis quam in grangia et aliis locis quando obviabat ei quando potuit, et super hoc ipsum Johannem sepius redarguit.

Item dicit quod fama est communis et ipse credit firmiter quod ipse Johannes ipsam Matildem carnaliter cognovit. Item dicit quod fama est et laborat de omnibus aliis mulieribus in articulis nominatis preterquam de Alicia de Stybbyng et Christiana Scot.

Item dicit quod ipse juratus vendidit unum cornu abbati beate Marie Eboracensis pro xx s., quod fuit impingnoratum ad domum Rogeri de Roston aurifabri ante cessionem dicti fratris Johannis ab officio prioris de precepto dicti fratris Johannis, qui quidem Johannes vendidit tres pecias argenti dicto abbati post dictam suam cessionem.

Item prior juratus dicit quod contenta in primo secundo et ultimo articulo continent veritatem et de mulieribus deponit de fama publica laborante. Item dicit quod bene scit quod dictus frater Johannes vendidit duas pelves argenteas et unam cuppam magnam duas minores continentem, que sibi retinuit in proprietatem postquam cessit ab officio prioratus, et dicit quod super hoc laborat publica vox et fama.

Frater Johannes de Otrington juratus dicit quod dummodo dictus Johannes erat prior fuit capellanus ejus, et dicit quod tunc vidit et palpavit unum cornu argenteum amelatum et unam cuppam preciosam et unum ciphum de murro, nescit tamen ut dicit ubi hujusmodi devenerunt.

Frater Johannes de Kirkeby juratus dicit quod bene scit dictus frater Johannes fecit dilapidationem bonorum monasterii, quia hoc audivit ab ipsis quibus de bosco et arboribus monasterii dedit, et ipse juratus vidit loca ubi arbores prostrate creverunt et etiam ubi una domus stetit, que jam per donum vel per culpam ipsius fratris Johannis ad locum alium est amota.

Frater Henricus de Craven dicit juratus quod [1] fratres domus qui moram traxerunt cum eodem fratre Johanne dixerunt quod mallent dimittere ordinem quam apud Hod' moram trahere cum eodem.

Memorandum quod omnes deponunt de fama tam de mulieribus quam de contentis in articulis aliis memoratis.

Facta fuit ista examinatio in capitulo de Novo burgo v Idus Septembris anno gracie MCCCXXVI per W. de Alburghwyk et Adam de Haselbech commissarios ad hoc specialiter deputatos.[2] R.R.Sm.

Item memorandum quod iv idus Septembris in capitulo de Novoburgo dictus frater Johannes renunciavit omni juri quod habuit in manerio de Hod' et submisit se totaliter gracie domini, unde dominus precepit priori et conventui quod extunc disponerent de manerio antedicto et rebus pertinentibus ad illud. Et ordinatum est de consensu prioris et conventus quod stet in [3] et quod primo anno percipiat octo marcas secundo novem marcas et tercio anno et deinceps quousque revocetur vel contigerit de ipso aliter ordinari anno quolibet x marcas.

[Fo. 277ᵛ]   Johannes de Ilketon.

                              Debita J. de Foxol'.

De expensis autumnalibus xvj s.
Ricardo de Housleye pro uno equo xiij s. iv d.
Waltero bercario de Sutton xijs. vi d.
Item Johanne de Molgrive de Sutton v s. xj d.
Item Thome Robies de Thresk pro carnu v s. vj d.

---

[1] MS. *dicit quod juratus quod.*
[2] MS. *deputatis.*
[3] A short gap in MS. follows *in* but there is no apparent deletion.

Item Matildi de Bageby de Thersk iii s.
Item Johanni de Monketon de Ebor' iii s. vi d.
Item Rogero de Seleby apothecario Eboracensi viij s.
Item in una capa ijs. v d.
Item in expensis suis ibidem factis xi d.
  Summa lxxj s. i d.

Sunt in manerio de Hod

In primis iv equi valoris v marc.
Item iv boves estimationis xl s.
Item iv vacce valoris xl s.
Item i stirk'[1] anni elapsi et iij vituli x s.
Item i aper iij sues vj porci et xv porcelli ij marc.
Item xix capre xxs.
Item gallus[2] et galline xxx iij s.
Item estimantur xxx quarteria frumenti precii lxxv s.
Item xxiv quarteria avene ij marc.
Item de fabis et pisis vij quarteria vij s.
  Summa xv li. xv s.

Et sic per estimationem ultra debita pretacta remanent in manerio predicto in rebus pretactis ad valorem xij li. iij s. xj d.

87. [*Bishopthorpe, 16 Mar. 1319. Conditional confirmation of the provision made for John de Foxholes by the prior and convent of Newburgh.*]

[Fo. 232; N.F. 278] ORDINATIO STATUS FRATRIS JOHANNIS DE FOXHOLES NUPER PRIORIS DE NOVO BURGO. Universis sancte matris ecclesie filiis ad quos presentes littere pervenerint Willelmus permissione etc. salutem in sinceris amplexibus Salvatoris. Litteras dilectorum in Christo filiorum .. prioris et conventus monasterii de Novo Burgo nostre diocesis sigillo communi ejusdem monasterii signatas recepimus tenorem qui sequitur continentes:

Venerabili in Christo patri domino Willelmo Dei gracia Eboracenss archiepiscopo Anglie primati sui devoti filii Johannes prior et conventui de Novo burgo obedienciam reverenciam et honorem. Cum illi sint precipue honorandi qui gratis cedunt honoribus ut meliora prospiciant et semetipsos gratanter alieno submittunt arbitrio, ne forsan propter eorum privatum commodum locus ubi president dispendium paciatur, nos industriam fratris Johannis de Foxoles nuper .. prioris nostri circumspectam dampna nobis nuper illata propensius considerantis et futura pericula precaventis, diversasque temporis et rerum circumstancias non inconsulte pensantis, qui prioratui suo coram vobis

[1] Apparently *stirnk* or *strink* in MS.
[2] Or *galli*: MS. *gall'* et *gall'*.

gratis cessit, consentimus unanimiter pura voluntate et concedimus quantum in nobis est pro nobis et successoribus nostris quod idem frater Johannes pro sustentatione sua quamdiu vixerit manerium de Hod' cum omnibus pertinenciis suis tam in temporalibus quam in spiritualibus cum omnibus oneribus ordinariis et extraordinariis habeat una cum socio secum commorante, quem sibi liceat legitima causa .. priori suo prius ostensa amovere et alium assensu predictorum .. prioris et conventus ac sui suo loco subrogare. Concedimus etiam predicto fratri Johanni x marcas sterlingorum annuatim de bursa nostra communi ad festa sancti Martini et Pentecostes per equales portiones percipiendas una cum x quarteriis frumenti et quatuor solidis argenti de manerio de Steyngrave singulis annis percipiendis, que quidem x quarteria et quatuor solidos si comode ibi percipere non poterit volumus et concedimus quod ea de granario nostro apud Novum Burgum percipiat singulis annis. Volumus etiam et concedimus quod predictus frater Johannes ac ejus socius si voluerint ad domum nostram de Novo Burgo accedant per duos dies vel tres sumptibus nostris nobiscum moraturi quolibet mense, et ne desperet de fraterna caritate volumus et concedimus pro nobis et successoribus nostris quod si contingat per communem guerram vel inimicos Scotie locum predictum destrui, sibi per nos de sustentatione congrua secundum facultatem domus celeriter provideatur donec locus predictus in statum competentem per dictum fratrem Johannem reducatur. Et sciendum quod predictum manerium vel quodcumque de ejus appendiciis alicui dimittere seu quoquomodo alienare nisi pro tempore quo ibi moram personaliter traxerit sine unanimi consensu .. prioris et conventus, nec predictos .. priorem et conventus vel eorum monasterium ere alieno seu aliquo debito quovismodo onerare seu boscum dare vel vendere idem non licebit quin nobis de predicto bosco et ferrifodino utilitatem nostram inde liceat facere, salvis pro se et tenentibus suis ad edificandum claudendum et ardendum et aliis ad sustentationem manerii necessariis una cum sufficiencia pasture. Et si contingat per aliquem vel aliquos locum sepedictum vel alia quecumque ipsius fratris Johannis bona contra suam voluntatem capi vel destrui quod absit, liceat ei ex consensu .. prioris in quacumque curia contra eos agere donec de injuriis sibi illatis fuerit satisfactum, qui quidem consensus sibi nullatenus denegetur. Unde paternitatem vestram humiliter deprecamur quatinus hiis omnibus dignemini vestram auctoritatem favorabiliter impertiri et nostrum communem assensum paterna benivolencia gratius approbare. Conservet vos Deus ad regimen gregis sui vobis commissi cum votivis successibus per tempora diuturna. Datum apud Novum Burgum iij nonas Marcii anno domini MCCC decimo octavo.

Nos itaque concessionem et provisionem dictorum .. prioris et conventus fratri Johanni de Foxoles nuper monasterii predicti priori de dicto manerio de Hod' et aliis factas prout in prefatis litteris plenius continetur ratas et grates habentes, eas auctoritate ordinaria approbamus et etiam confirmamus, statuentes et precipientes sub interminatione anathematis eas inviolabiliter observari, ita tamen quod si idem frater Johannes de Foxoles exnunc super lapsu carnis diffamatus fuerit super quo non poterit legitime se purgare, quod dicte concessio provisio et ordinatio nostris et successorum nostrorum qui pro tempore fuerint totaliter et in omnibus remaneant ordinationi et dispositioni de novo faciendis vel revocandis, prout nobis vel eis pro salute anime ejusdem fratris Johannis et utilitati monasterii predicti videbitur expedire. In quorum omnium testimonium sigillum nostrum presentibus est appensum. [Thorp' prope Ebor'' 17 kal. Apr. 1318.]

88. Monition to the subprior and convent of Guisborough to show their prior all personal property they have acquired without his licence or knowledge, and any records of debts thus incurred. Bishopthorpe, 24 Apr. 1319.

Printed in *Cart. Gyseburne*, ii. 394.

89. [*Bishopthorpe, 12 May 1319. Decree following the visitation of Keldholme priory by the official of York on 11 Dec. 1318.*]

DECRETUM DOMUS DE KELDHOLM. Willelmus etc. dilectis in Christo filiabus .. priorisse et conventui monasterii de Keldholm nostre diocesis salutem [*etc.*]. Die martis proxima post festum sancti Nicholai anno gracie MCCCXVIII et pontificatus nostri secundo in dicto monasterio per dilectum clericum nostrum magistrum [Rogerum] de Heslarton officialem nostrum Eboracensem nostre visitationis officium exercentes, visitatione ipsa rite facta prout possibile fuerat ea vice, quedam ad animarum vestrarum salutem religionis augmentum vestreque domus utilitatem perpetuam ordinanda fore decernimus et a vobis vestrisque successoribus futuris perpetuo temporibus observanda.

(1) In primis injungimus tam .. priorisse quam omnibus et singulis dominabus dicte domus in virtute sancte obediencie et sub pena districtionis canonice quod regula quantum possibile sit in hiis que ad ordinem suum pertinent custodiatur, silencium in choro claustro refectorio dormitorio et aliis locis debitis observetur et illud infringentes per presidentes juxta regulam puniantur.

(2) Item injungimus .. priorisse et subpriorisse quod conventum suum debite sequantur in ecclesia claustro et aliis locis suprascriptis.

(3) Item injungimus precipimus et etiam ordinamus quod infirme

domine juxta conditiones suas et egritudinum qualitates quatenus domus suppetent facultates procurentur, grossis pro levioribus cibariis commutatis, et aliquam servientem habeant que eisdem infirmis deserviat in communi.

(4) Item inhibemus districte ne discursus frequens secularium personarum aut aliarum in claustro seu aliis locis secretioribus decetero fiat, ex quo quies et devotio impediri poterit dominarum vel alias inhonestatis suspicio contra ipsas quomodolibet exoriri.

(5) Item divinum officium tam de die quam de nocte pro varietate temporum satis tempestive cum devotione debita tractim et distincte celebretur prout religionis convenit honestati.

(6) Item preficiantur decetero in officiis domus de consensu .. priorisse et conventus vel saltem priorisse et majoris ac sanioris partis ejusdem domine bone fame mature etatis et laudabilis conversationis, que melius sciant velint et possint officia hujusmodi gubernare.

(7) Item injungimus .. priorisse et conventui quod omni anno ante festum sancti Martini in hyeme coram ipsa .. priorissa et tribus vel quatuor discretioribus dominabus de conventu reddatur exquisite compotus domus de omnibus bonis ejusdem a singulis officiatis tam infra monasterium quam extra, qui ad compotos reddendos tenentur et eo audito status domus toti conventui ostendatur. Et si qui ministri aut interius aut exterius infideles seu inutiles inventi fuerint, restitutis domui dampnis que illi intulerint quantum possibile fuerit, statim ammoveantur et alii fideles et utiles sub fidejussione competenti loco eorundem subrogentur, et loca quibus presunt hujusmodi subrogati per priorissam vel aliquem alium nomine ipsius .. priorisse frequentius videantur, ut si defectum repererit in eisdem locis remedium apponi valeat oportunum.

(8) Item curet .. priorissa quod domus curie reparatione indigentes quamcito domus suppetent facultates sufficienter reparentur.

(9) Item habeant omnes moniales unum certum confessorem ipsis auctoritate nostra litteratorie deputandum.

(10) Item explorent tam .. priorissa quam conventus de aliquo fideli et circumspecto viro partium illarum pro custode ipsarum et temporalium domus deputando et ejus nomen nobis significent, ut nostra auctoritate hujusmodi custodiam habeat si illam sibi viderimus committendam.

(11) Item injungimus .. priorisse et ceteris dominabus de conventu quod aliquam fidelem et devotam dominam eligant ad collectionem elemosine domus, que ipsam pauperibus magis indigentibus velit distribuere intuitu pietatis.

(12) Item injungimus .. priorisse et subpriorisse in virtute obediencie quod clamationes dominarum delinquentium faciant in capitulo,

et ipsas delinquentes sine acceptione cujusquam faciant juxta antiquas et approbatas sui ordinis observancias regulares.

(13) Item .. priorissa in consiliis tractatibus et arduis domus negotiis pertractandis sui conventus utatur consilio, ac in correctionibus faciendis et recreationibus exhibendis medium discretionibus teneat inter necgligenciam et fervorem, nec sit acceptrix invida personarum.

(14) Item inhibemus .. priorisse et subpriorisse et aliis dominabus custodiam sigilli communis domus habentibus ne decetero alique littere ipso consignentur sigillo, nisi prius vise et lecte fuerint in capitulo coram conventu et idem conventus vel saltem major et sanior pars ejusdem hujusmodi consignationi consilium prebuerit et assensum.

(15) Item injungimus .. priorisse et subpriorisse quod custodia clavium ostiorum circa claustrum alicui domine bone vite ac mature etatis de consensu conventus committatur, que locis debitis et consuetis ac honestati convenientibus dicta ostia claudat et aperiat circumspecte.

(16) Item dicta .. priorissa claves et seruras fieri faciat ostiis extra claustrum existentibus, ne per ipsa ad loca interiora horis in [Fo. 232^v; N.F. 278^v] debitis persone ignote ingressum habeant insciis dominabus.

(17) Item inhibemus .. priorisse et subpriorisse et singulis dominabus de conventu ne decetero aliquam personam ad habitum religionis admittant ex conventione prehibita de aliquo certo pro hujusmodi admissione percipiendo. Permittimus tamen quod quicquid parentes et amici sic admittendarum domui liberaliter conferre voluerint, id recipere possint intuitu pietatis.

(18) Item nulla monialis ejusdem domus cujuscumque fuerit etatis status vel conditionis potens et sana ad sequendum conventum cameram habeat separatam in qua comedat seu pernoctet absque licencia .. priorisse, et si propter adventum parentum seu amicorum alicujus domine contingat aliquam dominam ex causa premissa aliquam cameram sic tenere, habeat secum tales dominas in comitiva de quibus nulla poterit mali suspicio exoriri, et cubant in dormitorio omnimodo.

(19) Item nulla domina secum in domo caniculos teneat, per quorum latratus quies et devotio impediri valeat dominarum.

(20) Item injungimus omnibus et singulis dominabus domus ne mantellis nimis longis sotularibus lequeatis [1] aut alia curiositate seu ornatu interius vel exterius utantur decetero, que religionis non conveniant honestati.

(21) Item injungimus omnibus dominabus domus predicte cujuscumque etatis fuerint quod quicquid eis per parentes et amicos ad quemcumque usum datum fuerit, illud .. priorisse ostendant et si pro suis necessariis eo indigeant, ab ipsa .. priorissa hoc obtinendi

---

[1] *ligatis* intended?

licenciam petant, super quo concedendo se nimis duram vel difficilem non exhibeat priorissa, cum nulla persona religiosa aliquod proprium preter sui superioris licenciam juxta regulares observancias debeat obtinere.

(22) Item inhibemus .. priorisse subpriorisse ac omnibus et singulis dominabus de conventu in virtute obediencie et sub pena excommunicationis majoris ne secreta capituli alicui seu aliquibus personis secularibus vel religiosis de conventu suo non existentibus presumat quomodolibet revelare.

(23) Item injungimus et precipimus omnibus et singulis monialibus dicte domus in virtute sancte obediencie et sub pena excommunicationis majoris ac inhabilitatis ad quemcumque statum et honorem ac officium qualecumque in ipsa domo obtinendum quod .. priorisse sue que pro tempore fuerit obediant, ejusque salubria monita et mandata canonica correptiones ac correctiones reverenter suscipiant peragant et conservent.

(24) Item injungimus .. priorisse in virtute obediencie et sub pena depositionis ab officio quod commoniales suas in caritate et dilectione mutuis confovere studeat et tractare.

(25) Item quia invenimus dictam domum variis debitis oneratam, injungimus .. priorisse et subpriorisse ac omnibus dominabus ejusdem domus quod talem moderationem adhibeant in expensis ut saltem paulatim ab hujusmodi debitis valeant respirare.

(26) Item inhibemus predictis .. priorisse et dominabus, .. priorisse scilicet sub pena depositionis et ceteris omnibus et singulis de conventu sub pena excommunicationis majoris ne decetero corrodia pensiones vel liberationes quibuscumque personis concedant seu vendant, maneria sive grangias ad firmam perpetuam vel tempus non modicum dimittant, alienationesve inmobilium faciant, seu aliquas personas ad habitum monialium sororum vel conversorum recipiant aut aliquas mulieres seculares ad perhendinandum in domo admittant vel puellas teneant in eadem a tempore quo compleverint duodecimum etatis sue annum sine nostra vel successorum nostrorum licencia speciali, super qua nostram vel successorum nostrorum litteram habeant cum necesse fuerit exhibendam.

(27) Item inhibemus .. priorisse et subpriorisse ne licencient amodo moniales ad exeundum domum et moram alibi faciendum nisi pro utilitate domus vel ad visitandum amicos seu parentes, et tunc ex causa honesta cum una domina socia approbate conversationis ac pronte etatis et hoc semel vel bis in anno dumtaxat, nec tunc ultra xv dies extra monasterium moram trahat nisi locorum distancia ad que dicte moniales provecture sunt id exposcat, in quo casu termini moderationem discretioni committimus .. priorisse.

(28) Item nulla monialis alteri improperet nec querat seu respondeat de hiis que in hac visitatione dicta sunt per quam vel de qua sub penis inferius annotatis.

Hec autem salubria monita correctiones inhibitiones et injuncta vobis omnibus et singulis, .. priorisse videlicet sub pena depositionis ab officio, ceteris vero singulis de conventu sub pena excommunicationis majoris injungimus firmiter observanda preter penas alias per nos transgredientibus juxta sua demerita infligendas. Hoc insuper nostrum decretum ad Dei honorem et vestri utilitatem monasterii futuris perpetuo temporibus observandum quater in anno in vestro capitulo coram conventu sub penis premissis tractim et distincte precipimus recitari. Valete. [Thorp' prope Ebor', 4 id. May 1319.]

90. [*Bishopthorpe, 18 May 1319. Mandate to the rural dean of Cleveland to publish an edict ordering the rector of Lythe to reside in his parish.*]

CITATIO CONTRA RECTOREM ECCLESIE DE LYTH' PRO NON RESIDENCIA SUA. Willelmus etc. dilecto filio .. decano nostro de Clyveland salutem [*etc.*]. Cum per instituta canonica qui ecclesiam seu beneficium ecclesiasticum receperit gubernandum in ea vel eo residere et curam ipsius exercere per seipsum impedimento cessante legitimo teneatur, ac rector ecclesie parochialis de Lyth' nostre diocesis ut accepimus regimen ejusdem atque curam animarum deserens ac necgligens sibi incumbentia in eadem in locis aliis a dicta sua ecclesia distantibus et remotis voluntate propria moram trahat, bona spectantia ad eandam minus provide dispensando et edificia sue rectorie corruere permittendo contra debitum honestatis ac sui ordinis exigenciam atque status; nos qui ad sita canonum astringimur observanda, nolentes nec valentes urgente nos nostra consciencia tantam insolenciam tolerare, tibi in virtute sancte obediencie firmiter injungendo mandamus quatinus dictum rectorem si ipsum personaliter poteris invenire moneas efficaciter et inducas, alioquin in dicta sua ecclesia ita quod verisimiliter ignoranciam pretendere nequeat in hac parte, trine monitionis edictum publices et proponas quod infra sex menses a tempore monitionis hujusmodi sibi facte continue numerandos ad dictam suam ecclesiam rediens personaliter resideat in eadem et animarum cure quam suscepit in ipsa per seipsum intendat et invigilet ut tenetur, et si nec sic curaverit obedire sed ultra dictos sex menses suam ecclesiam deseruerit memoratam, volumus et mandamus quatinus eundem rectorem cites peremptorie quod personaliter compareat coram nobis aliquo certo die quem ad hoc duxeris assignandum ubicumque tunc fuerimus in nostra diocesi penam canonicam pro demeritis recepturus ac juri pariturus et facturus quod canonicis convenerit institutis. Et nos de die receptionis presentium et de monitionibus et citatione predictis legitime

per te factis oportune certifices per tuas patentes litteras que harum
seriem ac diem ad quem dictum rectorem citaveris representent. Vale.
[Thorp' prope Ebor', 15 kal. Jan. 1319.]

91. [*Bishopthorpe, 6 June 1319. Mandate to the prioress and convent of
Keldholme to compel Mary de Holm to perform the penance imposed on her for
incontinence.*]

PRIORISSE ET CONVENTUI DE KELDHOLM AD COMPELLENDUM MARIAM
DE HOLM MONIALEM DOMUS AD PERAGENDUM PENITENCIAM SIBI INJUNCTAM.
Willelmus etc. dilectis in Christo filiabus .. priorisse et conventui de
Keldholm nostre diocesis salutem [*etc.*]. Quia veraciter intelleximus
quod domina Maria de Holm commonialis vestra nuper cum domino
Willelmo Lyly capellano super vicio incontinencie convicta injunctam
sibi super hujusmodi crimine secundum regulares vestri ordinis
disciplinas penitenciam hactenus non subiens sed declinans, in anime
sue periculum et aliarum perniciosum exemplum ac vestri ordinis
scandalum manifestum jurgia et discensiones suscitat in conventu,
improperia et convicia priorisse et subpriorisse tam in presencia
secularium personarum quam commonialium incorrigibiliter ac
contempnibiliter in dies imponendo, disciplina sue religionis ac
ordinis contra votum sue obediencie penitus retrojecta que commun-
ientibus oculis nostra nos artante consciencia relinquere non possumus
incorrecta; vobis in virtute sancte obediencie injungimus firmiter et
mandamus quatinus prefatam dominam Mariam ad subeundum et
peragendum plenarie residuum penitencie sibi alias pro excessu
predicto injuncte per disciplinam ac cohercionem vestri ordinis
omnimodam et rigorem artius compellatis. Et quia crebrescente
rebellione et insolencia dicte domine crescere debet et[iam] pena, nos
ad ipsius inobedienciam refrenandam ex nostro officio assurgentes,
volumus et etiam ordinamus quod dicta domina Maria preter penitenciam de qua supra fit mentio tribus sextis feriis proximis post
receptionem presentium propter ipsius rebellionem et inobedienciam
in pane et aqua jejunet, se ab aliis cibariis et potibus eisdem feriis
penitus abstinendo, et si dicta domina Maria penitenciam seu aliquam
partem ejusdem recusaverit adimplere seu inobedienter vel alias
inhoneste se habuerit, id nobis absque more dispendio distincte et
aperte per vestras litteras rescribatis et nos eam juxta ipsius demerita
taliter curabimus castigare quod pena ejusdem cedet aliis in terrorem.
Valete. [Thorp' prope Ebor', 8 id. June 1319.]

92. Memorandum of order to the official of York to suspend proceedings regarding the institution of vicars ('ut supersederet ista vice

ordinationi vicariorum institutorum vel institutendorum') in churches appropriated to the prior and convent of Newburgh. 24 June 1319.

93. Commission to the dean of Christianity of York and Master Thomas de Cave, receiver of York, to correct crimes etc. discovered during the visitation of the deaneries of Bulmer, Buckrose (*Buccros*), Dickering (*Dykering*), Harthill (*Herthill*), Selby (*Selleby*), Retford and Holderness (*Holdrenes'*), the town, deanery and provostship of Beverley, and the spirituality of Snayth. Bishopthorpe, 4 July 1319.

94. [*Bishopthorpe, 3 July 1319. Mandate to the prioress of Keldholme to bring Mary de Holm to the archbishop.*]

Littera priorisse de Keldholm ut ducat dominam Mariam de Holm ad dominum. Willelmus etc. dilecte in Christo filie .. priorisse de Keldholm nostre diocesis salutem [*etc.*]. Litteram vestram per latorem presentium nobis missam inspeximus ipsiusque mentem attendimus satis clare, verum quia super quibusdam statum domine Marie de Holm commonialis vestre contingentibus salutem sue anime quam ad viam rectitudinis reducere appetimus et salutis frui volumus alloquio personali, vobis mandamus quatinus assumpta vobiscum aliqua ex vestris commonialibus vite probabilis atque fame dictam dominam Mariam aliquo die tibi commodius citra dispendium domus vestre vobis vacare poterit citra instans festum sancti Jacobi disposito prius consultius de familiaribus incumbentibus vobis curis ad nos ubicumque fuerimus adducatis, contra eandem Mariam nullum rigorem acerbum sed potius vestram regulam moderaminis debiti temperamento delinitam interim exercentes. Valete. [Thorp', 5 non. July.]

95. [*Bishopthorpe, 15 July 1319. Mandate to the dean of Bulmer to enquire into the value of the chapel of Stittenham and all other matters relevant to the dispute over it and to order the vicar of Sheriff Hutton to appear before the archbishop and explain why he has not contributed his share to the cost of repairing it.*]

Pro capella de Stytlum ab ecclesia de Shirref Hoton dependente reparanda. W. permissione etc. dilecto filio decano nostro de Bulmer salutem [*etc.*]. Nuper in eodem decanatu tuo ex incumbente nobis pastoralis officii debito visitationis officium exercentes, comperimus quod in capella de Stytlum a matrice ecclesia de Shirefhoton infra decanatum eundem notorie dependente pro defectu cooperture pluebat ut extra, ad cujus refectionem per ordinationes bone memorie dominorum W. et J. quondam archiepiscoporum Eboracensium predecessorum nostrorum[1] tam rector quam vicarius ejusdem ecclesie pro rata

[1] The ordination of Stittenham chapel is in *Reg. le Romeyn*, I (Surtees Soc., vol. CXXIII, 1913), p. 169.

portionum suarum tenentur. Verum quia partes hujusmodi quas ob hoc specialiter evocavimus coram nobis per procuratores suos judicialiter constitute ratam hujusmodi per nos declarari et distingui petebant instanter, nos volentes super verov alore dicte capelle de Stytlum et de portionibus spectantibus tam ad rectorem quam vicarium in eadem liquido effici certiores, tibi committimus et mandamus quatinus aliquo certo die per te ad hoc quam citius poteris legitime assignando ad dictam capellam personaliter accedens, per viros fidedignos et antiquiores tam de parochianis dicte ecclesie de Shirefhoton quam locorum vicinorum ad numerum sufficientem ipsius capelle rerum reddituum et proventuum habentes noticiam pleniorem juratos et diligentius examinatos de valore ejusdem capelle et in quibus rebus et redditibus proventus ejusdem consistunt inquisitionem facias diligentem, quantum videlicet habeat tam in terris dominicis et redditibus quam in decimis garbarum et feni ac aliis decimis majoribus et minutis necnon obventionibus ac elemosinis et ceteris suis appendiciis quibuscumque necnon de pensionibus et aliis [Fo. 233; N.F. 279][1] oneribus eisdem rectori et vicario incumbentibus et capelle ac super omnibus et singulis articulis ipsos rectorem vicarium et capellam qualitercumque contingentibus, per que nostra in premissis consciencia clarius poterit informari, portiones eorundem bonorum et rerum singulas et eorum valorem annuum singillatim et particulariter designando et distinguendo exacte, denunciato primitus dictis rectori et vicario ac aliis quorum interest vel interesse poterit quod inquisitioni hujusmodi dictis die et loco intersint si sibi viderint expedire. Et nos super hiis que inveneris et feceris in premissis distincte et aperte certifices per tuas clausas litteras que harum seriem contineant citra diem Lune in crastino sancte Marie Magdalen' proximo jam instante, ad quem diem vicarium dicte ecclesie de Shirefhoton per te citari volumus et mandamus peremptorie quod compareat coram nobis ubicumque tunc fuerimus in nostra civitate et diocesi quicquid rationabile seu canonicum pro se habuerit quare ad refectionem dicte capelle pro rata portionis sibi ratione dicte sue vicarie incumbentis de jure compelli non debet legitime propositurus et ostensurus ac juri pariturus ulteriusque facturus et recepturus quod juris fuerit et rationis. Super qua citatione sibi facta tuo certificatorio in eventu intendimus sicud nostri ministri jurati fidem quam debebimus adhibere. Vale. [Thorp' prope Ebor', Id. July 1319.]

96. [*Bishopthorpe, 18 July 1319. Mandate to the dean of Ryedale to publish throughout his deanery the day on which claims for debts outstanding at the death of Geoffrey de Gippesmere will be heard.*]

PROCLAMATIO FACIENDA UT CREDITORES GALFRIDI DE GIPPESMERE

---

[1] *Stitlum capella* in margin in a later hand.

DEFUNCTI VENIANT INFRA CERTUM DIEM AD EXIGENDUM DEBITA. Willelmus etc. decano nostro de Rydale salutem [*etc.*]. Cum Galfridus de Gippesmere clericus nostre diocesis abintestato decesserit interfectus, per quod dispositio bonorum suorum ad nos jure ordinario et consuetudinario dinoscitur devoluta, nos volentes diligentiori studio quo poterimus pie intentioni prospicere decedentis et nos in dispositione bonorum que reliquit ipsius desiderio quantum cum Deo possumus conformare ea que salubriter pro salute sue anime erogare, tibi injungimus firmiter et mandamus quatinus in ecclesiis mercatis et aliis locis publicis tui decanatus proclamando denuncies publice et solempniter quod omnes illi qui dictum defunctum ex quacumque causa sibi obnoxium extimant vel astrictum die Lune proxima post festum sancti Jacobi apostoli coram nobis ubicumque tunc fuerimus in nostra civitate seu diocesi compareant petitiones suas precise et peremptorie proposituri suasque probationes quas super hiis se habere crediderint producturi et exhibituri, quem diem eis peremptorie assignamus ultra quem in suis petitionibus minime audientur. Qualiter autem hoc nostrum mandatum fueris executus nobis citra dictum die[m] Lune distincte et aperte constare facias per tuas patentes litteras harum seriem continentes. Valete. [Thorp' prope Ebor', 15 kal. Aug. 1319.]

Memorandum quod eisdem die et loco consimilis littera et de verbo ad verbum emanavit sequestratori in archidiaconatu Nottingham' ad idem negotium publicandum.

97. [*York, 23 July 1319. Ordination defining responsibility for the cost of repairing Stittenham chapel and ordering the prior and convent of Marton, as rectors of Sheriff Hutton, and the vicar to repair the chancel according to the proportion of cost laid down, on penalty of 100 s. fine.*]

ORDINATIO SUPER COOPERTURA CANCELLI CAPELLE DE STITLUM.[1] Universis pateat per presentes quod nos Willelmus etc. nuper in archidiaconatu Clyvel' nostre visitationis officium excercentes, comperimus quod in cancello capelle de Stitlum ab ecclesia parochiali de Schirrevehoton nostre diocesis dependentis pluebat ut extra propter quod divinum officium inibi celebrandum extitit quampluries impeditum, volentes juxta juris exigenciam procedere in hoc facto .. priorem et conventum de Marton dictam ecclesiam de Schirrevehoton in usus proprios obtinentes et Henricum perpetuum vicarium ac parochianos ejusdem ecclesie ad certum diem citari fecimus coram nobis. Ad quem dicti prior et conventus per magistrum Johannem de Schireburne procuratorem suum litteratorie constitutum ac vicarius personaliter ex parte una et parochiani per duos comparochianos suos ex altera coram

---

[1] In a later hand is added 'per quam apparet quod vicarius ad reparationem tercie partis tenetur'.

nobis comparentes, objecto eis dicto articulo in forma juris, pars
parochianorum hujusmodi dictis priori et conventui rectoribus dictarum ecclesie et capelle ac vicario onus refectionis hujusmodi incum-
bere asserebat, allegando eos ad hoc per quandam ordinationem bone
memorie W. quondam archiepiscopi Eboracensis teneri quodque iidem
rectores et vicarius ipsum cancellum reficere consueverant et non ipsi,
parte altera ipsis parochianis onus hujusmodi imponente, unde ad
discutionem et pleniorem indaginem hujus facti injunximus utrique
parti quod ordinationes et alia munimenta quecumque haberent
contingentia factum ipsum exhiberent dictoque vicario quod citaret
sex viros de qualibet villa parochie dicte ecclesie per quos rei veritas ad
nostram informationem inquiri posset clarius atque sciri certo die ad
hoc eisdem constituto partibus et prefixo. Ad quem dictis priore et
conventu vicario et parochianis comparentibus coram nobis ac tam
per procuratorem dictorum prioris et conventus rectorum dicte
ecclesie quam per parochianos predictos quibusdam litteris predecessorum nostrorum archiepiscoporum Eboracensium super premissis
confectis exhibitis in judicio et ostensis, receptaque inquisitione predicta
jurata etiam et examinata decretaque partibus hincinde exhibitorum
et inquisitionis copia pretactorum, procedente postea negotio per
cursum dierum aliquot continue subsequentium suo marte tam super
ipsis exhibitis et inquisitione quam aliis ordinationibus predecessorum
nostrorum Eboracensium archiepiscoporum idem negotium contingentibus in suis registris inventis deliberavimus exquisite, et demum
dictis partibus alte et basse ordinationi nostre se submittentibus in
premissis, nos finem litibus imponere cupientes ac discordie materiam
amputare, per decanum nostrum de Bulmere infra cujus decanatum
dicta parochialis situatur ecclesia de rata portionum contingentium
tam rectorem quam vicarium in capella de Stitlum memorata pro
pleniori informatione in eodem negotio obtinenda ac serenatione
nostre consciencie in hac parte inquisitionem fieri fecimus diligentem,
quarum inquisitionum et ordinationum meritis efficaciter intellectis
pronunciamus et decernimus ordinando sentencialiter et diffinitive
dictos priorem et conventum dictam ecclesiam de Schirrevehoton in
usus proprios obtinentes a qua dicta capella de Stitlum dependet pro
rata portionis sue, videlicet pro duabus partibus dictumque vicarium
et successores suos qui pro tempore fuerint pro rata portionis sue
videlicet pro tercia parte, ad refectionem reparationem et construc-
tionem cancelli predicte capelle de Stitlum ac defectuum iminentium
in eodem in futurum teneri, eosque reficere debere deinceps quotiens
opus fuerit suis sumptibus competenter. Injungentes etiam dictis priori
et conventui in persona procuratoris sui predicti ac dicto vicario
ibidem coram nobis personaliter constituto quod citra festum sancti

Michaelis proximum futurum defectus nunc in dicto cancello capelle de Stitlum iminentes juxta ratas portionum suarum hujus competenter faciant reparari sub pena centum solidorum, si eidem nostre injunctioni paritum non fuerit in premissis pro nostro arbitrio de eis qui in hac parte culpabiles apparuerint levandorum. In cujus rei etc. [Ebor' 23 July 1319.]

98. [*Cawood, 4 Aug. 1319. Permission for Alan de Sherburn to visit the Roman curia.*]

TOLLERANCIA FRATRIS ALANI DE SHIRBURN QUOD POSSIT ADIRE CURIAM ROMANAM. Memorandum quod ij nonas Augusti anno predicto apud Cawod' dominus annuebat petitioni fratris Alani de Shirburn canonici de Marton in Galtres, videlicet quod possit adire curiam Romanam pro quibus negotiis suis et articulis salutem anime sue tangentibus, ita quod ad dictum monasterium de Marton redeat ante festum sancti Martini proximo futurum.

99. Licence to Master Thomas de Suwerk, rector of Stonegrave (*Steyngrave*), to be absent for two years from Michaelmas next. Cawood, 10 Sept. 1319.

100. Licence to the rector of Lythe to study for one year. Bishopthorpe, 24 Sept. 1319.

101. Licence to John de Eryum, subdeacon, rector of Bossall, to study for one year 'in forma constitutionis'. Bishop Wilton, 26 Sept. 1319.

102. Memorandum of grant to Hamo de Cesay, scholar, of letters dimissory to all minor orders. Cawood, 11 Nov. 1319.

103. [*Cawood, 27 Nov. 1319. Licence to the prioress and convent of Keldholme to receive a conversa.*]

LICENCIA CONCESSA PRIORISSE DE KELDHOLM AD RECIPIENDUM UNAM MULIEREM IN SOROREM. Willelmus etc. dilectis in Christo filiabus .. priorisse et conventui de Keldholm' nostre diocesis salutem [*etc.*]. Ut unicam in vestram [domum] conversam seu sororem recipere possitis ista vice dumtamen fuerit vite laudabilis et conversationis et ad sustentationem monialium ac ipsius converse vestri monasterii seu prioratus suppetant facultates, inhibitione nostra alias in contrarium vobis facta nullatenus obsistente, licenciam vobis tenore presentium concedimus specialem, omnibus aliis in dicta inhibitione nostra contentis in suo robore nichilominus duraturis. Valete. [Cawode, 5 kal. Dec.]

104. [Fo. 233ᵛ; N.F. 279ᵛ] Mandate to the dean of Cleveland to order the prior and convent of Guisborough, under pain of excommunication and suspension from office, to receive Robert de Langeton, a former Templar, in accordance with a papal mandate. The archbishop considers their reasons for refusing him to be frivolous. Cawood, 18 Dec. 1319.

Printed in *Cart. Gyesburne*, ii. 392–3.

105. Memorandum that, by the archbishop's order, Richer [de Ledes], vicar of Brafferton, was given a copy of the ordinance of his vicarage 'prout registratur in prima parte registri domini W. de Grenefeld'.[1] Cawood, 11 Jan. 1320.

106. Mandate to the sequestrator in the archdeaconry of Cleveland to sequestrate the revenues of the church of Lythe and the rector's goods until further instructed, certifying their value. Bishopthorpe, 25 Jan. 1320.

107. Licence to Sir William de Bereford and the other justices of Common Pleas to take an assize of mort d'ancestor arraigned by Thomas de Roston, Agnes his wife and Joan her sister, against Gilbert de Aton concerning six tofts and twelve bovates of land in Wintringham by Malton, during septuagesima. Bishopthorpe, 30 Jan. 1320.

108. Licence to Thomas, rector of Rudby (*Ruddeby*), to be absent for one year, at the request of Nicholas de Menill, kt. York, 4 Feb. 1320.

109. Institution and mandate for induction of Richard de Melton, priest, to the church of Lythe; presented by Peter de Maulay IV, lord of Mulgrave, in an exchange from the church of Gilling East (*Gyllyng in Rydale*). Bishopthorpe, 7 Feb. 1320.

110. Institution and mandate for induction of Thomas Fox, priest, to the church of Gilling East; presented by the abbot and convent of St. Mary, York, in an exchange from the church of Lythe. Bishopthorpe, 7 Feb. 1320.

111. PROCURATIO DOMUS DE MALTON. Notice (similar to no. 12) to the prior and convent of Malton that the archbishop intends to visit the house on Sunday before St. Peter *in cathedra*. Bishopthorpe, 7 Feb. 1320.

[1] *Reg. Greenfield*, iii. 63–5.

112. [*Bishopthorpe, 13 Feb. 1320. Absolution of John de Hustwayt, rector of Barton-le-Street, from sentences of excommunication imposed on him because of his delay in rendering accounts of offices held by him in the reign of Edward I.*]

ABSOLUTIO DOMINI JOHANNIS DE HUSTWAYT A QUIBUSCUMQUE SENTENCIIS. Noverint universi quod nos Willelmus etc. dominum Johannem de Hustwayt rectorem ecclesie de Barton in Ridale a quibuscumque suspensionum et excommunicationum sentenciis, quibus per nos et auctoritate nostra qualitercumque et quandocumque extitit involutus propter redditionis ratiocinii seu compoti de temporibus quibus provisor fuerat magne garderobe domini E. patris domini nostri regis qui nunc est ac thesaurarius Agenensis retardationem, mandatis nostris et nostra auctoritate sibi factis non obtemperando absolvimus in forma juris et restituimus ecclesiasticis sacramentis. Datum apud [Thorp' prope Ebor', Id. Feb. 1319.]

113. Mandate to Master T. de Cave, receiver of York, to release the sequestration of John de Hustwayt's goods, 'recepto per nos super hoc brevi regio'. n.d.

114. [*Rudby in Cleveland, 3 Oct. 1320. Dispensation of men ordained without letters dimissory by a bishop other than their own.*]

[N.F. 280]

Johannes de Pyketon	Robertus de	Stephanus clericus de
Nicholas Gover	Scotherskelf	Semer
Thomas Gover	Ricardus de Neuby	Willelmus de Thorolby
Johannes de	Thomas de Neuby	Robertus de Pothou
Scotherskelf	Johannes de Neuby	Johannes de Pothou
Robertus de Hoton	Thomas de Neuby	Johannes de Pothou

Memorandum quod iij die mensis Octobris anno gracie MCCCXX et pontificatus domini W. de Melton Dei gracia Eboracensis archiepiscopi Anglie primatis quarto apud Ruddeby idem dominus archiepiscopus dispensavit cum istis supradictis eo quod ordinati fuerant ad primam tonsuram a non suo episcopo et ratificavit et eis injunxit penitenciam salutarem.

[*Whitby, 15 Oct. 1320.*]

[N.F. 280ᵛ] Memorandum quod xv die mensis Octobris anno gracie MCCCXX apud Whiteby dominus Willelmus de Melton Dei gracia Eboracensis archiepiscopus Anglie primas dispensavit cum Edmundo de Haukesgarth ordinato ad primam tonsuram a non suo episcopo et illam tonsuram ratificavit et approbavit et sibi injunxit penitenciam salutarem.

[*Helmsley, 26 Oct. 1320*]

Thomas filius Johannis de Thornton
Thomas filius Willelmi de Thornton
Johannes filius ejusdem Willelmi
Hugo filius ejusdem Willelmi

Memorandum quod vij kalendas Novembris apud Helmesley dominus dispensavit cum istis iiij ordinatis a non suo episcopo et ratificavit ordines susceptos etc. Et cum istis tribus videlicet Johanne de Nesse Johanne de Muscotes et Willelmo de. . . .[1] iiij kalendas Octobris apud Gilling.

115. [Fo. 234; N.F. 281] Licence to Thomas Fox, rector of Gilling East, to study for two years from Michaelmas next. Birstall, 20 Apr. 1320.

116. Institution and mandate for induction of Walter de Sixendale, priest, as vicar of Helmsley; presented by the prior and convent of Kirkham. Welbeck priory, 29 May 1320.

117. Institution etc. of William Wysbarn, chaplain, to the church of Thormanby (*Thormodby*); presented by the prior and convent of Moxby. Laxton, 6 June 1320.

118. [*Shelford priory, 7 July 1320. Mandate to the prior and convent of Marton to receive canons returning to the house and to provide for their transport and expenses.*]

TRANSMISSIO FRATRUM WILLELMI DE CRAVEN ET JOHANNIS DE MALTEBY CANONICORUM DE MARTON AD DOMUM DE MARTON PREDICTAM. Willelmus etc. dilectis filiis .. priori et conventui de Marton salutem [*etc.*]. Quia in monasteriis de Warkesop et de Shelford nostre diocesis visitantes comperimus quod fratres Willelmus de Craven et Johannes de Malteby domus vestre canonici ad dicta monasteria ob certas causas per nos alias destinati ibidem pro nostro beneplacito moraturi penitenciam eis per nos injunctam devote et humiliter peregerunt et alias honeste ac pacifice se gerebant, sicut ex testimonio .. priorum et conventuum predictorum accepimus fidedigno, ipsos fratres ad domum vestram de Marton de gracia nostra duximus remittendos, vobis mandantes firmiter injungendo quatinus infra tres dies post receptionem

---

[1] In the last line of this document, the lower parts of the letters are missing, presumably through the parchment having been cut or trimmed. Except for this name, it is possible to recognize the words. William's surname may possibly be a form of Caulkleys or Cauklass. Caulkleys Bank and Cauklass grange are two miles south-east of West and East Ness respectively.

presentium pro eisdem vestris concanonicis sufficientem equitaturam et expensas pro se et suis harnasiis transmittatis, ceterum expensas alias per nos taxatas pro mora eorundem[1] canonicorum in domibus prefatis de anno jam transacto que a retro existunt memoratis prioribus de Warkesop et de Shelford cum prefata equitatura absque dilatione seu fictione quibuscumque integraliter transmittatis, dictos Willelmum et Johannem ad vos redeuntes benignius admittentes fraterna in Domino caritate pertractetis et in statum pristinum collocetis. Valete. [Shelford priory. Non. Jul. 1320.]

119. Licence to John de Eryum, rector of Bossall to study *in forma constitutionis* for one year. Bishop Wilton, 26 Sept. 1319.

120. [*Laneham, 22 July 1320. Licence to John de Gysburn, vicar of Crambe, to sell the garb tithes of his vicarage.*]

LICENCIA VENDENDI DECIMAS GARBARUM PRO VICARIO DE CRAMBUM· Willelmus etc. dilecto filio domino Johanni de Gysburn' vicario ecclesie de Crambum nostre diocesis salutem [*etc.*]. Ut decimas garbarum ad predictam vicariam tuam quomodolibet pertinentes et ad eandem provenientes per biennium continuum a data presentium numerandum personis idoneis vendere valeas licenciam tibi tenore presentium concedimus specialem, proviso nichilominus quod in dicta vicaria tua personaliter resideas et animarum cura in ea nullatenus necgligatur. Vale. [Lanum, 11 kal. Aug. 1320.]

121. Mandate (similar to no. 14) to the archdeacon of Cleveland or his official to cite the clergy of Cleveland deanery, and four, five or six men from each vill, to attend visitation as follows: on Tuesday 30 Sept., in Kirk Leavington (*Kirkelevington*) chapel; on Saturday 4 Oct., in Scutterskelfe (*Scotherskelf*) chapel; on Monday 6 Oct., in Seamer (*Semere*) chapel; on Tuesday 7 Oct., in Wilton chapel; on Saturday 11 Oct., in Broughton chapel; and on Monday 13 Oct., in Egton chapel. Cawood, 15 Sept. 1320.

122. Memorandum of mandate to the same for visitation of Ryedale (*Ridale*) deanery: on Tuesday 21 Oct., in Brompton (*Brumpton*) church; on Friday 24 Oct., in Kirkby Moorside (*Kirkeby Moresheved*) church; on Monday 27 Oct., in Slingsby (*Slyngesby*) church; and on Wednesday 29 Oct., in New Malton church. Same date.

123. Mandates to the same to cite all rectors, vicars, parish priests and chaplains of the two deaneries to produce their titles and letters of orders during the above visitation. Cawood, 15 Sept. 1320.

[1] MS. *earundem.*

124. Memoranda of letters giving notice of visitation of the prior and convent of Guisborough on 8 Oct., of the abbot and convent of Whitby on Tuesday 14 Oct., and of the abbot and convent of Rievaulx 'ratione primi adventus' on Saturday 25 Oct. Same date.

125. [*Thirsk, 28 Sept. 1320. Letter informing the official and receiver of York that the archbishop has excused the rector of Rudby attendance at synod.*]
EXCUSATIO A SYNODO PRO RECTORE ECCLESIE DE RUDDEBY. Willelmus etc. dilectis filiis .. officiali nostro Eboracensi et magistro Thome de Cave receptori nostro Eboracensi salutem [*etc.*]. Quoniam rectori ecclesie de Ruddeby comparitionem suam in hac nostra synodo Eboracensi remisimus graciose, volumus quod ipsius ibidem contumaciam nullatenus accusetis. Valete. [Thresk, 4 kal. Oct.]

126. Licence to John de Erghom, subdeacon, rector of Bossall, to study for two years in any *studium generale*. Thirsk, 28 Sept. 1320.

127. Notices of visitation of the prioress and convent of Wykeham on 18 Oct., and of the prioress and convent of Yedingham on 22 Oct. Great Ayton (*Aton in Clyvel'*), 4 Oct. 1320.

128. [Fo. 234ᵛ; N.F. 281ᵛ] Memorandum of licence during pleasure to John Gower for the celebration of services in the oratory in his manor of Sexhow (*Sexhou*) in Rudby parish. Kirkleatham (*Lythum*), 7 Oct. 1320.

129. Licence to Master John de Heselerton, subdeacon, rector of Kirby in Cleveland, to study for one year in any *studium generale* favourable to the study of letters. Guisborough, 9 Oct. 1320.

130. Licence (similar to no. 19) to the subprioress and convent of Handale to elect a prioress to succeed Alice de Hoton, who has resigned to the archbishop. Whitby, 15 Oct. 1320.

131. Memorandum of licence during pleasure to Maud de Bruys for the celebration of services in the oratory in her manor of Preston in Hutton Bushel (*Hotonbusshel*) parish. Kirby Misperton, 23 Oct. 1320.

132. [*Helmsley, 26 Oct. 1320. Licence to Thomas Sleght, rector of Hawnby, to be absent.*]
LICENCIA ABSENTANDI PRO RECTORE ECCLESIE DE HALMEBY PER ANNUM. Memorandum quod vii Kalendas Novembris anno gracie MCCCXX et pontificatus domini quarto apud Helmesley dominus Thomas

Sleght rector ecclesie de Halmeby petiit licenciam a domino se absentandi a dicta ecclesia sua per triennium, et dominus sibi compatiens certis ex causis concessit sibi quod possit absentare per unum annum. Et memorandum quod nichil solvit.[1]

133. [*Stonegrave, 28 Oct. 1320. Licence to John de Dalton, bailiff of Pickering, to have services celebrated on a portable super-altar wherever he might be.*]

LICENCIA AUDIENDI DIVINA PRO JOHANNE DE DALTON. Memorandum quod v Kalendas Novembris anno proximo [supradicto] apud Steyngreve Johannes de Dalton ballivus de Pykering habuit licenciam faciendi celebrare divina pro se uxore et familia sua per capellanum idoneum in quibuscumque locis infra istam diocesim se transierit super superaltare portatile, ita quod per hoc alicui parochiali ecclesie minime prejudicetur pro beneplacito domini duraturam.

134. Memorandum that Agnes, prioress-elect of Handale, received the archbishop's benediction and confirmation in office. A letter was written to the subprioress and convent to obey her. The official of the archdeacon of Cleveland, then present, was ordered to install her. Helmsley, 26 Oct. 1320.

135. [*Newburgh, 29 Oct. 1320. Mandate to the official of York to act in the plea of Margaret de Colville against her husband.*]

QUERELA MARGARETE UXORIS THOME DE COLVILL'. Willelmus etc. dilecto filio .. officiali nostro Eboracensi salutem [*etc.*]. Accedens ad nos Margareta uxor Thome de Colvill' gravi conquestione asseruit quod dictus Thomas, pendente inter eos causa divorcii coram vobis, ipsam licet matrimonium adinvicem in facie ecclesie sollempnizassent et diutius cohabitassent diversas etiam proles procreassent, a consortio suo conjugali abjecit et memorata sua possessione temere spoliavit in prejudicium dependencie dicte litis, et cuidam Johanne relicte Hugonis de Hypham adheret in adulterinis amplexibus, ut dicit Margareta predicta. Quocirca volumus et mandamus quatinus in premissis secundum qualitatem dicte cause et ipsius dependencie faciatis dicte querelanti celeris justicie complementum. Valete. [Novum Burgum, 4 kal. Nov. 1320.]

136. Commission (similar to no. 65) to Master Reginald de Stokesley, rector of Easington, and Thomas [de Cawood], vicar of Felixkirk, to correct crimes etc. discovered during the archbishop's visitation of Cleveland archdeaconry. Bishop Monkton, 4 Nov. 1320.

---

[1] This final sentence seems to have been added later.

137. [*Bishop Monkton, 13 Nov. 1320. Licence to Margaret de Punchardon, nun of Arden, to become a recluse.*]

LICENCIA DOMINE MARGARETE DE PUNCHARDON MONIALIS DE ERDEN AD INCLUDENDAM SE. MEMORANDUM QUOD LITTERA INCLUSIONIS EJUSDEM REGISTRATUR IN QUATERNO ESTRID' DE ANNO QUARTO.[1] Universis sancte matris ecclesie filiis ad quos presentes littere pervenerint Willelmus etc. salutem in Domino sempiternam. Cum super vita moribus et conversatione domine Margarete de Punchardon monialis domus de Erden nostre diocesis cupientis frugem vite sanctioris ducere, videlicet ut spretis hujus mundi delectamentis, vitam solitariam ducendo Creatori suo quamdiu vixerit securius valeat famulari, inquiri fecerimus diligenter ac per hujusmodi inquisitionem compertum sit ipsam esse vite laudabilis approbate conversationis multipliciter et honeste ut includatur in loco congruo et honesto et vitam ducat solitariam, quatenus et prout ad nos attinet ipsam licenciamus tenore presentium litterarum quas in premissorum testimonium sigilli nostri impressione fecimus communiri. [Munketon prope Rypon, Id. Nov. 1320.]

138. [*Cawood, 8 May 1321. Remission of action against Master James de Mowin, rector of Brompton, for non-residence.*]

PRO NON RESIDENCIA RECTORIS ECCLESIE DE BRUMPTON. Willelmus etc. dilecto filio magistro Jacobo de Mowin rectori ecclesie de Brumpton nostre diocesis salutem [*etc.*]. Impetitionem ex officio nostro super non residencia in dicta tua ecclesia usque in diem confectionis presentium tibi remittimus graciose. Vale. [Cawode, 8 id. May 1321.]

139. [Fo. 235; N.F. 282] To the abbot and convent of Whitby. Injunctions consequent to the archbishop's visitation on 14 Oct.[2]

These closely resemble the injunctions for Marton, as follows:

(1) In primis [as in no. 66].

(2) Item quod divinum [as in no. 66—*versum suum*], et contravenientes secundum regulam protinus castigentur.

(3) Item silencium locis et temporibus debitis secundum regulam observetur, quatenus humana fragilitas hoc permittit, et illud infringentes per presidentes in capitulo debite corrigantur.

(4) Item quia domum vestram ere alieno graviter invenimus oneratam, ordinamus volumus et statuimus ac precedente cause cognitione que in hoc casu requiritur decernimus quod vos, abbas et conventus, decetero vivere studeatis et vivatis tam in esculentis et

---

[1] [Fo. 341ᵛ] Margaret de Punchardon to be a recluse in the house of St. Nicholas, Beverley, sharing the life of Agnes Migegrose, already a recluse there. Cawood, 23 Apr. 1321.

[2] Printed in *Cart. Whiteby*, ii. 632–6.

poculentis vestris ac supervenientibus cum moderata familia quam in aliis expensis forinsecis[1] cum eas fieri oporteat mediocrius quam facere solebatis, quodque decimas fructus et proventus ecclesie vestre de Aton pro solutione eris alieni de vestro consensu unanimi coram nobis assignatos integraliter colligatis et servetis ut sic particulariter vestra domus anno quolibet de aliquo debito valeat relevari.

(5) Item nullus monachus secreta capituli extraneis aut secularibus personis quibuscumque presumat decetero revelare, quia omnes revelatores secretorum capituli majoris excommunicationis sentencia sunt ligati.

(6–8) Item seculares [as in no. 66 (4–6)].

(9) Item omnes et singuli monachi in habitu [as in no. 66 (8)—*novitates*], et decetero non recipiant peccuniam pro indumentis set necessaria indumenta de uno recipiant vestiario, restitutis veteribus cum nova receperint pauperibus erogandis, ne occasione receptionis pecunie numerate vicium proprietatis causetur aut aliqualiter excusetur.

(10) Item elemosina [as in no. 66 (10)].

(11) Item abbas prior supprior et tercius prior in correctionibus [as in no. 66 (12)].

(12) Item abbas prior et supprior monachos claustrales [as in no. 66 (13)].

(13) Item abbas prior .. vel .. supprior non licencient aliquem monachum claustralem ad loquendum cum extraneis personis nisi ex causa justa legitima et honesta.

(14) Item inhibemus singulis monachis de domo in virtute obediencie et sub pena suspensionis a divinis ne spaciando extra monasterium cum arcubus et saggittis incedant aut aliis quibuscumque que religionis non congruunt honestati.

(15) Item abbas et prior in recreationibus et solaciis monachorum claustralium se habeant circumspecte ut illis precipue uberiorem graciam faciant quos secundum conditiones suas magis viderint indigere.

(16) Item prior [as in no. 66 (11)].

(17) Item abbas in consiliis [as in no. 66 (15) omitting *conventus sui si comode fieri poterit vel*].

(18–20) Item abbas nulli monachorum sui conventus [as in no. 66 (16–18)—*liberetur*]. Et sit decetero unus celerarius in domo qui intendat agendis ipsius domus extrinsecis, ad cujus officium pertineant ea omnia que ad officium bursarii[2] hactenus pertinebant, receptione et liberatione pecunie dumtaxat exceptis. Et idem celerarius cum senescallo [as in no. 66 (19)—*ante festum*] sancti Martini reddatur finale

[1] MS. *forincesis*
[2] MS. *bursar'*.

compotum coram abbate et quatuor vel quinque senioribus et discretioribus de conventu, ita ut audito finali compoto, totus status domus conventui ostendatur.[1]

(21) Item abbas, recepto hoc decreto, ipse et alii quinque vel sex de maturioribus et discretioribus monachis domus compotum bonorum ejusdem de omnibus officiatis monasterii tam infra quam extra qui ad compota reddenda tenentur exquisite audiant, et eo audito status ejusdem monasterii toto conventui in capitulo integraliter ostendatur.

(22) Item abbas prior vel alius religiosus [as in no. 66 (22) omitting *in obsequio vel sibi attrahat*].

(23) Item monemus abbatem priorem et singulos monachos de conventu in virtute obediencie et sub pena districtionis canonice quod canes venatorios proprios vel alienos in domo decetero non teneant nec admittant ad perhendinandum in domo, nisi dumtaxat illos qui domui necessarii vel utiles esse possint, et custodiantur hostia claustri adeo quod nullus canis ingrediatur claustrum, prebens vero causam hujusmodi ingressus corripiatur et rigide castigetur.

(24) Item propter gravia onera debitorum corrodiorum pensionum et liberationum, ut superius est expressum, inhibemus abbati sub pena depositionis ab officio ceterisque singulis de conventu sub pena excommunicationis majoris ne decetero quemquam ad habitum monachorum fratrum vel conversorum admittant, pensiones corrodia vel liberationes quibuscumque personis concedant, venditiones boscorum seu donationes que ad notabile vastum poterunt annotari faciant, dimissiones maneriorum seu aliorum locorum ad ipsum monasterium pertinentium ad firmam perpetuam vel ad tempus non modicum alienationesve possessionum seu reddituum ejusdem monasterii temporales faciant vel perpetuas sine nostra vel successorum nostrorum licencia speciali, super quibus litteram nostram vel successorum nostrorum habeant cum necesse fuerit exhibendam.

Hec itaque salubria monita [as in no. 66 omitting *vel successoribus nostris* and *quousque . . . revocatum fuerit*]. Bishop Monkton, 17 Nov. 1320.

140. LICENCIA STUDENDI PRO RECTORE ECCLESIE DE BRAFFERTON. Licence to William de Clere, rector of Brafferton, and canon of St. Mary and the Holy Angels, York, to be absent for three years. (There is no mention of study in the licence.) Bishopthorpe, 12 Jan. 1321.

141. [Fo. 235ᵛ; N.F. 282ᵛ] Mandate (similar to no. 19) to the subprior and convent of Guisborough to elect a prior to succeed William [de Middelesburgh], who because of bodily infirmity has by

---

[1] Item 20 is marked *vacat* in MS.

letters patent resigned to the archbishop. Bishopthorpe, 19 Jan. 1321.

Printed, with nos 142–6, in *Cart. Gyseburne*, ii. 395–7, lviii.

142. Mandate to the dean of Cleveland to proclaim at Guisborough that objectors to the election of Robert de Wylton, canon of the same, are to appear before the archbishop or his commissaries in Kirk Leavington church on 16 Feb. Kirk Leavington, 28 Jan. 1321.

143. Commission to Master William de Stanes, 'clerico nostro familiari,' to hear the above objections. St. James' hospital, Northallerton, 14 Feb. 1321.

144. Confirmation of this election. n.d.

145. Mandate to the subprior and convent to obey Robert as prior. Ripon, 18 Feb. 1321.

146. Mandate to the archdeacon of Cleveland or his official to install Robert de Wilton as prior of Guisborough. Ripon, 18 Feb. 1321.

147. [*Bishopthorpe, 2 Mar. 1321. Commission to the dean of Bulmer and the vicar of Easingwold to punish clerks charged at the gaol-delivery of Easingwold and to bring them to the archbishop's prison at York.*]
COMMISSIO AD PUNIENDUM CLERICOS QUOSCUMQUE CORAM QUIBUSCUMQUE JUSTICIARIIS BALLIVIS SEU MINISTRIS SUPER QUIBUSCUMQUE CRIMINIBUS IRRETITOS. Willelmus etc. dilectis filiis .. decano nostro de Bulmer et vicario ecclesie de Esingwald nostre diocesis salutem [*etc.*]. De vestris circumspectione et industria confidentes ad puniendum et reformandum clericos quoscumque super quibuscumque criminibus irretitos coram quibuscumque justiciariis ballivis etiam seu ministris assignatis vel assignandis datis vel dandis ad carcerem apud Esingwald liberandum, vobis conjunctim et divisim cum potestate cohercionis canonice committimus vices nostras, proviso quod clericos quoscumque receperitis in hac parte sub salva et secura custodia servari et usque Ebor' adduci sub vestro periculo faciatis, nostre ibidem carcerali custodie juxta consuetudinem Anglicane ecclesie mancipandos quousque quid de illis agendum fuerit judicio ecclesie consultius ordinetur. In cujus rei testimonium vobis et utrique vestrum litteras nostras fieri fecimus has patentes. Valete. [Thorp' prope Ebor', 6 non. Mar. 1320.]

148. Licence to the abbot and convent of Whitby to sell two liveries to fit persons, despite any ordinance of the archbishop, because of their present depressed state. Bishopthorpe, 11 Mar. 1321.

Printed in *Cart. Whiteby*, ii. 636.

149. Commission to John de Hemyngburgh, dean of Christianity of York, John de Sutton, rector of Hemsworth (*Hymelesworth*), and William Codelyng, rector of St. George, York, to correct crimes etc. discovered during the archbishop's visitation of Cleveland archdeaconry. Bishopthorpe, 17 Mar. 1321.

150. Memorandum of licence to Alan de Notingham, subdeacon, rector of Dalby, to study for one year, 'in forma constitutionis cum clausulis consuetis'. Bishopthorpe, 22 Mar. 1321.
Additional memorandum that he was given a similar licence for one year. Cawood, 21 Apr. 1322.

151. [Fo. 236; N.F. 283] PRO PENSIONE CONSTITUENDA RATIONE NOVE CREATIONIS PRIORIS DE GYSBURN'. MEMORANDUM QUOD CONSTITUERUNT PREFATO MAGISTRO HENRICO ANNUAM PENSIONEM C SOLIDORUM. Request (similar to no. 67) to the prior and convent of Guisborough to grant a pension to Master Henry de Wylton, the archbishop's chancellor, (adding) until they provide him with a benefice. Bishopthorpe, 23 Mar. 1321.
Printed in *Cart. Gyseburne*, ii. 397–8.

152. Institution and mandate for induction of John de Burton Annays, chaplain, to the vicarage of Great Edstone (*Edeston'*); presented by the prior and convent of Hexham. Bishopthorpe, 2 Apr. 1321.

153. (i) Certificate of Henry [Burghersh], bishop of Lincoln, that he has executed the archbishop's commission (dated Cawood, 9 May 1321) to enquire concerning a proposed exchange of benefices between Master John de Heslarton, rector of Kirby in Cleveland (*Kirkby*), and Master Robert de Heslarton, rector of Harby (*Herdeby*, dioc. Lincoln); John had resigned to the archbishop and the abbot and convent of Whitby presented Robert to Kirby. Sleaford (*Lafford*), 21 May 1321. (ii) Letter of the bishop instituting Robert, a deacon, to Kirby. Sleaford, 21 May 1321. (iii) Archbishop's mandate to the archdeacon of Cleveland or his official to induct Robert, whose oath of canonical boedience (reserved to the archbishop) has been received. Cawood, 25 May 1321.

154. [*Bishop Burton, 21 July 1321. Provision of Robert de Tikhill as prior of Marton after the quashing of his election.*]
PREFECTIO PRIORIS DE MARTON. Willelmus etc. dilectis filiis .. suppriori et conventui domus de Marton nostre diocesis salutem [*etc.*].

Cum in negotio electionis per vos de fratre Roberto de Tikhill vestro concanonico celebrate ac nobis presentate tam idem electus quam procurator vester procuratorio nomine pro vobis se ac totum ipsum negotium alte et basse sponteque et specialiter nostre gracie submisissent, nos hujusmodi submissione admissa electionem ipsam tanquam minus canonicam et contra formam generalis concilii celebratam cassavimus exigente justicia per decretum, advertentes tamen dampna et pericula que ex diutina vacacione vestre ecclesie vobis ac dicte vestre domui poterunt iminere, invocata Spiritus Sancti gracia, dictum fratrem Robertum per vos concorditer electum virumque bene litteratum providum et honestum in spiritualibus et temporalibus circumspectum in priorem vestrum auctoritate pontificali prefecimus et pastorem, de ipsius persona eidem vestre ecclesie providentes curamque et administrationem dicte domus vestre in spiritualibus et temporalibus plenarie committentes, quocirca vobis in virtute sancte obediencie firmiter injungendo mandamus quatinus predictum fratrem Robertum in vestrum priorem et pastorem debita et devota reverencia admittentes, sibi ut priori vestro intendatis ac filiali promptitudine humiliter pareatis. Valete. [Burton prope Beverl', 12 kal. Aug. 1321.]

155. Mandate to the archdeacon of Cleveland or his official to install Robert de Tikhill as prior. Bishop Burton, 21 July 1321.

156. [*No date or place. Inspeximus of the provision made by the canons of Marton for Henry de Melkingthorpe, their prior, on his cession of office.*]
[Fo. 236ᵛ; N.F. 283ᵛ] PROVISIO PRO HENRICO DE MELKANTHORP' QUONDAM PRIORE MONASTERII DE MARTON IN GALTRES. Noverint universi quod nos Willelmus [*etc.*] subscriptas litteras communi sigillo domus de Marton in Galtres nostre diocesis signatas inspeximus tenorem qui sequitur per omnia continentes.

Universis Christi fidelibus presentes litteras inspecturis Alanus supprior de Marton in Galtres et ejusdem loci conventus salutem in Domino. Cum dudum venerabilis in Christo pater et dominus noster dominus Willelmus Dei gracia Eboracensis archiepiscopus Anglie primas apud nos expleto debite visitationis officio ruinam status nostri miserabilis et inde dispersionem forsitan sagaci consideratione prospiciens iminere, et pio desiderio nostre reformationis quamplurimum affectate per eum sui gracia atque prudenti ductus consilio religiosum virum dominum Henricum de Melkanthorp canonicum monasterii de Bridelington et tunc perpetuum vicarium de Grenton in Swaldale auctoritate diocesana nobis prefecerit in priorem, idemque prior noster a tempore regiminis sibi commissi non solum subtiliter et utiliter sed et[iam] laudabiliter se habuerit in regendo oneribus namque quam pluribus nobis importabilibus et pressuris intollerabilibus propriis humeris suis assumptis in multis vigiliis studiosis et continuis laboribus anxiis desudando, nos exuens ruinam nostram nimiam graciosius relevavit, dispersa plurima congregavit et quedam onera annua abolim consueta ad perpetuam rei memoriam penitus enervavit, necnon fraternam caritatem inter nos Domino confirmante decetero ut credimus inviolabilem solidavit atque reformanda cetera studiose quatenus fuit homini possibile reformavit; nos statum uberem et excellentem ejus pristinum propter bonum obediencie et nostrum comodum declinatum ejusque bona opera mores et merita intime ponderantes et volentes gratanter quatenus comode possumus licet ad plenum non sufficimus compensare, deliberatione et tractatu inter nos sepius habitis in communi unanimi consensu totius capituli nostri pro nobis et successoribus nostris providemus concedimus damus et assignamus prefato domino Henrico priori nostro omnes terras et tenementa nostra cum tenentibus et redditibus nostris et suis pertinenciis et commoditatibus in villis et territoriis de Stutton et Bramham juxta Tadecastr' ad nos et nostrum monasterium qualitercumque spectantibus, habendum tenendum et libere percipiendum quandocumque officio dicti prioratus nostri de consensu domini Eboracencis archiepiscopi ipsum cedere contigerit usque ad finem vite sue in partem sue sustentationis annue ubicumque ipsum morari contigerit, ut de domo sua propria predicta quod congrue sustentationi sue defuerit in hac parte facilius supleatur, quorum omnium dictorum tenementorum et terrarum valorem annuum ad decem libras sterlingorum annuas estimamus, hoc specialiter attendentes quod idem prior noster redditus nostros annuos alibi ex sua prudencia in tanto ampliaverit vel in pluri. Et ad majorem hujus rei securitatem venerabili patri domino nostro archiepiscopo supradicto humiliter supplicamus quatinus hanc nostram provisionem concessionem donationem et assignationem gratanter acceptans, eam dignetur auctoritate ordinaria ratificare favorabiliter confirmare et sigilli sui munimine roborare. Submittimus etiam nos et monasterium nostrum pure sponte simpliciter et absolute in hac parte predicti patris ordinationi decreto condempnationi et executioni, ita quod nos successores nostros et monasterium nostrum ad premissorum observationem in omnibus obligare condempnare et compellere valeat atque quacumque censura ecclesiastica cohercere. In quorum testimonium sigillum nostrum commune presentibus est appensum. Datum apud Marton xxij die mensis Maii anno domini millesimo CCC vicesimoprimo.

157. [*Bishop Burton, 20 July 1321. Letter to the prioress and convent of Keldholme, enjoining a penance on Maud de Tyverington for her apostasy and fornication.*]

PENITENCIA MATILDIS DE TYVERINGTON MONIALIS DE KELDHOLM. Willelmus etc. dilectis in Christo filiabus .. priorisse et conventui de Keldholm salutem [*etc.*]. Inter ceteras sollicitudines ad quas pastorale officium nos astringit illam meritoriam reputamus qua errantes subditos quorum cura nobis committitur revocare tenemur a devio et ad viam rectitudinis salubriter reducere peccatores ne sanguis eorum de nostris manibus requiratur. Sane miserabilis deploratio contritaque instancia domine Matildis de Tyverington vestre commonialis, que emisse professionis ac stabilitatis dudum inter vos promisse oblita vestris habitu et ordine quos voverat derelictis diversis vicibus convolavit ad seculum apostatando inibi per tempora diutina impudenter vestreque religionis honestatem per derivatos pruritus actusque sacrilegos lubrice carnis sue infamie nebulo maculasse se deflet lamentabiliter et compungit, sic nostra viscera commoverunt ut cum ipsa discipline judicio regularis ac omni satisfactioni secundum ordinem subicere se promittat humiliter pro commissis, nos ipsius perditioni cujus curam gerimus salubrius occurrentes ei aperiamus sinum misericordie ne desperet. Dictam igitur commonialem vestram injuncta ei penitencia salutari pro suis reatibus atque culpis ad vos et domum vestram a qua exiit remittimus absolutam, devotionem vestram firmiter in Domino exhortantes quatinus memores clemencie Redemptoris, qui misericordiam et non judicium affectat nec mortem peccatoris desiderat set magis ut convertatur et vivat, dictam penitentem que se vinculo professionis vestre religioni astrinxit, si in humilitatis spiritu reclinato corpore more penitentium pulset ad portam misericordiam devote postulans et implorans si suum confiteatur reatum si signa contritionis ac correctionis appareant in eadem secundum disciplinam vestri ordinis, filiali promptitudine admittatis ad hanc penitentiam paciencer que subsequitur sustinendam, ut ipsa videlicet Matildis que per vite sue deformitatem se reddiderit ab aliis collegis suis disparem temere et informem, se doleat in habitu ac ritibus aliis alteratam merito et discretam. Statuimus firmiter et mandamus quod dicta penitens seorsum cameram habeat pro ergastulo carcerali, in qua post horas cotidianas perdictas in choro quibus omnibis et singulis eam tanquam de conventu ultimam volumus continue interesse solitarie contemplationi indulgeat de suis reatibus gemebunda, claustrum nullatenus exeundo, Deum creatorem suum quem graviter offendisse se lugeat lacrimosis orationibus deprecando, ac a confabulatione secularium et a missione et receptione litterarum se penitus abstinendo, cui usum nigri veli interdicimus ad tempus pro nostro arbitrio moderandum, volentes quod ipsa singulis quartis feriis pane et legumine ac sextis pane et aqua coadvixerit sit contenta, et camisia pro vite sue residuo non utatur sed per easdem ferias discalciata incedens coram conventu circa claustrum exclusis secularibus duas fustigationes et aliis diebus singulis in capitulo singulas disciplinas de manu recipiat presidentis, singulisque septimanis duo dicat psalteria preter commendationem ac 'Placebo' et 'Dirige' pro defunctis que eam dicere volumus in remissionem suorum peccaminum omni die, privatis consiliis ac colloquiis que fiunt in capitulo aut tractatibus domus aliis non intersit sed coram conventu in ingressu chori jaciat[1] provoluta earum pedibus si voluerint conculcanda, ut per hec et alia penitencie ac misericordie opera que Deus secundum vestre regule observanciam ac per orationum vestrarum suffragia sibi sua fecunda gracia inspirabit reconciliationis graciam, sicut pie cupimus mereatur ac alie metu ipsius penitencie ac rigoris hujusmodi a consimilibus se compescant. Et certificetis nos oportune de die receptionis presentium et qualiter dicta Matildis prefatam penitenciam subierit ac qualiter se habuerit in premissis et aliis que religionis vestre conveniunt honestati per vestras litteras clausas harum seriem continentes sigillo vestro communi signatas, ut et nos si ejus protervitas ac rebellio id exposcat in dictam sentenciam retrudamus ac ipsius excrescente contumacia ipsius penitudinem ad ipsius scandalum et ignominiam acerbius aggravemus. Vale. [Burton prope Beverl', 13 kal. Aug. 1321.]

158. [Fo. 237; N.F. 284] Licence to John de Erghum, subdeacon, rector of Bossall, to study for three years in any *studium generale;* with memorandum of grant of letters dimissory. Bishop Burton, 11 Aug. 1321.

159. Licence to Master Thomas de Suthwerk, rector of Stonegrave, to be absent for two years in any *studium generale* and to farm his church to Adam de Stayngreve, clerk. Cawood, 24 Aug. 1321.

160. [*Cawood, 25 Aug. 1321. Testimonial for Adam de Stonegrave.*]
LITTERA TESTIMONIALIS SUPER VITA ET CONVERSATIONE ADE DE STEYNGREVE CLERICI. Universis Christi fidelibus [*etc.*] Willelmus etc. salutem in Eo qui est omnium vera salus. Ad noticiam vestram volumus pervenire quod Adam de Steyngreve clericus de nostre diocesi Eboracensi oriundus est vite laudabilis et conversationis honeste, cujus conversationem et famam a multis retroactis temporibus novimus ac ipsum laudabiliter et honeste hactenus conversatum. In cujus [*etc.* Cawod', 8 kal. Sept. 1321.]

---

[1] In error for *jaceat?*

161. Institution and mandate for induction of Robert Orvel, acolyte, to the church of Oswaldkirk; presented by Master Robert de Pykering, dean of York.[1] Bishop Wilton, 22 Sept. 1321.

162. Memorandum that, by papal authority, the archbishop dispensed William de Ingelby, clerk, to be promoted to all orders and receive a benefice, even with cure of souls, despite his illegitimacy. Bishop Monkton, 3 Oct. 1321.

163. Memorandum of licence to the prioress and convent of Rosedale to receive to the habit the daughter of John de Dalton, bailiff of Pickering, if she was suitable. Bishop Monkton, 11 Oct. 1321.

164. [*Bishopthorpe, 31 Oct. 1321. Dispensation of Ralph de Hovingham[']priest, at the instance of the papal penitentiary whose letter is included, for being ordained subdeacon irregularly, and a penance enjoined on him.*]

DISPENSATIO CUM RADULPHO DE HOVINGHAM PRESBITERO SUPER IRREGULARITATE. Noverint universi quod nos Willelmus [*etc.*] litteras reverendi patris domini Berengarii Dei gracia episcopi Tusculani domini pape penitenciarii recepimus in hec verba.

Venerabili in Christo patri Dei gracia .. archiepiscopo Eboracensi vel ejus vicario in spiritualibus Berengarius miseratione divina episcopus Tusculanus salutem et sinceram in Domino caritatem. Sua nobis Radulphus de Hovingham presbiter vestre diocesis lator presentium petitione monstravit quod ipse olim in minoribus ordinibus constitutus cum vellet ad sacros ordines promoveri non presentatus ab aliquo, non examinatus nec scriptus, vocatus tamen ad instanciam cujusdam amici sui inter ordinandos se inmiscuit et ad ordinem subdiaconatus sine alio titulo se fecit per venerabilem patrem .. episcopum Candide Case de vestra licencia ordines celebrantem promoveri, et absolutione seu dispensatione super hiis non obtenta se fecit ad diaconatus et presbiteratus ordines promoveri, rite tamen alias per omnia et absque vicio simonie, et in sic susceptis ordinibus non in contemptum clavium sepius ministravit et alias inmiscuit se divinis, super quibus sedem adiens apostolicam supplicavit humiliter sibi per eam de oportuno remedio misericorditer provideri. Nos igitur auctoritate domini pape cujus penitenciarie curam gerimus ipsum presbiterum ad vos duximus remittendum vestre paternitati auctoritate committentes predicta, quatinus si est ita et in tales non fuerit excommunicationis sentencia promulgata, injuncta inde sibi ab excessu hujusmodi absolutione previa penitencia competenti eoque ad tempus prout expedire videritis

---

[1] Oswaldkirk was in the gift of the Pickering family.

a suorum ordinum executione suspenso, demum suffragantibus ei meritis alioque non obstante canonico super irregularitate modo premisso contracta et ipsorum ordinum executione dispensetis misericorditer cum eodem. Datum Avinion' iij idus Julii pontificatus domini Johannis pape XXII anno quinto.

Nos igitur Willelmus Eboracensis archiepiscopus predictus domini Berengarii miseratione divina episcopi Tusculani domini pape penitenciarii comissarius in hac parte tecum Radulphe de Hovingham predicte presbiter nostre diocesis in presencia nostra personaliter constitute, cum non fuerit excommunicationis sentencia occasione premissorum in te aliqualiter promulgata, injuncta inde tibi per nos ab excessu hujusmodi absolutione previa penitencia competenti teque ad tempus prout expedire nobis videbatur a tuorum ordinum executione suspenso, demum suffragantibus tibi meritis alioque non obstante canonico quod sciatur super irregularitate modo premisso contracta et tuorum ordinum executione auctoritate nobis in hae parte commissa misericorditer dispensamus. In cujus [*etc.* Thorp' prope Ebor', 2 kal. Nov. 1321.]

165. Institution and order for induction of Robert de Killum, chaplain, to the vicarage of Crambe (*Crambum*); presented by the prior and convent of Kirkham. Bishopthorpe, 26 Oct. 1321.

166. Licence to Master Robert de Heselarton, rector of Kirby in Cleveland, to study for one year in any *studium generale*. Bishopthorpe, 26 Nov. 1321.

167. Memorandum of letter to Richard, receiver of York, to suspend the exaction of 40s. from Peter, rector of Stokesley, for his non-residence and putting the church to farm in 1318 and 1319, 'ad rogatum domine regine'. Bishopthorpe, 27 Nov. 1321.

168. [*Bishopthorpe, 21 Dec. 1321. Absolution and penance of John de Whiteby, clerk, for practising necromancy.*]

[Fo. 237ᵛ; N.F. 284ᵛ] ABSOLUTIO JOHANNIS DE WHITEBY CLERICI EO QUOD UTEBATUR ARTE NIGROMANCIE ET ABJURATIO EJUSDEM. Willelmus [*etc.*] universis ad quos presentes littere pervenerint salutem cum benedictione et gracia Salvatoris. Noveritis nos Johannem de Whyteby clericum nostre diocesis, qui artem nigromancie aliquamdiu excercebat prout hoc nobis et aliis publice confessatus est, ab eo crimine quod coram nobis sollempniter abjuravit ad ejusdem instantem ac devotam supplicationem ostensis penitencie signis propensius in eodem absoluisse in forma juris, injuncta sibi per nos pro modo culpe hujusmodi in hac parte penitencia salutari. Et sicuti consequenter dicto Johanni sub pena excommunicationis inhibuimus ne decetero dictam artem nephariam quomodolibet excerceret, vobis omnibus et singulis et presertim parochianis nostris sub pena eadem tenore presentium inhibemus ne quis vestrum decetero memoratum Johannem ad artem hujusmodi ignominiosam exercendam inducat seu compellat quovis modo, prout aliquos fecisse nuper audivimus temporibus retroactis. Quod si qui fuerint qui huiusmodi inhibitionibus nostris quod absit non paruerint, ipsos in eo eventu simili excommunicationis sentencia percellere intendimus ut est justum. In cujus [*etc.* Thorp' juxta Ebor', 12 kal. Jan. 1321.]

169. Memorandum that Master William de Burton Flemyng, vicar of Kirkby Moorside by papal provision, took an oath of obedience and personal residence witnessed by Richard de Snou', notary, and Richard de Melton. Cawood, 21 Jan. 1322.

170. Institution and mandate for induction of William de Popelton, priest, to the church of Brafferton; presented by the prior and convent of Newburgh. York, 11 Feb. 1322.

171. Institution etc. of John Malghlan, priest, to the vicarage of Easingwold; presented by Roger de Northburgh, archdeacon of Richmond. York, 11 Feb. 1322.

172. [*York, 13 Feb. 1322. Letter to the prioress and convent of Moxby imposing a penance on Johanna de Brotherton for her apostasy.*]
PENITENCIA DOMINE JOHANNE DE BROTHERTON MONIALIS DE MOLSEBY.[1] Willelmus etc. dilectis in Christo filiabus .. priorisse et conventui de Molseby nostre diocesis salutem [*etc.*]. Quia Johannam de Brotherton vestre domus commonialem pro eo quod jam secundo a monasterio suo recedens evagabatur in seculo apostatando ab hujusmodi suo reatu absolvimus, eidem penitenciam pro dicta apostasia infrascriptam non inmerito injungentes, videlicet quod ad vestrum monasterium rediens juxta observancias ordinis vestri et regule ac disciplinam regularem debitas et consuetas readmittatur, ita tamen quod non extra januas sed in hostio ecclesie tempore consueto jaceat admissionem suam ut moris est devotius petitura, dictam penitenciam una cum illa penitencia que secundum ordinem vestrum sibi injungenda fuerit in hoc casu humiliter completura, et preter hec intra ecclesie chori claustri capituli refectorii et dormitorii cepta se continens illa nullatenus exeat nisi forte

[1] Margin: Memorandum quod dominus Walterus de Penbrige stans cum domina regina postea impregnavit eandem.'

oporteat ad infirmariam ipsam ex causa necessaria declinare. Item ad eam pateat nullus secularium accessus nec confabulatio aliqua cum eisdem, nulli litteras vel nuncium mittat vel recipiat a quocumque, velo etiam nigro non utatur, ultima sit omnium ubilibet in conventu, singulis sextis feriis in pane et aqua jejunet, ad terram sedeat et pro illis diebus ibidem escam suam humiliter assumat et eisdem sextis feriis a presidente unam recipiat disciplinam et singulis dictis feriis unum psalterium dicat in quadragesima et qualibet ebdomoda unum psalterium, extra quadragesimam vero unum dicat psalterium singulis septimanis. Prescripta sibi imposuimus per septennium sustinenda et humiliter peragenda, nisi signa vere contritionis ac alia ejusdem merita animum nostrum moverint ad ipsa mitiganda vel aliter moderanda. Quocirca discretioni vestre firmiter injungendo mandamus quatinus prefatam Johannam quam ad vos mittimus absolutam ad monasterium vestrum et regulam vestram in forma prescripta admittentes ipsamque juxta ordinis disciplinam tractetis sub debito caritatis et ad injuncta nostra premissa debite peragenda efficaciter inducatis et si oportuerit juxta regularem observanciam compellatis. Valete. [Ebor', 2 id. Feb. 1321.]

173. Licence to the prior and convent of Guisborough to grant an annual pension of 40s. to Master John de Wirkesale, clerk, for his future services, and to sell a corrody to a fit person, allowed because of the burning and plundering of their manors by the Scots. York, 13 Feb. 1322.

Printed in *Cart. Gyseburne*, ii. 398.

174. Mandate to the dean of Bulmer to proclaim at Newburgh that objectors to the election of John de Cateryk, canon and cellarer, as prior, following the death of John de Hoton, are to appear before the archbishop wherever he might be in the diocese on Thursday 18 Mar. York, 12 Feb. 1322.

175. [Fo. 238; N.F. 285] Mandate to the subprior and convent to obey John as prior; the archbishop has confirmed his election. York, 20 Mar. 1322.

176. Memorandum that the archdeacon of Cleveland or his official were ordered to install John. Same date.

177. [*Cawood, 27 Mar. 1322. Commission to Master William de Burton Flemyng, vicar of Kirkby Moorside, to absolve his parishioners, even in cases normally reserved to the archbishop.*]

COMISSIO AD ABSOLVENDUM PAROCHIANOS ECCLESIE DE KIRKBY MORE-
SHEVED. Willelmus etc. dilecto filio magistro Willelmo de Burton
Flemyng vicario ecclesie de Kirkby Moresheved salutem [*etc.*]. Ad
absolvendum in forma juris quoscumque parochianos tuos a quibuscumque criminibus etiam in casibus nobis a jure reservatis, frac-
toribus parcorum nostrorum ac sanctarum monialium corruptoribus
et in clericos manus violenter inicientibus et ad effectum exhibenda-
tionis alicujus scienter perjurium committentibus dumtaxat exceptis,
tibi vices nostras committimus per presentes per unum annum duraturas. Vale. [Cawod', 6 kal. Apr. 1322.]

178. [*Cawood, 19 Apr. 1322. Pardon of the prior of Marton for selling
the garb-tithes of the churches of Sheriff Hutton and Sutton and not appearing in
person in synod.*]

PRO NON COMPARITIONE PERSONALI PRIORIS DE MARTON IN SYNODO
EBORACENSI PROXIMA POST PASCHAM. Memorandum quod xiij kalendas
Maii anno proximo supradicto apud Cawode scriptum fuit domino
Ricardo de Grimeston receptori Eboracensi ne molestet fratrem Robertum nunc priorem monasterii de Marton pro decimis garbarum
ecclesiarum suarum de Shirrefhoton et de Sutton ante separationem a
ix partibus per fratrem Henricum predecessorem dicti prioris venditis,
et quod personalem comparitionem dicti fratris Roberti prioris in
instanti synodo Eboracensi si per procuratorem sufficientem compareat
habeat excusatam.

179. Institution and mandate for induction of Master Adam de
Heselbech, priest, to the church of Lythe; presented by Peter de
Maulay IV, lord of Mulgrave. Cawood, 18 Apr. 1322.

180. Institution, in the person of Master William de Kendal, clerk,
and mandate for induction of Master John Frank', clerk, to a moiety
of the church of Hutton Bushel (*Hoton Buscell*), vacant by the death of
Master Richard de Hauley; presented by the abbot and convent of
Whitby, Bishopthorpe, 28 Apr. 1322.

181. [*Bishopthorpe, 18 May 1322. Letter to the prioress and convent of
Handale for the reception and penance of Isabella Dayvill, nun of Rosedale, for
her apostasy.*]

MISSIO DOMINE ISABELLE DAYVILL MONIALIS DE ROSSED' AD DOMUM DE
HANDAL' PRO PENITENCIA PERAGENDA. Willelmus etc. dilectis in
Christo filiabus .. priorisse et conventui de Handale salutem [*etc.*].
Quia Isabellam Dayvill monialem domus de Rossedale vestre ordinis,
pro eo quod contra religionis debitam honestatem et regularem sui

ordinis disciplinam a prefato monasterio suo recedens evagabatur
in seculo, et ne perniciosa contumacio sui status ad promptum anime
sue periculum cedat et ne ob nostri necgligenciam vel defectum ipsius
sanguis de nostris manibus requiratur ab hujusmodi suo reatu absolvimus, eidem injungentes penitenciam infrascriptam per septennium
duraturam nisi ejus contritio ad aliud nos excitet et inducat, videlicet
quod ultima sit in conventu et eum sequatur continue in choro claustro
dormitorio et refectorio nisi infirmitate vel alia causa legitima fuerit
impedita, in tractatibus et consiliis domus vestre nullatenus intersit,
litteras vel nuncium non emittat seu recipiat a quocumque, nulli
seculari aut religioso loquatur, septa monasterii non exeat quovismodo.
Item singulis sextis feriis in pane et aqua jejunet et singulis quartis
feriis a piscibus se abstineat, quibus sextis et quartis feriis unam in
capitulo a manibus presidentis recipiat disciplinam, veloque nigro
careat, ac super terram comedat more penitentis humiliter et devote.
Et quia ex locali mutatione corporum sepe sequitur mutatio animorum,
prefatam dominam Isabellam propter status sui correctionem salubrem
ad domum vestram duximus transmittendam inibi per aliquod tempus
nostro arbitrio moderandum inter vos monasterii sui sumptibus
moraturam dictamque penitenciam devote et humiliter peragendam,
vobis in virtute obediencie injungimus et mandamus quatinus predictam dominam Isabellam cum ad vos venerit benigne admittatis et
secundum formam prescriptam in Domino pertractetis. Vos vero
priorissa tempore oportuno nobis rescribatis qualiter ipsa Isabella in
premissis et circa ea se habuerit aut aliter se gesserit quam religionis
conveniat honestati. Valete. [Thorp' prope Ebor', 15 kal. June 1322.]

182. [*Bishopthorpe, 14 June 1322. Letter to the prioress and convent of
Rosedale to send Isabella Dayvill to Handale priory.*]

PRIORISSE DE ROSSED' UT MITTAT DICTAM ISABELLAM AD [DOMUM DE
HANDALE]. Willelmus etc. dilectis filiis .. priorisse et conventui de
Rossedale nostre diocesis salutem [*etc.*]. Cum ex locali mutatione
corporum sepe sequatur mutatio animorum, dominam Isabellam
Dayvill vestram commonialem ob aliquas causas contra religionis
honestatem et regularis ordinis disciplinam commissas ad status sui
emendationem ad domum de Handale dicte nostre diocesis duximus
transmittendam vestre ibidem domus sumptibus moraturam ac
penitenciam per nos sibi injunctam inibi peragendam donec de statu
ejusdem aliud duxerimus ordinandum, vobis in virtute sancte obediencie firmiter injungendo mandamus quatinus dictam dominam Isabellam
cum secura decenti et sufficienti comitiva ad dictam domum de Handale
cum nostris litteris .. priorisse et conventui dicte domus directis infra
tres dies a tempore receptionis presentium transmittatis, sumptus

necessarios sibi de communibus domus vestre dum ibidem moram traxerit ut convenit ministrantes, quos prefate domine Isabelle per manus priorisse dicte domus de Handale prout indiguerit volumus exhiberi. Valete. [Thorp' prope Ebor', 14 June 1322.]

183. [*Bishopthorpe, 3 June 1322. Mandate to Richard de Grimston receiver of York to find a successor to Thomas de Cawode as sequestrator in the archdeaconry of Cleveland and in general to replace men who have been sequestrators or rural deans for a long time.*]

AD CREANDUM SEQUESTRATOREM IN ARCHIDIACONATU CLYVEL'. Willelmus etc. dilecto filio domino Ricardo de Grimeston receptori nostro Eboracensi salutem [*etc.*]. Quia dominum Thomam de Cawode vicarium ecclesie sancti Felicis ab officio sequestratoris cum in eodem aliquamdiu laborasset ad instantem ejusdem petitionem duximus absolvendum, tibi mandamus quatinus aliquam personam ad illud officium idoneam preficias ilico loco sui. Verum quia in officiis sequestratorum et decanorum nimis diu inmorantes et inveterati ad proficiscendum nimis se reddunt tepidos et remissos, volumus quod tales ab officiis suis facias amoveri, alios recentes et idoneos locis eorum debite subrogando. Vale. [Thorp' prope Ebor', 3 non. June.]

184. Commission to the official of York or his commissary-general to act in the cause brought by Roger de Twyford, clerk, presented to the church of Kildale, and Walter de Staveley, its incumbent. Bishopthorpe, 14 June 1322.

185. [Fo. 238^v; N.F. 285^v] Institution and mandate for induction of John de Chisenhal', priest, to the church of Barton-le-Street (*Barton in Rydale*); presented by Nicholas de Grey, kt. Acaster Malbis, 20 June 1322.

186. Licence to William de Baxby, priest, rector of Thormanby (*Thormoteby*), to study for three years in any *studium generale*. Bishopthorpe, 1 July 1322.

187. Ordinance recording the appearance before the archbishop of Thomas de Garton and Alan de Malteby, monks of Whitby, as proctors of their abbot, Thomas de Malton, seeking to resign because of bodily infirmity ('tam ex gutta quam ex senili etate'); as proctors of the convent also, they agree to accept the archbishop's award of provision for Malton. After accepting the resignation, the archbishop provides that for the remainder of his life, Malton should have a chamber called 'camera Astini' and be supplied with food (quantified), 12 marks p.a., [Fo. 239; N.F. 287] liveries and food for a yeoman and groom, use of

Eskdale manor with supplies for its upkeep, fuel, wax and candles, horses for his travel to Eskdale, and provisions from cellar and kitchen for his guests. The ordinance concludes by quoting letters (both dated 9 July) of Abbot Malton and the convent appointing Ralph de Ellarby, prior, and the above-named monks, as proctors in this matter. Bishopthorpe, 13 July 1322.

Printed in *Cart. Whiteby*, ii. 636–43.

188. Licence to John de Chisenhale, rector of Barton-le-Street, to be absent for one year. Bishopthorpe, 16 July 1322.

189. Licence to Thomas Sleght, rector of Hawnby, to study for three years. Bishopthorpe, 2 Aug. 1322.

190. Licence to John de Seleby, rector of a moiety of Rillington, to study for three years. Cawood, 23 Aug. 1322.

[Marginal note: 'Vacat hic quia registratur in archidiaconatu Estriding'.]'

191. [*Bishopthorpe, 11 July 1322. Obedience and benediction of the abbot of Byland.*]

[N.F. 286][1] Ego frater Johannes .. abbas de Bella Landa subjectionem reverenciam et obedienciam a sanctis patribus constitutam secundum regulam sancti Benedicti tibi domine Willelme pater Eboracensis archiepiscope tuisque successoribus canonice substituendis et sancte sedi Eboracensi salvo ordine nostro perpetuo me exhibiturum promitto et hoc propria manu mea subscribo☩.

Memorandum quod die Dominica in festum translationis[2] sancti Benedicti anno gracie MCCCXXII apud Thorp' prope Ebor' prefatus frater Johannes a domino Willelmo de Melton Dei gracia Eboracensi archiepiscopo [. . .³] munus benedictionis recepit et prefatam professionem publice fecit et propria manu sua subscripsit.

192. [*York, 16 July 1322. Grant of administration of the goods of the late Sir Nicholas de Menill to his son Nicholas; the previous grant to Sir Nicholas' brother John by the official of York is revoked.*]

[Fo. 239ᵛ; N.F. 287ᵛ] CONCESSIO ADMINISTRATIONIS BONORUM QUE FUERUNT DOMINI NICHOLAI DE MENYLL' DEFUNCTI. In Dei nomine amen. Acta coram nobis Willelmo [*etc.*] in capitulo ecclesie nostre beati Petri Eboracensis sextodecimo die Julii anno domini millesimo

---

[1] Endorsed *Bella Landa* in a later hand.
[2] Virtually illegible but almost certainly *translationis*.
[3] Virtually illegible but almost certainly *Anglie primate*.

trecentesimo vicesimo secundo, videlicet Nicholao dicto de Menill filio ut dicebatur domini Nicholai de Menill militis defuncti et Johanne de Menill fratre ejusdem defuncti coram nobis personaliter constitutis, ex parte dicti Nicholai de Menill filii dictum extitit et petitum quod cum idem Nicholas per concessionem et commissionem administrationis bonorum dicti defuncti, cujus testamenti ipse Nicholas per ipsum testatorem in ipso testamento executor fuerat nominatus et etiam legatarius in eodem, per .. officialem curie Eboracensis predicto Johanni de Menill concessam notorie minor viginti quinque annis existens lesus fuerat, ipsum restituere per decretum recissis concessione et commissione dicto Johanni factis et in eventum eidem Nicholao administrationem bonorum dicti defuncti in forma juris concedere dignaremur, ac deliberatione per nos habita in hac parte eundem Nicholaum ut minorem lesum in premissis restituimus per decretum, dictum Johannem de Menill ab administratione hujusmodi amoventes. Idemque Johannes testamentum dicti defuncti nobis tradidit et concessionem administrationis ac administrationem ipsam super hoc per dictum .. officialem nostrum sibi concessam a se penitus abdicavit. Unde nos predicto Nicholao executori ut prefertur administrationem liberam omnium bonorum dicti defuncti infra nostram diocesim existentium concessimus, dictusque Nicholas tactis sacrosanctis evangeliis corporale prestitit juramentum quod fidele inventarium faciet de omnibus bonis que dominus Nicholas de Menill pater suus habuit tempore mortis sue et quod administrabit fideliter in eisdem, ac quod creditoribus dicti defuncti satisfaciet juxta voluntatem dicti defuncti et tenorem testamenti ejusdem, necnon quod fidelem compotum reddet de premissis cum per nos vel ministros nostros super hoc fuerit congrue requisitus, et quod jure minoris seu ut minor viginti quinque annis si contingat eum in ipsa minori etate qualitercumque ledi in administrando seu in quibuscumque contingentibus ipsum testamentum et ejus administrationem numquam petet restitutionem in integrum nec contraveniet juramento. In quorum testimonium sigillum nostrum presentibus est appensum. Actum et datum anno mense et die predictis et pontificatus nostri quinto.

193. Institution and mandate for induction of William de Otrington, priest, to a portion of the church of South Otterington, vacant by the resignation of Richard de Biron; presented by John Wassand, kt. Bishopthorpe, 28 July 1322.

194. [*Cawood, 23 Aug. 1322. Commission to the sequestrator in the archdeaconry of Cleveland as coadjutor of Nicholas, son of Nicholas de Menill, executor of his father's testament.*]

DEPUTATIO COADJUTORIS NICHOLAO FILIO NICHOLAI DE MENILL.[1]
Willelmus etc. dilecto filio domino Stephano vicario ecclesie de
Ormesby sequestratori nostro in achidiaconatu Cliveland' salutem
[*etc.*]. De tuis industria et fidelitate plenam in Domino fiduciam
obtinentes, te Nicholao de Menill filio domini Nicholai de Menill
defuncti de consensu assensu et voluntate dicti Nicholai filii coad-
jutorem auctoritate nostra ordinaria deputamus, cujus auctoritate
velut legitimi coadjutoris prefatus Nicholas seu tu pro eo sicut ad tuum
in hac parte officium de jure pertinet omnia et singula que de bonis
prefati domini Nicholai defuncti patris dicti Nicholai sive ex testamento
sive ex quacumque causa alia de jure vel consuetudine pertineant ad
eosdem exigat petat tam in judicio quam extra et recipiat petas exigas
similiter tam in judicio quam extra et recipias pro eodem in dicti
defuncti bonis auctoritate tua plenarie ministret et tu in eis nomine suo
administres, ceteraque omnia et singula que in premisses et circa
premissa seu ea contingentia necessario vel oportune de jure fuerint
facienda predictus Nicholas auctoritate tua se tu pro eo faciat et facias
sicut ad coadjutoris legitime deputati officium quod tibi tenore presentium committimus de jure noscitur pertinere. Volumus tamen quod
antequam aliquam in premissis administrationem susscipias de fideliter
administrando et fideli compoto reddendo illis quibus de jure fuerit
faciendum .. officiali nostro Eboracensi debitam prestes et solitam
cautionem. In quorum omnium testimonium sigillum nostrum presentibus est appensum. Vale. [Cawode, 10 kal. Sept. 1322.]

195. Mandate to the official of the archdeacon of Cleveland to
proclaim at Whitby that objectors to the election of Thomas de
Haukesgarth, monk, as abbot, following the resignation of Thomas de
Malton, are to appear before the archbishop wherever he might be
in the diocese on Saturday 31 July. Bishopthorpe, 28 July 1322.

Printed, with nos. 196–7, 199–202, in *Cart. Whiteby*, ii. 643–7

196. Letters patent[2] of Edward II assenting to the election. Thirsk,
25 July 1322.

197. Petition of Thomas de Haukesgarth for the confirmation of his
election.

198. Memorandum[3] that the archbishop dispensed John de Skelton,
clerk, for obtaining the first clerical tonsure 'furtive' and later being

---

[1] Margin: *Postea fuit ista littera mutata.*
[2] cf. *CPR.* 1321–4, 184.
[3] Inserted at the foot of the page.

ordained acolyte and ministering in these orders; he was suspended and another penance enjoined. Bishop Monkton, 5 Oct. 1322.

199. [Fo. 240; N.F. 288. Continuing no. 197]. Confirmation of Thomas de Haukesgarth's election. Bishopthorpe, 31 July 1322.

200. Petition of the archbishop to the king for the restitution of the temporalities of Whitby abbey. Bishopthorpe, 31 July 1322.

201. Mandate to the prior and convent of Whitby to obey Thomas as abbot. Bishopthorpe, 31 July 1322.

202. Mandate to the official of the archdeacon of Cleveland to install Thomas. Same date.

203. Licence to Master John Frank, acolyte, rector of a moiety of Hutton Bushel, to study for two years. Bishop Burton, 21 Sept. 1322.

204. Letters dimissory to the same. Same date.

205. Licence to Robert, rector of Kirby Knowle (*Kirkeby super Knol'*), to be absent for one year while in the service of the dean and chapter of Lincoln. Bishop Monkton, 5 Oct. 1322.

206. To the prior and convent of Bridlington, exhorting them to receive and support the bearers, Alan de Shirburn and John de Soureby, canons of Marton and of the same order [as Bridlington], whose house and its property have been wasted by the Scots.
Similar letters were sent to the following priors for other canons of Marton: Warter, for Simon de Branby; Drax, for William de Craven; Thurgarton, for John de Malteby; Shelford, for Stephen de Langtoft; and Newstead, for Ingram de Semer. Bishopthorpe, 3 Nov. 1322.
Printed in Raine, *L.N.R.*, 318–19.

207. Licence to the prior and convent of Marton to send certain canons to live elsewhere with religious or seculars. Bishopthorpe, 18 Nov. 1322.
Printed in Raine, *L.N.R.*, 322–3.

208. [*Cawood, 4 Jan. 1328. Penance imposed on Sir Peter de Mauley for adultery.*]
[N.F. 289] Hec est penitencia domini Petri de Malo lacu militis sibi injuncta per dominum Eboracensem archiepiscopum Anglie primatem

apud Cawod ij nonas Januarii anno gracie M CCC vicesimo septimo pro adulterio commisso cum Sarra de London.

In primis quod per septennium omnibus diebus Veneris quadragesime quatuor temporum et adventus Domini jejunet in pane et debili cervisia et die paraceves et vigiliis omnium festorum beate Marie jejunet in pane et aqua. Item quod visitet peregre beatos Willelmum Ebor' Thomam Herford' beatam Mariam Suwell' beatum Johannem Beverl' et beatum Wilfredum Ripon'. Item quod fustigetur sepcies in sola roba sua caputio suo deposito coram processione in ecclesia Eboracensi, sed hec ultima penitencia sua posita est in suspenso sub bono gestu suo futuro.

Item tunc abjuret peccatricem commorandum cum ea et loca suspecta simpliciter sine pena.

209. [Fo. 240ᵛ; N.F. 288ᵛ] Letter (similar to no. 206) requesting the prioress and convent of Monkton to receive Joan de Toucotes and Joan de Blaunkfrount, nuns of Moxby. Bishopthorpe, 4 Nov. 1322.

Printed, with nos 210–11, in Raine, *L.N.R.*, 319–23.

210. [N.F. 290] Reply of the prioress and convent of Monkton. Moxby is Augustinian while they are Benedictine, and also so poor that they have insufficient for their own scanty sustenance. Undated.

211 (i). [Fo. 240ᵛ; N.F. 288ᵛ] The archbishop rejects these excuses and insists that Monkton receives Sabina de Apelgarth and Margaret de Neusom, other nuns of Moxby.

Letters 'in brevi forma' were sent to the following prioresses for other nuns of Moxby: Swine, for Alice de Barton, prioress of Moxby; Nun Appleton, for Joan de Barton and Joan de Toucotes; Nun Keeling (*Killing*), for Agnes de Ampelford and Agnes de Jarkemill; and Hampole, for Joan de Brotherton and Joan Blaunkfrount. Bishopthorpe, 17 Nov. 1322.

211 (ii). Memorandum of similar letters for the nuns of Rosedale, to the following houses: Nunburnholme (*Brunnum*), for Alice de Rippinghale; Syningthwaite, for Avelina de Brus; Thicket, for Margaret de Langtoft; and Wykeham, for Joan Crovel. 'Elena' (cf. nos. 181–2) Dayvill', was sent to Hampole, with letters of the queen, to do her penance there. Bishopthorpe, 20 Nov. 1322.

212. Request to the abbot and convent of Whitby, on account of the abbot's recent creation, to grant a pension to William de Cliff', the

archbishop's yeoman and kinsman, for his life. Bishopthorpe, 3 Dec. 1322.

[Note (in margin) that he was granted 5 marks p.a.]

Printed in *Cart. Whiteby*, ii. 647.

213. Institution and mandate for induction of Nicholas de Neuton, deacon, to the church of Sneaton; presented by the abbot and convent of Whitby. Cawood, 16 Dec. 1322.

214. Institution etc. of John de Brompton, acolyte, to the church of Thormanby; presented by the prioress and convent of Moxby. Cawood, 19 Jan. 1323.

215. [*Cawood, 4 Feb. 1323. Letter ordering Sir Geoffrey de Upsall to support his wife until the divorce suit between them has been heard.*]

LITTERA COMMONITORIA DIRECTA DOMINO GALFRIDO DE UPSALE MILITI QUOD MINISTRET UXORI SUE VITE NECESSARIA PENDENTE LITE DIVORCII INTER EOS. Willelmus etc. dilecto filio domino Galfrido de Upsale militi salutem [*etc.*]. Ex parte uxoris vestre nobis graviter est conquestum quod cum ipsa in victu et vestitu maximam paciatur penuriam pariter et defectum, eo quod vos a diu est pro sue vite necessariis nichil sibi penitus ministrastis licet ad id teneamini lege conjugii hoc exigente, et sic in vita miserabili constituta perire poterit ob vestri defectum nisi citius sibi succuratur, vos auctoritate nostra pontificali monemus primo secundo et tercio pro termino preciso et peremptorio quatinus lite super devorcio inter vos et dictam uxorem vestram in curia nostra Eboracensi pendente interim sibi vite sue necessaria in victu et vestitu faciatis congrue provideri infra octo dies a tempore quo vobis presentes littere porrigantur continue numerandos, sub pena excommunicationis majoris quam in vos fulminari faciemus si in premissis non parueritis nec ea feceritis cum effectu aliisque viis juris contra vos prout justum fuerit taliter procedemus quod factum nostrum merito aliis cedet in exemplum. Valete. [Cawode, 2 non. Feb. 1322.]

216. Licence to Richard de Grimeston, rector of Stillingfleet (*Styvelingflete*), to study for three years. Cawood, 9 Feb. 1323.

217. Letters dimissory to William de Baggeby, subdeacon. Cawood, 24 Feb. 1323.

218. [Fo. 241; N.F. 291] Institution and mandate for induction of Thomas Sleght', priest, to the vicarage or portion of the church of Lastingham (*Leystingham*); presented by the abbot and convent of St. Mary, York. Cawood, 23 Feb. 1323.

219. Institution etc. of John Talevaz, priest, to the church of Hawnby; presented by William Malbys, kt. Cawood, 15 Mar. 1323.

220. [*Cawood, 2 Apr. 1323. Blessed and consecrated water sent to the dean of Bulmer, who is to cleanse the conventual church of Moxby and in particular the stalls of the nuns from pollution.*]

Willelmus etc. dilecto filio decano nostro de Bulmere salutem [*etc.*]. Attendentes quod ecclesia conventualis sanctimonialium de Molseby nostre diocesis numquam quod sciatur extitit dedicata prout nos super hoc litteratorie certificati, audito etiam quod eadem ecclesia sanguine aut semine extitit ut dicitur et est polluta, tibi mandamus firmiter injungentes quatinus visis presentibus ad dictam ecclesiam personaliter accedens cum aqua per nos benedicta et consecrata quam tibi transmittimus harum per latorem et quam majori aque quantitati poteris inmiscere ipsam ecclesiam et presertim ejusdem cancellum et maxime circa stalla dictarum monialium laves abluas et aspergas sicuti fieri consueverat tali casu, ad quod tibi vices nostras committimus per presentes. Vale. [Cawode, 4 non. Apr. 1323.]

221. [*Cawood, 4 Apr. 1323. Commission to the official of York to receive the purgation of Sir Peter de Maulay on a charge of having committed adultery and incest with Alice Deyvill.*]

COMMISSIO AD RECIPIENDUM PURGATIONEM DOMINI P. DE MALO LACU. Willelmus etc. dilecto filio .. officiali nostro Eboracensi salutem [*etc.*]. Quoniam domino Petro de Malo lacu militi super crimine adulterii et incestus cum Alicia Deyvill' notato coram nobis personaliter comparenti et dictum crimen sibi ex officio nostro objectum diffitenti purgationem suam cum sua duodena manu, sex videlicet militum et sex domicellorum, coram vobis vicesimo die hujus mensis Aprilis induximus faciendam, nos de vestris circumspectione et industria plenius confidentes ad recipiendum in forma juris purgationem dicti domini Petri in hac parte vobis vices nostras committimus cum cohercionis canonice potestate, proviso quod super omni eo quod feceritis in premissis et si dictus dominus Petrus sic se purgaverit necne citra primum diem mensis Maii nos distincte et aperte certificetis per vestras clausas litteras harum seriem continentes. Valete. [Cawode, 2 non. Apr. 1323.]

222. [*Cawood. 11 Apr. 1323. Appointment of Robert de Foulstowe, rector of Kirby Knowle, as custos of Arden priory.*]

PRO STATU DOMUS DE ERDEN. Memorandum quod iij idus Aprilis anno gracie etc. xxiij apud Cawode scriptum fuit domino Roberto de

Foulestowe rectori ecclesie de Kirkeby Undreknoll' quod supervideat statum domus de Erden et omnium pertinentium ad eandem ut custos.

223. Writ of Edward II prohibiting the archbishop from admitting a parson to the church of Brompton (*Brumpton in Pykerlinglith*') while a suit about the advowson between Gilbert de Aton and the prior of Malton is pending in the king's court. Wellow (*Wellehagh*'), 5 Feb. 1323.

224. Writ (tested by William de Bereford) allowing presentation by the prior of Malton, who has recovered the advowson in the above suit before the king's justices at York. York, 13 Apr. 1323.

225. Institution and mandate for induction of Master Richard de Eryum, D.C. and Cn.L., to the church of Brompton; presented by the prior and convent of Malton. Cawood, 18 Apr. 1323.

226. Institution etc. of John de Malton, chaplain, to the vicarage of Thirkleby (*Thurkelby*); presented by the prior and convent of Newburgh. Cawood, 19 Apr. 1323.

227. [*Cawood, 29 Apr. 1323. Commission to hear the account of Sir Nicholas de Menill's executors.*]

COMMISSIO AD AUDIENDUM COMPOTUM SEU RATIOCINIA EXECUTORUM TESTAMENTI DOMINI NICHOLAI DE MENILL' DEFUNCTI. Willelmus etc. dilectis filiis magistris Willelmo de Stanes Johanni de Wodehous' et Ricardo de Grymeston clericis nostris salutem [*etc.*]. De vestris circumspectione fidelitate et industria plenius confidentes, ad audiendum compotum seu ratiocinia administrationis Nicholai filii et heredis domini Nicholai de Menill' defuncti ac ejusdem testamenti executoris necnon cujuscumque curatoris seu coadjutoris eidem in hac parte deputati ac etiam creditoribus legatariis et aliis quibuscumque quorum interest justiciam exhibendam publice, per vos prius factis proclamationibus in locis administrationum executoris curatoris seu coadjutoris predictorum et alibi quo et quatenus de jure seu consuetudine fuerint faciende quod si qui sint qui velint aut valeant quicquam a dictis executore curatore seu coadjutore occasione premissorum seu alicujus eorum exigere seu petere quovismodo coram vobis certis die et loco arbitrio vestro statuendis in forma juris compareant petitiones jura sua seu intentiones suas quascumque legitimas propositori prosecuturi et quatenus jus patitur probaturi facturi et recepturi in premissis et circa ea justicie complementum, exhibitisque coram vobis testamento inventario ac ceteris quibuscumque munimentis dictum negotium concernentibus, ad rimandum omnia et singula in premissis exhibenda, insuper ad allocandum que in hac parte fuerint allocanda, reiciendum que non sunt admittenda necnon ad cognoscendum procedendum statuendum pronunciandum diffiniendum et exequendum in premissis ac quibuscumque questionibus incidentibus seu emergentibus ab eisdem et eorum quolibet, salva nobis potestate finalem acquietanciam seu finales acquietancias in eo eventu quo dicti executor curator seu coadjutor a suis administrationibus predictis merito fuerint finaliter absolvendi eisdem prout justum fuerit concedendi quam nobis expressius reservamus, vobis vices nostras committimus quousque eas ad nos duxerimus revocandas cum cohercionis canonice potestate. Quod si vos omnes premissis non contigerit interesse duo vestrum quicumque ea peragant et exequantur et de omni eo quod feceritis aut duo vestrum fecerint in premissis nos oportuno tempore reddatis seu duo vestrum reddant certiores distincte et aperte per vestras patentes litteras harum seriem continentes. Valete. [Cawode, 3 kal. May 1323.]

228 (i). [Fo. 241ᵛ; N.F. 291ᵛ] Licence to the prior and convent of Guisborough to sell two or three corrodies, despite the archbishop's decree, and to farm the church of Kirkburn (*Brun'*) for one year. Cawood, 30 Apr. 1323.

228 (ii). [*Bishopthorpe, 16 July 1323. Stay in correction proceedings.*]

SUPERSESSIO PRO EODEM. Memorandum quod xvij kalendas Augusti eodem anno apud Thorp' scriptum fuit magistro W. ac dominis R. et J. correctoribus visitationis domini ad supersedendum super articulis priorem et conventum de Gysburn contingentibus usque ad ij diem juridicum post festum sancti Michaelis proximum futurum.

229. [*Cawood, 6 July 1323. Order to the prioress and convent of Rosedale to receive back Joan de Dalton, whom they had expelled.*]

PRO DOMINA JOHANNA DE DALTON MONIALI DOMUS DE ROSSEDAL' UT READMITTATUR IN EADEM DOMO. Willelmus etc. dilectis in Christo filiabus .. priorisse et conventui de Rossedale salutem [*etc.*]. Injuncte nobis pastoralis solicitudinis necessitas juxta sanctiones canonicas nos compellit ut cuilibet conquerenti et precipue religiosis ac miserabilibus personis quatenus a Deo nobis datum est et ad nos pertinet complementum justicie exhibeamus. Cumque in jure caveatur quod quos Deus conjungit homo non poterit separare, ex parte igitur religiose domine domine Johanne filie Johannis de Dalton conmonialis vestre gravi querela nobis est ostensum quod licet ipsa dudum per vos de assensu ac consensu vestro communi ad habitum religionis vestre in domo vestra inter vos suo perpetuo moraturam admissa fuerat pariter et recepta, vos tamen quo spiritu ducte nescitur ipsam a domo vestra et sua dejecistis minus juste ac eam ad domum vestre religionis inter vos readmittere renuistis, immo potius recusastis in vestre domus ac religionis detrimentum ac ipsius domine predjudicium manifestum et gravamen. Quocirca vos monemus firmiter in Domino exhortantes vobisque in virtute sancte obediencie injungentes quatinus si ita sit prefatam dominam J. conmonialem vestram statim cum ad vos venerit inter vos ad habitum et statum pristinos juxta regule vestre observanciam reverenter sicut decet admittatis, nisi causam rationabilem pro vobis in hac parte et sufficientem habeatis quare id facere minime debeatis, quam quidem causam seu causas si que sint nobis quam citius poteritis plenius rescribatis. [Cawode, 2 non. June 1323.]

230. Licence to Master Robert de Heselarton, rector of Kirby in Cleveland, to study in any *studium generale* for one year. Bishopthorpe, 5 July 1323.

231. Similar licence to Robert de Hampton, rector of Middleton [by Pickering], for five years. Bishopthorpe, 15 July 1323.
Next day he was licensed to farm his church for this period.

232 (i). Institution and mandate for induction of Wiliam de Langford, priest, to the church of Appleton-le-Street (*Appelton in Rydale*); presented by the abbot and convent of St. Albans. Bishopthorpe, 21 Aug. 1323.

232 (ii). Licence to William to farm this church for two years. Cawood, 27 Aug. 1323.

233. Memorandum that the prior and convent of Newburgh were asked to grant a decent pension to Roger son of Richard de Whatton, clerk, by reason of the prior's new creation, until they could provide him with a benefice. 'Et scribebatur sub forma qua supra qualiter .. abbati et conventui de Whiteby pro Willelmo de Clyff' (i.e. no. 212). Bishop Wilton, 2 Aug. 1323.

234. [*Cawood, 29 Aug. 1323. Command to the prior and convent of Newburgh to grant Roger de Whatton a pension, under threat of excommunication.*]
LITTERA COMMONITORIA PRO DICTA PENSIONE CONSTITUENDA QUIA PRIMO SE EXCUSARUNT. Willelmus etc. dilectis filiis .. priori et conventui de Novo burgo salutem [*etc.*]. Cum omnes et singuli qui libertates

ecclesie nostre Eboracensis violaverint sint majoris excommunicationis sentencia in sacrosancta synodo nostra Eboracensi proinde lata dampnabiliter involuti, ac inter alias hujusmodi libertates occasione nove creationis cujuscumque abbatis se[u] prioris nostre diocesis jurisdictioni nostre subditi teneatur .. abbas ille seu prior per nos de novo creatus alicui de nostris quem sibi nominaverimus de quadam annua pensione quam decet donantes conferre et que acceptanti merito debeat acceptabilis reputari debite providere, et quamquam pretextu nove creationis vestre .. prior predicte vobis litteras nostras amicabiles nuper transmiserimus per easdem vos curialiter excitantes quatinus Rogero filio Ricardi de Whatton clerico nostro de quadam annua pensione providissetis secundum libertates de quibus premittitur ecclesie nostre supradicte, vos tamen hujusmodi litteras nostras efficaciter nullatenus acceptantes votis nostris in hac parte minime paruistis, super quo miramur cum tales petitiones nostras tam temporibus nostris quam predecessorum nostrorum honorifice consueverant hujusmodi prelati religiosi per nos et eos ut premittitur de novo creati absque difficultate qualibet expedire. Quapropter vos monemus et in Domino exhortamur quatinus juxta [tenorem] priorum litterarum nostrorum dicto clerico nostro de annua pensione decenti ita celeriter provideatis quod non sitis exigentibus quod absit vestris demeritis dicta sentencia involuti, quin potius vestram devotam gratitudinem in hiis et aliis tamquam filiorum obediencie debeamus merito comendare. Et super hoc quod in premissis facere decreveritis nos reddere curetis certiores presentium per latorem. Valete. [Cawode, 4 kal. Sept. 1323.]

235. Letters dimissory to John de Nafferton, deacon, canon of Newburgh. Cawood, 1 Sept. 1323.

236. Institution, in the person of John de Feriby, clerk, of John de Amwell, priest, to the church of Huntington; presented by the abbot and convent of Whitby. Mandate for induction to the official of the court of York or his commissary-general, to whom 'primo scriptum fuit ad inquirendum super vacatione in forma consueta'. Gamston, 10 Sept. 1323.

237. Institution and mandate for induction of John de Everle, priest, to the church of Thornton Dale (*Thornton in Pykeringlyth'*); presented by William de Everle. Bishopthorpe, 11 Oct. 1323.

238. Institution etc. of John de Thornton, priest, to a moiety of South Otterington; presented by John de Wassand, kt. Burgwallis, 27 Oct. 1323.

239. [*Newark, 29 Sept. 1327. Writ of privy seal asking the archbishop not to prosecute Robert de Hampton for possessing a church in the diocese of York while he was dean of Shrewsbury, because the latter is a royal free chapel.*]

[N.F^v. 292]¹ Edward par la grace de Dieu roi Dengleterre seigneur Dirlande et ducs Daquit' al honourable pere en Dieu W. par la meisme grace ercevesque Deverwyk primat Dengleterre saluz. Nostre chere clerc Robert de Hampton nadgaires dean de nostre fraunche chapelle de Salopesbur' nous ad fait entendant que par la cause qil tynt la dite deanee od leglise qil ad uncore en vostre diocese vous lui empeschez doffice sur la possession de sa dite eglise, supposaunt la dite deanee estre curee come nous entendoms de certein qele ne soit, et sicome nous pensoms que vous meismes sembable deanee tenistes aucun temps a ce qest dit le sanes et harriens molt. Et sicome vous ne deveriez voler que lestat de noz franches chapelles par tien colour sont blemy, si vous prioms especialment que les dites choses chargees voillez soeffrir nostre dit clerc estre en pees et ne lui faire nul empeschement par la cause susdite pour amour de nous. Don' souz nostre prive seal a Newerk le xxix iour de Sept' lan de nostre regne primer.

240. [Fo. 242; N.F. 293] Ordinatio duarum cantariarum perpetuarum in capella de Wykham sumptibus priorisse et conventus de Wykham.² John de Wykham has built a chapel in honour of the Blessed Virgin Mary and St. Helen in the vill of Wykeham, where a ruinous chapel of St. Helen had stood, the parish church being appropriated to the prioress and convent of Wykeham. John, by royal licence,³ has granted lands extended at 16 marks p.a. to the nuns so they should find two chaplains perpetually to serve the chapel, as the archbishop is to ordain, each chaplain being paid 6 marks p.a.; this is shown in an indented charter (quoted) sealed by John and by the prioress and convent on 20 June 1321. The latter by their letters of 7 Nov. 1321 (quoted) undertake to accept the archbishop's ordinance and appoint as proctors William de Bergh, rector of Thornton, and John Broun, chaplain. At the request of the proctor William and John Wykham, the archbishop decrees as follows (on 19 July 1323):

The prioress and convent will maintain two chaplains, [Fo. 242^v; N.F. 293^v] presenting suitable, honest priests to the archbishop, or to the dean and chapter *sede vacante*, at John's nomination in his lifetime, within three weeks of a vacancy, otherwise the archbishop or chapter will provide; saving to the nuns their presentation at subsequent vacancies.

Item statuimus et ordinamus quod hujusmodi sacerdotum et eorum

---

¹ The recto is blank.
² *Cart. Whiteby*, ii. 647–52, prints the part of the ordinance summarised here except for the final saving clause.
³ See *CPR*. 1317–21, 403–4

cujuslibet in prefata capella admittendi presentatio ad dictos ..
priorissam et conventum et eorum successores ut predictum est,
admissio vero et destitutio ad nos et successores nostros et etiam ad
nostrum capitulum Eboracensem modo predicto debeat pertinere,
iidem vero sacerdotes et eorum quilibet qui pro tempore fuerint infra
decem dies proximos a tempore institutionis sue continue numerandos
in presencia .. priorisse predicte vel procuratoris dictarum monialium
ad hoc deputati seu deputandi et aliorum fidedignorum de dicta
parochia juret in predicta capella in Wykham, inspectis sancrosantis
evangeliis, quod oblationes quascumque in pecunia ad prefatam
capellam provenientes integraliter et fideliter ipsi parochiali ecclesie
infra sex dies quo venerint restituet et quod nichil in prejudicium ipsius
parochialis ecclesie aliqualiter attemptabit contra formam presentis
ordinationis. Volumus tamen statuimus et ordinamus quod si alique
obventiones in cera vel aliis ornamentis ex devotione cujuscumque
eidem capelle vel si aliquid aliud ex legato dicte capelle vel capellanis
facto seu ex dono aliqualiter obvenerint ad complementum devotionis
eorum et in augmentum sustentationis luminarium et aliorum ad
eandem capellam spectantium, ibidem et eidem capelle et capellanis
remaneant sine restitutione inde aliquali dicte parochiali ecclesie
facienda. Jurent etiam capellani quod ipsorum quilibet officium suum
quatenus ad ipsum pertinet juxta formam presentis ordinationis inde
facte fideliter pro posse suo faciet et exequetur, juraque et libertates
capelle memorate manutenebit et defendet juxta posse quodque in
eadem residenciam faciet personalem. Hoc tamen adjecto quod
hujusmodi capellani nec eorum aliquis ad totam vitam ipsius Johannis
de Wykham hujusmodi juramento astrictus non existat preterquam in
juribus parochialis ecclesie et in restitutione oblationum eidem modo
predicto, nisi pro voluntate et ad libitum dicti Johannis de Wykham,
sed post mortem ipsius Johannis juramenta predicta ab omnibus et
singulis capellanis ut premittitur pure et simpliciter prestentur omnino.
Volumus etiam et ordinamus quod in qualibet vacatione alicujus
cantarie predicte per decessum cessionem vel alio quocumque modo,
quod capellanus supervivens vel in dicta capella commorans tam in
capella quam extra in omnibus et singulis ad ipsam capellam vel
capellanos pertinentibus durante vacatione hujusmodi administrationem habeat et eorum gerat custodiam ita quod nec .. priorissa
conventusque de Wykham nec eorum successores nec heredes ipsius
Johannis post ipsius decessum nec alius quiscumque quicquid de
aliquibus predictis occupent, occupet per se nec per alios, nec de bonis
quibuscumque ad dictam capellam vel capellanos spectantibus
aliqualiter se intromittant vel manus apponant quovisquesito colore,
nec etiam quicquid aliud exigant predicti .. priorissa et conventus

nec eorum successores in ipsa capella bonisque ejusdem nec aliquibus personis ministrantibus in ea nec etiam heredes ipsius Johannis, nisi orationes tantummodo et ea que per presentem ordinationem eisdem sunt reservata et specialiter assignata.

Item volumus statuimus decernimus et ordinamus quod omnes et singuli capellani qui pro tempore fuerint horis canonicis intersint in prefata capella in Wykham in forma que sequitur, videlicet dicant matutinas et horas canonicas de die in eadem capella et non alibi nisi ex causa legitima fuerint impediti, matutinas etiam et horas beate Marie virginis in capella predicta vel alibi dicant, psalmos etiam penitentiales cum letania et commendatione aliqua hora diei in capella dicant vel etiam extra, cum eis vacaverit et expedire videbitur, 'Placebo' vero et 'Dirige' cotidie dicant ante vesperas pro ipso Johanne de Wykham et pro anima Johannis quondam persone ecclesie de Tyringham et aliis in presenti fundatione contentis, nisi ob reverenciam alicujus festi vel diebus Dominicis psalmos penitentiales vel officium mortuorum dimittere voluerint.

Item volumus statuimus et ordinamus quod omnes et singuli capellani et eorum quilibet qui pro tempore fuerit, [nisi] infirmitate vel ex alia causa legitima fuerit impeditus, missam celebrent et celebret in dicta capella beate Marie virginis et sancte Elene in Wykham omnibus diebus anni et ebdomode imperpetuum, exceptis diebus Dominicis et festi diei Natalis Domini diei sancti Pasche Purificationis beate Marie virginis Ascensionis Domini Nativitatis Sancti Johannis Baptiste Passionis apostolorum Petri et Pauli Assumptionis beate Marie virginis et Omnium Sanctorum videlicet Kalendis Novembris, in quibus diebus Dominicis et festis tantum iidem capellani missas celebrabunt in ecclesia parochiali de Wykham predicta et etiam die Natali Domini Pasche et Omnium Sanctorum matutinis et vesperis in eadem ecclesia parochiali intersint, sed si festa An[n]unciationis beate Marie Virginis Inventionis Sancte Crucis Sancti Johannis Evangeliste et Sancte Elene Sancti Thome Cantuariensis Archiepiscopi et Sancti Jacobi in diebus Dominicis contingant seu evenerint vel aliquod eorundem evenerit, nichilominus dicti capellani et eorum quilibet celebrabunt ut predicitur in predicta capella sine impedimento quocumque. Volumus etiam et ordinamus quod omnibus diebus quibus contigerit eosdem capellanos vel eorum aliquem in parochiali ecclesia de Wykham celebrare ut predictum est, quod post elevationem misse parochialis ecclesie ejusdem liceat eisdem capellanis et eorum cuilibet accedere ad dictam capellam in Wykham prout sibi viderint expedire et ibi missarum memorias dicere poterunt debilibus et aliis ibidem existentibus, et quod omnibus diebus Dominicis panem benedictum cum aqua benedicta sumant de ecclesia parochiali cum ibidem celebraverint et ad capellam distribuant prout eis expedire videbitur. Et volumus et ordinamus quod omnibus diebus quibus iidem capellani vel eorum aliquis in ecclesia parochiali celebraverint in futurum, iidem .. priorissa et conventus monialium de Wykham et eorum successores imperpetuum inveniant eisdem capellanis et eorum cuilibet[1] panem vinum calicem libros vestimenta luminaria et alia quecumque que pro missarum celebratione requiruntur sumptibus earundem monialium omnino, alioquin ad capellam accedant et ibidem celebrent non obstante ordinatione predicta. Et volumus statuimus et ordinamus quod unus dictorum sacerdotum omni die Dominica missam celebret de die et eodem die de Sancta Trinitate memoriam faciet specialem, die vero Lune de Sancto Spiritu et die Veneris de Sancta Cruce missam celebrare teneatur, die vero Mercurii de An[n]unciatione beate Marie Virginis et die Sabbati de ipsa sancta Maria virgine celebrare sit astrictus, die vero Martis de Sancto Thoma Cantuariensi archiepiscopo et die Jovis de Sancto Johanne Evangelista teneatur perpetuo celebrare, et hoc si vacent de sancto speciali novem lectiones habente, alioquin de ipso sancto contingente celebrare teneatur. Et volumus quod alter sacerdotum qui pro tempore fuerit singulis diebus totius ebdomode de officio mortuorum missam celebret temporibus perpetuis, videlicet pro anima Johannis de Wykham, patris et matris ejusdem Johannis, et pro animabus Johannis quondam persone ecclesie de Tiringham, Matildis sororis ejusdem, domini Edwardi illustrissimi regis Anglie, domini Willelmi de Melton Eboracensis archiepiscopi, domini Edmundi quondam comitis Lancastrie et domine Blanchie consortis ejusdem, domini Thome comitis Lancastrie, domini Henrici de Lancastr', magistri Willelmi de Pykering et magistri Roberti de Pykering decani ecclesie Eboracensis et pro canonicis et capitulo ejusdem ecclesie, domini Gilberti de Aton, magistri Rogeri de Heselarton de Rudstan, domini Roberti de Ros, domine Isabelle de Ros, Thome .. abbatis de Whiteby et pro conventu ejusdem loci, pro .. priorissa et conventu monialium de Wykham, pro anima Ricardi de Sancto Laurencio, Andree de Kirketon, et pro animabus omnium benefactorum Johannis de Wykham quibus et pro quibus tenetur exorare et animabus omnium fidelium defunctorum; et quilibet capellanus predicte capelle qualitercumque celebrans ante missam suam memoriam faciet specialem de Sancto Spiritu post vero missam suam de sancta Maria virgine, nisi de eisdem missam contigerit celebrare vel ex causa fuerint dimittende.

Item volumus et ordinamus quod omnes et singuli dictorum capellanorum sive de die sive de beata Maria virgine sive de officio mortuorum vel alio modo quocumque ipsos vel eorum aliquem quandocumque vel

---

[1] MS. *quilibet.*

ubicumque celebrare contigerit, quod in introitu misse ante inchoationem officii ejusdem pro ipsis Johanne de Wykham et Johanne et aliis pro quibus orare tenentur exorent cum oratione Dominica ante inchoationem officii subsequentis, pro eisdem etiam Johanne et Johanne in omnibus et singulis missis eorum collectas facient speciales pre ceteris pro quibus orare tenentur clam in missa de ipsis habeant memoriam specialem. Et iidem capellani qualitercumque celebrantes collectas dicant in missis de beata Maria Virgine Sancto Thoma Cantuariensi .. archiepiscopo et sancta Elena, nisi ob reverenciam duplicis festi merito fuerint dimittendas, omnes insuper anime illorum quorum nomina in hoc presenti ordinatione superius continentur singulis diebus in missis hujusmodi et aliis diurnis et nocturnis officiis per speciales collectas Domino commendentur. Debitum autem silencium iidem capellani et eorum quilibet in capella in horis dicendis semper observent, iidem vero capellani et eorum quilibet missas celebrent in capella vicissim et alternis vicibus in ebdomoda modo predicto, nisi aliud inter se consensu utriusque duxerint ordinandum. Statuimus etiam et ordinamus quod quilibet capellanus de predictis celebrationi misse alterius cujuscumque sacerdotis capelle post decessum ipsius Johannis personaliter intersit suppellicio indutus diebus festivis celebratione misse durante, et quod clericus eorundem omni die quo in celebratione misse capellano ministraverit tunc suppelicio induatur cum excusatione remota. Et iidem capellani die An[n]unciationis beate Marie Virginis missas celebrent singulis annis in capella predicta et eodem die anniversarium faciant pro anima ipsius Johannis de Wykham post decessum ejusdem perpetuis temporibus. Item ad matutinas et ad alias horas faciant pulsari singulis diebus ad capellam et etiam ad missam quolibet die cum ibidem celebraverint, videlicet [Fo. 243; N.F. 294] ad missam de officio mortuorum pulsent ter ad una campana ad aliam vero missam duabus campanis, et ad alias horas prout moris est faciant pulsare missas vero et omnes alias horas celebrent in dicta capella cum devotione debita et dicant tractim pariter et distincte. Omnes vero capellani capelle memorate tonsuram decentem gerant et rotundam ita quod aures habeant patulas largamque coronam. Caveant autem dicti sacerdotes et eorum quilibet qui pro tempore fuerit in capella ne parochianos aliquos dicte parochialis ecclesie ad confessionem nec sacramentum baptisme, nisi in mortis articulo recipiant, nec panem benedictum nec aquam benedictam aliqualiter faciant in capella, nisi per .. priorissam et conventum aut per presbiterum parochialem dicte ecclesie fuerint requisiti vel requisitus ad ea seu ad aliqua eorum facienda vel implenda, quo casu volumus et precipimus quod sacerdotes capelle predicte et eorum quilibet absque difficultate se exhibeant paritos.

Item volumus et ordinamus quod iidem duo capellani qui pro tempore fuerint simul in una domo in Wykham morentur, simul commedant communibus sumptibus et in una domo simul jaceant, et quod sibi de uno famulo clerico non uxorato in communi sumptibus communibus provideant qui sciverit sufficienter legere et cantare et idem clericus in capella ministret. Et etiam eisdem capellanis nec alibi contra voluntatem sacerdotum deserviet et eisdem capellanis intendat in prandio et suis necessariis agendis, proviso semper quod mulieres infra mansum dictorum capellanorum noctanter nec continue eisdem capellanis deserviant in futurum, nullus vero dictorum sacerdotum alium consacerdotem de hospitibus non communibus nec extraneis onerare presumat sed quilibet qui talem quemcumque invitaverit satisfaceat pro eo et onus sic invitanti per ipsum ea vice supportet.

Item statuimus decernimus et ordinamus quod capellani qui pro tempore fuerint omnes et singuli sint perpetui ad totam vitam suam, sed si contingat ipsorum aliquem debilem fore vel senio confractum seu alio morbo perpetuo et continuo impeditum quominus missam celebrare nec aliud sibi incumbens officium peragere valeat, nichilominus perpetuus sit et plenum suum salarium de dictis religiosis ad totam vitam suam recipiet, excepto tamen quod si culpa sua morbum vel impedimentum suum precesserit quominus officium suum valeat adimplere, extunc a capella et cantaria predicta omnino amoveatur et alius loco sui subrogetur non obstante impedimento aliquali.

Et quia idem Johannes de Wykham pro prefata capella deservienda modo predicto et augmentatione cultus divini dedit et assignavit dicte capelle et ad usum tantum sacerdotum ejusdem unum missale precii xl s., duo portiforia precii quinque marcarum, unum antiphonarium precii xxx s., unam legendarium precii xv s., duo gradalia cum tropariis precii xx s., duo psalteria precii vj s., unum ordinale precii iij s., unum calicem precii ij marcarum, item tria paria vestimentorum cum tribus corporalibus, tribus fruntellis et sex tualliis precii xl s., item unum turribulum quatuor stolas tria suppellicia et alia minuta ad valenciam x s., volumus decernimus et ordinamus quod capellani et eorum quilibet qui pro tempore fuerint de omnibus et singulis libris et ornamentis et aliis quibuscumque predictis per dictum Johannem de Wykham collatis seu imposterum per quemcumque conferendis custodiam habeant et ea conservent ad usum capelle tantum in Wykham et cantarie predicte, et quod .. priorissa et conventus de Wykham et eorum successores vel procuratores eorundem super admissione cujuslibet capellani dictam cantariam facienda in capella faciant indentura de eisdem bonis et ornamentis inter eos de quibus capellani et eorum quilibet tenebitur respondere. Salvo quod si aliqui de libris vestimentis ornamentis seu alia quecumque supradicta vetustate

confracta fuerint vel deperdita seu alio casu culpa monialium precedente, tunc predictos .. priorissam et conventum et eorum successores ad restitutionem cujuslibet predictorum confracti vel deperditi
modo predicto precium et valorem cujuslibet predictorum attingen-
tium teneri volumus et astringi. Et si culpa alicujus sacerdotis precesserit ad restitutionem precii cujuslibet per ipsum sic deperditi,
volumus eum teneri infuturum et sic quilibet capellanus in futurum tot
et tanta libros et ornamenta et ejusdem precii et valoris ac alia bona
ad minus habeat pro dicta capella honeste deservienda quot et quanta
per presentem donationem dicti Johannis dictis capelle et capellanis
collata fore dinoscuntur, quod si per incendium aut communem
guerram seu alium quemcumque casum fortuitum culpa tamen
dictarum monialium nullatenus precedente, libri vestimenta et alia
ornamenta predicte capelle destruantur seu penitus consumantur,
prefate domine ad inventionem dictorum librorum vestimentorum et
aliorum ornamentorum loco dictorum consumptorum minime
teneantur.

Item volumus statuimus decernimus et ordinamus quod prefatus
Johannes de Wykham post feoffamentum dictis monialibus de predictis
tenementis factum et seysinam earundem sufficienter habitam et
continuatam, rehabeat et teneat ex concessione dictorum .. priorisse
et conventus omnes terras et tenementa omnia supradicta de quibus
superius fit mentio in carta ac omnes fructus redditus et proventus
eorundem seu qualitercumque provenientes de eisdem habeat et
percipiat usque ad terminum triginta annorum post tempus constitutionis harum presentium, ac duos capellanos inveniat aut unum prout
sibi placuerit et dictas xij marcas prefatis capellanis vel uni dumtaxat
sex marcas solvat pro predictis .. priorissa et conventu monialium de
Wykham et nomine eorundem quod ipsius Johannis arbitrio seu
voluntati relinquimus durante[1] antedicto, nisi ante finem dicti termini
contigerit eundem Johannem in fata decedere vel dicta tenementa
eisdem monialibus reddere voluerit, et tunc quandocumque decesserit
omnes terre et omnia tenementa supradicta cum suis pertinenciis
quibuscumque statim post mortem ipsius Johannis dictis monialibus
integre revertantur, vel si reddiderit vel reddere voluerit dicta tenementa ante finem termini predicti eisdem monialibus remaneant
imperpetuum, et extunc dicte moniales teneantur ad inveniendum duos
sacerdotes in dicta capella perpetuo celebraturos modo predicto et ad
satisfaciendum eisdem de xij marcis argenti omni anno imperpetuum ut
inferius est expressum, super quibus concessione et dimissione tenementorum fiant indenture inter easdem dominas et Johannem predictos. Et
volumus statuimus decernimus et ordinamus quod predicti .. priorissa

[1] MS. *dirante*.

et conventus monialium de Wykham et eorum successores imperpetuum a tempore mortis dicti Johannis de Wykham, vel a tempore quo reddiderit seu reddere voluerit dicta tenementa ut predicitur, reddant et persolvant omni anno imperpetuum xij marcas argenti predictis capellanis et eorum successoribus in prefata capella in Wykham perpetuo celebraturis, videlicet cuilibet eorundem sacerdotum sex marcas argenti quolibet anno, et hoc etiam qualitercumque vel per quemcumque iidem capellani vel eorum aliquis fuerit presentatus institutus vel admissus infuturum seu cantaria collata, solvendas annuatim eisdem capellanis et successoribus suis imperpetuum quolibet anno et cuilibet eorum petenti apud Wykham ad festa Pentecostes et sancti Martini in yeme per equales portiones. Et si contingat quod absit quod per communem guerram in Anglia terre tenementa et redditus de quibus in suprascripta carta fit mentio penitus destruantur adeo quod prefate domine ex commodis utilitatibus profectibus seu proventibus eorundem totam dictam pecuniam prefatis capellanis solvendam adhibitis semper sufficientibus discretione diligencia et opera in hoc casu levare seu percipere nequeant quovismodo, tunc eedem domine ad solvendam dictam pecuniam non teneantur predicto impedimento guerre durante, cessante tamen ipso impedimento totam predictam pecuniam solvant fideliter et integraliter ut superius est expressum; si vero in parte per communem guerram ut predicitur destruantur sine culpa predictarum dominarum, tunc ipso impedimento et ipsius prestationis difficultate immo verius impossibilitate ex terris tenementis redditibus et rebus predictis eedem domine solvant dictis capellanis fideliter quicquid utilitatis et comodi ex eisdem terris tenementis redditibus et rebus qualitercumque recipere poterunt, reservatis dictis monialibus pro rata portione quatuor marcis eas contingentibus et hoc adhibitis semper diligencia et industria fidelis et scioli patrisfamilias in premissis. Item si contingat quod terre et tenementa de quibus supra fit mentio in carta de predictis dominabus contra voluntatem et absque culpa seu negligenciam ipsarum monialium per vim legis judicialiter evincantur et sine difficultate irrecuperandi, tunc dicte domine ad solutionem dicte pecunie per presentem nostram ordinationem minime obligentur, quod si in parte ut predicitur per vim legis absque earum collusione necgligencia et culpa qualibet judicialiter evincantur et sine difficultate irrecuperandi, tunc subtrahatur de dicta pecunia sexdecim marcarum pro rata portione dictarum monialium et sacerdotum verus valor illius partis tantum quantum contigerit sic evinci.

Item volumus statuimus et ordinamus quod . . priorissa et conventus monialium de Wykham et eorum successores imperpetuum ipsam capellam cum classico quotiens refectione et reparatione qualibet indiguerit reficere et reparare teneantur ac cimiterium dicte capelle claudere ac clausuram competenter sustinere suis sumptibus omnimodo quo dicta capella per ipsum Johannem de Wykham erecta est constructa et clausa, ut in edificiis et coopertura plumbi astringantur et teneantur imperpetuum reficere reparare et sustinere post decessum ipsius Johannis nec sacerdotes capelle deservientes de aliquibus premissorum onerentur aliqualiter. Iidem tamen sacerdotes herbagium cimiterii capelle habeant et luminare decens in capella invenient et quendam clericum ydoneum et honestum ut predictum est eis continue ministrantem. Quod si dicta capella videlicet ipsum edificium per incendium aut per communem guerram aut vetustate destruatur aut corruat culpa aliquali dictarum dominarum nullatenus mediante, tunc de dicta pecunia reedificetur quamcito poterit competenter per dictas moniales vel successores suos et expense necessarie dominabus predictis secundum nostrum et successorum nostrorum arbitrium allocentur.

Volumus etiam et ordinamus quod corpus dicti Johannis de Wykham cum diem suum clauserit extremum in dicta capella vel cimiterio ejusdem licite funerari possit et sepelliri, non obstante aliquali impedimento, nisi aliud in futurum super hoc idem Johannes duxerit ordinandum.

Item volumus statuimus et ordinamus quod nullus sacerdos capelle predicte qui pro tempore fuerit de aliquibus bonis ejusdem capelle nec de bonis communibus eorundem sacerdotum faciat testamentum, sed omnimoda bona et catalla et alia de eisdem bonis qualitercumque provenientia per dictum Johannem de Wykham capelle vel sacerdotibus ejusdem collata seu per ipsum vel alium quemcumque imposterum conferenda pro aliquali usu capelle vel necessariis eorundem sacerdotum aliquibus salvo custodiant quatenus possibile erit et conveniens, et ea ad usum capelle et sacerdotum et successorum suorum remaneant, absque hoc quod de aliquibus eisdem bonis quicquam alienare poterunt ad dampnum vel prejudicium capelle sacerdotum vel successorum suorum quovis quesito colore.

Volumus etiam et ordinamus quod omnes et singuli capellani memorati omnes et singulos articulos presentibus insertos[1] quatenus ad eos pertinet post decessum ipsius Johannis de Wykham ut predictum est inviolabiliter [observabunt], [2]nullusque eorum sit tabernarum frequentator,[2] nullusque sit rixosus, nullus etiam aliqualiter occasionem querat fraudulenter ne missam celebret seu ea non faciat que ad officium suum pertinere dinoscuntur, abstineat se quilibet a consortio mulierum ab aliisque consortiis illicitis, nullus eorundem alicubi noctanter devagetur, et si qui sacerdotum capelle predicte in aliquo

[1] MS. *insertas*
[2-2] Repeated in MS.

premissorum inventus fuerit delinquens seu aliquis hiis simile commiserit infuturum et super hiis modo debito vel eorum aliquo fuerit convictus primo secundo et tercio, puniatur arbitrio cujuscumque convincentis qui eos infuturum [Fo. 243ᵛ; N.F. 294ᵛ] visitare contigerit secundum quantitatem delicti ejusdem, et si quarto convincatur tanquam incorrigibilis a dicta capella perpetuo amoveatur sine strepitu et figura judicii cujuslibet eorundem appellatione et contradictione aliquali non obstantibus in premissis. Statuimus etiam decernimus et ordinamus quod omnes archiepiscopi Eboracenses et eorum successores imperpetuum .. decanus et capitulum ejusdem ecclesie sede vacante quotiens eis vel eorum alicui videbitur expedire .. archidiaconus vero Clyveland' et ejus .. officialis in qualibet sua visitatione parochialis ecclesie de Wykham facienda capellam predictam et capellanos ejusdem visitent, et pro augmentatione et perpetua conservatione istius presentis ordinationis ac voluntatis dicti Johannis de Wykham diligentes faciant inquisitiones et corrigenda corrigant et reformanda reforment. Et si aliquis eorundem sacerdotum post decessum ipsius Johannis de Wykham transgressor istius ordinationis in aliquo sui articulo fuerit inventus primo secundo et tercio, puniatur ut predictum est, et quarto a dicta capella eo ipso amoveatur modo quo superius est expressum. Idemque observetur si aliquis de predictis capellanis bonorum dicte capelle vel de bonis communibus capellanorum dilapidator inveniatur, et ne illa que circa fundationem et cantariam dicte capelle et que in presenti ordinatione et decreto sunt inserta oblivioni tradantur seu aliqualis ignorancia pretendatur in hac parte, volumus decernimus et ordinamus quod hec presens scriptura in hiis articulis que pro prefata capella et dicta cantaria sustinenda magis sunt ponderanda per sex dies singulis annis, videlicet die Nativitatis Domini die sancto Pasche et die Omnium Sanctorum in ecclesia parochiali de Wykham ac etiam die An[n]unciationis beate Marie Virginis die Inventionis Sancte Crucis et die Sancti Jacobi Apostoli, per aliquem capellanum dicte capelle in celebratione misse post evangelium lectum in eadem capella lingua Anglicana legatur et etiam publicetur ut magis memorie comendentur.

Statuimus vero decernimus et ordinamus quod omnia et singula in ista presenti ordinatione contenta et superius expressa in omnibus suis particulis fideliter observentur, et si alie forme seu ordinationes inveniantur seu imposterum nisi ex consensu et assensu expresso dicti Johannis de Wykham, quoquomodo facte fuerint de premissis vel eorum aliquibus quam in presenti ordinatione nostra sunt expressa careant imperpetuum omni robore firmitatis nec vires nec effectus aliquales obtineant. Que omnia et singula perpetuis temporibus tenenda et observanda in omnibus et singulis suis articulis nos Willelmus [*etc.*]

pro nobis et successoribus nostris imperpetuum statuimus decernimus diffinimus et ordinamus ipsosque per .. priorissam et conventum de Wykham et eorum successores in personam domini Willelmi de Bergh procuratoris eorundem, cujus procuratorii tenor suprascribitur, ad ea omnia et singula ut superius exprimuntur imperpetuum observanda, et etiam ad satisfaciendum dictis capellanis et suis successoribus in dicta capella perpetuo celebraturis singulis annis et terminis imperpetuum de xij marcis argenti omni anno, videlicet cuilibet eorum sex marcas argenti prout superius est expressum, de consensu expresso dicti procuratoris per nostri sentenciam precepti condempnamus sub pena excommunicationis majoris quam in dicte domus .. priorissam .. suppriorissam sacristam celerariam et precentricem ac omnes alias et singulis ejusdem domus officiarias et eorum successores imperpetuum et suspensionis et interdicti in ipsius domus conventum et moniales eorundem si premissis vel alicui premissorum contravenerint vel eis non paruerint dictisque capellanis saltim infra mensem post dictos terminos et quemlibet ipsorum non satisfecerint, quos novem dies pro prima et alios novem dies pro secunda et reliquos x dies mensis predicti pro tercia et peremptoria monitione assignamus, proferimus in hiis scriptis, vel etiam si predicti .. priorissa et conventus de Wykham vel eorum successores imperpetuum presentem ordinationem statutum diffini-tionem vel decretum nostrum in parte vel in toto infuturum immutent destruant minuant vel annullent vel eidem ordinationi nostre ali-qualiter contradicant seu eidem obvient maliciose quoquomodo, quam quidem sentenciam nostram dictus dominus Willelmus de Bergh procurator dictorum .. priorisse et conventus de Wykham pro se et successoribus suis imperpetuum consensu suo expresso procuratorio nomine emologavit et approbavit, quas censuras quandocumque eas incurrerint vel earum aliquis incurrerit volumus per loci .. archidia-conum vel ejus .. officialem et mandamus statim publicari, salva nobis successoribusque nostris ac .. decano et capitulo ecclesie nostre beati Petri Eboracensis sede vacante omnimoda cohercione et compulsione eosdem .. priorissam et conventum de Wykham et eorum successores ad premissa omnia et singula tenenda et observanda compellendi et exequendi prout melius videbitur expedire. In quorum omnium testimonium presentes litteras per magistrum Ricardum de Snoweshull clericum notarium publicum et scribam nostrum subscribi et sigilli nostri impressione mandavimus et fecimus communiri. [Bisshopthorp' prope Ebor', 14 kal. Aug. 1323].

241. Institution and mandate for induction of John de Midelesburgh, priest, to the church of Kildale; presented by John de Percy of Kildale, son and heir of Arnald de Percy, kt., deceased. Laneham, 1 Nov. 1323.

242. [*Cawood, 20 Jan. 1324. Appointment of Thomas Fox, rector of Gilling East, and John de Speton, as custodians of the goods of Arden priory.*]

PRO CUSTODIA RERUM MONIALIUM DE ERDEN. Willelmus etc. dilectis filiis domino Thome Fox rectori ecclesie de Gyllyng et Johanni de Speton salutem [*etc.*]. Quia per vestram circumspectam industriam sicut ex parte priorisse et conventus monasterii de Erden nostre diocesis nobis est intimatum ipsi et eorum monasterium a variis oppressionibus quibus quod dolenter referimus hiis diebus multipliciter opprimuntur poterunt quamcitius relevari, permittimus et etiam tenore presentium toleramus quod rerum et pertinenciarum ad eosdem si ad hoc consenserint in forma juris custodiam habeatis. Valete. [Cawod', 13 kal. Feb.]

243. PREFECTIO DOMINE ISABELLE COVVEL MONIALIS DOMUS DE ARTHINGTON IN PRIORISSA DOMUS DE ERDEN. Mandate to the sub-prioress and convent of Arden to obey Isabel Covvel, whom the archbishop has appointed prioress at their wish. Cawood, 25 Apr. 1324.

244. Mandate to Thomas, vicar of Felixkirk, to install Isabel; the previous prioress had resigned. Same date.

245. Memorandum of order to the official of the archdeacon of Cleveland to enquire about the life etc. of William de Middelton, clerk, accused (*diffimatus*) before the king's justices of the homicide of Robert son of Peter de Aton in Clyveland. Bishopthorpe, 9 Feb. 1324.
The official later certified that William had a good reputation and was not guilty of this crime.

246. Memorandum of order to the same official to proclaim that objectors to William's purgation should appear before the archbishop or his commissaries on 28 May. Bishopthorpe, 4 May 1324.
The official certified; there was no objector.

247. Memorandum of commission to Master Richard de Cestr', canon of York, Master John de Wodeh', commissary of the court of York, and Richard de Grimeston, to proceed in this purgation. Bishop Burton, 23 May 1324.

248. [*Bishop Burton, 23 May 1324. Mandate to John Warner, keeper of Ripon gaol, to send William de Middelton to York.*]

CUSTODI CARCERIS RYPON' AD FACIENDUM DICTUM CLERICUM VENIRE. W. etc. Johanni Warner custodi carceris nostri Rypo' salutem. Quia Willelmo de Middelton nostre diocesis clerico in nostra carcerali custodia apud Rypon existenti de nostra gracia speciali concessimus quod hac instanti die Lune videlicet xxviij hujus mensis Maii apud Ebor' coram commissariis nostris compareat de crimine homicidii Roberti filii Petri de Aton in Clyvel' sibi imposito se tunc ibidem purget si valeat in forma juris, tibi mandamus firmiter injungentes quatinus dictum W. de Midd' apud Ebor' sub salva et fida custodia suis et amicorum suorum expensis in tui periculum diligentius adhibenda et sicut pro eodem respondere volueris in eventu ad dictum diem facias securius adduci. Ita tamen quod si justicia previa nullatenus liberetur ipsum ad dictam nostram carceralem custodiam Rypo' reduci facias et ibidem tutius custodiri. Vale. [Burton prope Beverl', 10 kal. June 1324.]

249. [Fo. 244; N.F. 295] Institution and mandate for induction of Alan de Alverstan, priest, to the vicarage of Stainton; presented by the prior and convent of Guisborough. Roos, 2 June 1324.

250. Institution etc. of William del Apelgargh de Killum, priest, to the vicarage of Great Edstone (*Edeston*); presented by the prior and convent of Hexham. Kellington, 23 July 1324.

251. Licence to John de Amwell, rector of Huntington, to be absent for one year. Bishop Burton, 4 Sept. 1324.

252. Licence to Master John Fraunk, rector of a moiety of Hutton Bushel, to study for five years. Bishopthorpe, 25 Sept. 1324.

253. Institution etc. of John Barun de Athelyngflet, priest, to the church of Upper Helmsley (*Overhemelsay*); presented by the master and brothers of St. Leonard's hospital, York. Sherburn-in-Elmet, 18 Nov. 1324.

254. Institution etc. of Walter called Flemyng, priest, to the church of Appleton-le-Street; presented by the abbot of St. Albans. Bishopthorpe, 5 Dec. 1324.

255. Mandate to the nuns of Moxby to elect a prioress to succeed Joan de Barton, who for certain reasons has this day resigned to the archbishop. Bishopthorpe, 24 Jan. 1325.

256. Letters dimissory to John de Herneby and John de Cotum, canons of Guisborough, to be ordained to minor orders by Lewis, bishop of Durham, or by the archbishop of Armagh. Similar letters for the subdiaconate were granted to William de Lucton and Robert de Esingwald, canons of the same. Bishopthorpe, 15 Mar. 1325.

257 (i). Certificate of Thomas [Cobham], bishop of Worcester, that he has executed the archbishop's commission (dated Badsworth, 28 Feb. 1325) to enquire concerning a proposed exchange of benefices between Master Thomas de Southwerk, rector of Stonegrave, and William de Stowe, rector of Sedgeberrow (*Seggesbergh'*, dioc. Worcester), enclosing the certificate of the official of the archdeacon of Cleveland responding to the archbishop's enquiry about the presentation of William to Stonegrave by John de Patteshull, kt.; William has been instituted in the person of John de Bampton, clerk. Kempsey, 12 Mar. 1325. (ii) Memorandum that the latter, as William's proctor, swore obedience to the archbishop; a mandate for induction was issued. Bishopthorpe, 17 Mar. 1325.

258. [Fo. 244^v; N.F. 295^v] Institution and mandate for induction of John de Seleby, priest, to the church of Welbury (*Wellebergh*); presented by the prior and convent of Guisborough. Bishopthorpe, 4 Apr. 1325.
[Marginal note: 'Memorandum quod fuit causa permutationis cum medietate ecclesie de Rillington'.]

259. Licence to Richard de Bergh, rector of Normanby, to study for one year from next Michaelmas. Cawood, 9 Apr. 1325.

260. Institution etc. of Robert de Cawode, priest, to a moiety of the church of South Otterington; presented by William Malbys, kt. Southwell, 3 June 1325.

261. Licence to Robert de Erghom, subdeacon, rector of Scrayingham, to study for one year. Bishop Burton, 27 Aug. 1325.
[Scrayingham is in the archdeaconry of the East Riding.]

262. [*Bishopthorpe, 2 Sept. 1325. Caution taken from John de Chisenhale, rector of Barton-le-Street, for debts of John de Hustwayt, deceased, to the king.*]
Relaxatio sequestrorum in ecclesia de Barton in Rydale et fructibus ejusdem. Willelmus etc. dilectis filiis .. officialis curie nostre Eboracensis commissario generali et domino Ricardo de Grimeston receptori nostro ibidem salutem [*etc.*]. Volumus quod recepta cautione duratoria sufficienti coram notario publico auctoritate apostolica de domino Johanne de Chesenhale rectore ecclesie de Barton in Ryd' de conservando nos penitus indempnes erga dominum nostrum regem et alios quoscumque de viginti marcis, que per breve domini nostri regis occasione fructuum dicte ecclesie in manus prefati domini nostri regis pro debitis domini Johannis de Hustwayt defuncti dudum rectoris

ecclesie predicte captorum et eidem domino Johanni de Chesenhale venditorum exiguntur ab eodem prout dictum breve commemorat, necnon de respondendo nobis et cum effectu satisfaciendo in eventu de fructibus et obventionibus prefate ecclesie si et quatenus nobis debentur seu deberi poterunt eo quod aliud beneficium ecclesiasticum curatum est ut dicitur efficaciter assecutus, sequestratione in ipsa ecclesia ac fructibus et obventionibus ejusdem hactenus interposita modo premisso relaxetis eidem. Et nos de omni eo quod feceritis in premissis reddatis tempore oportuno plenius certiores per vestras patentes litteras harum seriem continentes. Valete. [Thorp' prope Ebor', 4 non. Sept. 1325.]

263. [*Bishopthorpe, 3 Sept. 1325. Penance of Joan de Barton, ex-prioress of Moxby, for fornication.*]

PENITENCIA DOMINE JOHANNE DE BARTON NUPER PRIORISSE DE MOLSEBY. Willelmus etc. dilectis in Christo filiabus .. priorisse et conventui domus de Molseby nostre diocesis salutem [*etc.*]. Quoniam dominam Johannam de Barton nuper priorissam domus predicte ad ipsam domum vestram et suam duximus transmittendam penitenciam infrascriptam quam sibi pro lapsu carnis cum domino Laurencio de Dysceford capellano commisso injunximus inibi humiliter peragendam, videlicet quod per unum annum continuum a die receptionis presentium numerandum in una ponatur camera honesta sola infra septa monasterii sua inibi animo contrito deflens peccata, quo anno durante litteras vel nuncium non emittat vel recipiat a quocumque, nulli seculari aut religioso loquatur, singulis sextis feriis in pane et cervisia jejunet et singulis quartis feriis a piscibus se abstineat, quibus sextis et quartis feriis unam a manibus presidentis recipiat disciplinam, veloque nigro careat ac super terram comedat more penitentis humiliter et devote, quo quidem anno finito preter prescriptam penitenciam ultima sit in conventu et eum sequatur continue in choro claustro dormitorio et refectorio nisi infirmitate vel alia causa legitima fuerit impedita, quas penitencias omnes et singulas predictas prefate domine Johanne imposuimus per septennium duraturas nisi ejus contritio ad aliud nos excitet et inducat videlicet ad ipsas mitigandas vel aliter moderandas; vobis in virtute obediencie firmiter injungendo mandamus quatinus prefatam dominam Johannam cum ad vos venerit benigne admittatis et secundum formam prescriptam in domo pertractetis sub debito caritatis et ad premissa debite peragenda efficaciter inducatis, et etiam si necesse fuerit juxta regularem disciplinam ordinis vestri canonice compellatis, cui per premissa non intendimus aliqualiter derogare. Vos autem priorissa qualiter prefata domina Johanna in premissis et circa ea se habuerit nos tempore oportuno reddatis plenius certiores. Valete. [Thorp' prope Ebor', 3 non. Sept. 1325.]

264. Commission to the official of York or his commissary-general to act in the cause brought by John de Carleton, clerk, presented to the church of Barton-le-Street, and John de Chisenhale, priest, its incumbent. If the church is found to be vacant, they are to institute the presentee, order his induction, and receive his obedience. Bishopthorpe, 4 Sept. 1325.

265. SECUNDA VISITATIO DECANATUS DE BULMERE. Mandate to the archdeacon of Cleveland or his official to cite the clergy of Bulmer deanery, and three, four or six men from each parish, to attend visitation by the archbishop or his familiar clerks as follows: on Monday 21 Oct., in Stillingfleet (*Styvelingflet'*) church; on Thursday 24 Oct., in Wheldrake (*Queldryk*) church; on Friday 25 Oct., in Bossall church; on Saturday 26 Oct., in Hutton Bushel church; on Tuesday 29 Oct., in Sessay (*Sezsie*) church; and on Wednesday 30 Oct., in Thirsk church. Cawood, 9 Sept. 1325.

266. [*Rosedale, 20 Sept. 1326. Letter of the prioress and convent of Rosedale informing the archbishop that Adam, a conversus, has been allowed to leave after confessing to various offences against the house.*]

[N.F. 296] Venerabili [*etc.*] priorissa de Rossedal' et ejusdem loci conventus obedienciam reverenciam et honorem. Vestre innotescat paternitati quod frater Adam nuper conversus domus nostre de Rossedal' predicte die Sabbati in vigilia Beati Mathei Apostoli ultimo elapsa in capitulo nostro de Rossedal' sponte ac humiliter comparens, tam in presencia discretorum virorum magistrorum Johannis de Wirkesal' domini archidiaconi Cliveland' officialis et Willelmi de Burton perpetui vicarii de Kirkebymoresheved quam nostra, pluribus aliis viris idoneis tam clericis quam laicis presentibus et hoc audientibus, cum lacrimis et precibus instanter flexisque genibus a nobis priorissa et conventu caritative petiit ut in omnibus et singulis offensionibus et transgressionibus in quibus se erga nos deliquisse non modicum fatebatur veniam libere posset obtinere et ab obediencie sue asstrictione professionisque sue regula necnon fraternitate dicte domus nostre diffinitive absolvi, ut juxta ordinationem vestram discretissimam in aliquo loco decenti pro suo perpetuo sub professionis regula stare valeat. Cujus precibus nos inclinate et ipsis per omnia volentes pro nostris viribus graciose parcere, ipsum fratrem Adam a professionis obediencieque sue regula in domo nostra de Rossedal' Deo et Beate Marie et Beato Laurencio inter nos facta absolvimus ejusque delictis omnibus juxta suam petitionem plenius ignoscentes, ipsoque renunciante omni juri suo in dicta domo nostra de Rossedal' omni professioni obediencie et regule per presentes. In cujus rei testimonium sigillum nostrum commune presentibus nostris clausis literis est appensum. Datum apud Rossedal' die Sabbati in vigilia sancti Mathei apostoli anno domini millesimo trecentesimo vicesimo sexto.

[N.F. 296ᵛ] Domino archiepiscopo Eboracensi Anglie primati per priorissam et conventum de Rossedal'.[1]

267. [Fo. 245; N.F. 297] SECUNDA VISITATIO DECANATUS DE CLIVELAND. Memorandum of a mandate to the archdeacon etc. for a visitation by the archbishop or his familiar clerks, in nine parts: on Monday 4 Nov., in Rudby church; on Tuesday 5 Nov., in Skutterskelfe (*Scotherskelf'*) chapel; on Wednesday 6 Nov., in Stokesley church; on Friday 8 Nov., in Great Ayton church; on Saturday 9 Nov., in Stainton church; on Tuesday 12 Nov., in Kirkleatham (*Lythum*) church; on Monday 18 Nov., in Easington church; on Tuesday 19 Nov., in Hinderwell (*Hilderwell*) church; and on Wednesday 20 Nov., in Lythe church. 9 Sept. 1325.

268. Memorandum of licence to the prioress and convent of Moxby to let their lands and rents in Huby (*Hoby*) for eleven years and to sell the fruits of Whenby (*Quenby*) church for three years, 'cum clausulis consuetis, dumtamen ea fiant de consensu totius conventus et ad utilitatem domus, super quibus dominus oneravit consciencias eorundem'. Bishopthorpe, 23 Aug. 1326.

269. Memorandum of licence to the abbot and convent of Whitby to sell the fruits of Seamer church for two years. Bishopthorpe, 23 Aug. 1326.

270. [*Bishop Burton, 29 Aug. 1326. Order to the receiver of York to pay £50 to the abbot and convent of Rievaulx.*]

LIBERA .. ABBATI ET CONVENTUI MONASTERII DE RYEVALL' SUB CONDITIONIBUS IN LITTERA CONTENTIS. Willelmus etc. dilecto filio domino Ricardo de Grymston receptori nostro Eboracensi salutem [*etc.*]. Si abbas et .. conventus Ryevall' nostre diocesis vobis scriptum suum obligatorium sigillo eorum communi consignato in quo contineatur quod dicti .. religiosi nobis in centum libris sterlingorum efficaciter sunt obligati solvendorum in festis sancti Martini in hyeme et Pasche proximis futuris per equales portiones vobis exhibuerint et tradiderint cum effectu, una cum altera parte indenture super hoc inter nos inde confecte, volumus et vobis mandamus quatinus dictis .. abbati et conventui quinquaginta libras sterlingorum subsequenter absque more dispendio liberetis. Valete. [Burton prope Beverl', 4 kal. Sept. 1326.]

[1] And some illegible writing.

271. Licence to Nicholas de Neuton, rector of Sneaton, to be absent from his church and to stay in a place where a *studium generale* flourishes for one year from Michaelmas next. [Loftus, 4 Sept. 1326.]

272. [*Great Ayton, 6 Sept. 1326. Commission to the rural dean of Cleveland concerning the testament of Alice de Fulthorpe.*]

COMMISSIO AD RECIPIENDUM PROBATIONEM TESTAMENTI ALICIE DE FULTHORP' DEFUNCTE. Memorandum quod viii idus Septembris anno gracie supradicto apud Aton in Clyvel' facta fuit commissio .. decano Clyvel' ad recipiendum probationem testamenti Alicie de Fulthorp' defuncte et ad committendum executoribus ejusdem administrationem in forma juris, ita quod ipso testamento probato certificet receptorem Eboracensem quamcitius poterit de omni eo quod fecerit in hac parte.

273. [*York, 27 June 1326. Composition between the inhabitants of townships in the parish of Thirsk concerning the distribution of the cost of repairing the parish church.*]

COMPOSITIO SIVE CONCORDIA INTER PRIOREM ET CONVENTUM DE NOVO BURGO ET PAROCHIANOS DE SOUREBY ET THRESK UNA CUM CONDEMPNATIONE ETC.[1] Noverint universi ad quos presentes littere pervenerint quod constituti coram nobis reverendi viri et discreti domini .. officiali curie Eboracensis commissario generali in eadem pro tribunali sedentibus, magister Robertus de Apthorp' clericus procurator incholarum et inhabitatorum villarum de Thresk Carleton et Hoton ex una parte et magister Willelmus de Hundmanby clericus procurator incholarum et inhabitatorum ville de Soureby ex altera ad id sufficientia habentes mandata, compositionem infrascriptam inter dictos dominos suos amicabiliter initam nomine et vice dictorum dominorum suorum sponte et judicialiter fuerunt confessi ac condempnationem nostram super dicta compositione et contentis in eadem cum effectu fieri postularunt, cujus compositionis tenor talis est: Memorandum quod dudum orta materia dissencionis inter Thomam le Lytester de Thresk Nicholaum de Sutton et ceteros incholas et inhabitatores villarum de Thresk Carleton et Hoton ex parte una et dominum Johannem de Lascels militem et ceteros incholas et inhabitatores ville de Soureby ex altera, mediantibus communibus amicis et precipue reverendo viro et discreto magistro Roberto de Pykeryng decano ecclesie Eboracensis, ad perpetuam pacem conquievit sub hac forma, videlicet quotiens ecclesia parochialis de Thresk reparatione vel refectione indiguerit, predictus dominus Johannes et sui successores

[1] In a later hand: 'Thirske ecclesia reparatur per incolas de Thirsk, Carlton, Hotun et Sourbye juxta modum hinc limitatum'.

imperpetuum una cum aliis villarum incholis dicte ecclesie defectus per se vel suos videbunt, et considerata et estimata inter eos de quanta pecunie summa refici poterunt et reparari, quod dictus dominus Johannes per se vel suos suique successores infra proximos duos menses post dictas considerationem et estimationem eligent utrum dictam pecuniam imponi velint et exigi de personis incholarum et inhabitatorum omnium villarum predictarum aut terris et possessionibus ipsorum vel de rebus mobilibus eorundem, alioquin ex tunc dicta electio in dictis incholis de Thresk transferatur. Qua facta electione prefati inchole et inhabitatores omnium villarum predictarum de specie una cum de dictis tribus specibus electa dictam pecuniam imponent et exigent, ita videlicet quod dicti inchole et inhabitatores villarum de Thresk Carleton et Hoton predictarum qui in dicta ecclesia de Thresk audiunt divina magis onerabuntur predictis impositione et exactione, et dictus dominus Johannes et sui successores ac inchole et inhabitatores de Sourby qui in eadem minus audiunt divina in minus, in tantum quod quando personis habet imponi in duplum onerentur inchole et inhabitatores villarum de Thresk Carleton et Hoton et simplo dicti inchole et inhabitatores de Soureby, sic videlicet quod quando imponitur quod quilibet de incholis villarum de Thresk Carleton et Hoton quibus est hujusmodi impositio facienda solvat duos denarios, imponatur cuilibet incholarum et inhabitatorum ville de Soureby quod unum solvat denarium. Eodem modo etiam fiat quando habet imponi levanda de terris seu de rebus quibuscumque sive de minori summa sive de majori, ipsa fiat impositio semper teneantur ad duo dicti inchole et inhabitatores villarum de Thresk Carleton et Hoton et dictus dominus Johannes et sui successores inchole et inhabitatores de Soureby ad unum. Unde nos .. commissarius predictus ipsas partes premissorum confessionem coram nobis judicialiter emissam secuti ad observanciam dicte compositionis et omnium et singulorum contentorum in eadem, ex consensu partium predictarum per precepti sentenciam condempnamus. In quorum omnium et singulorum testimonium ad modum indenture presentes per magistrum Willelmum de Carleton notarium publicum infrascriptum scribi et subscribi mandavimus et signo suo consueto signari ac sigillo officii nostri fecimus communiri. Datum Ebor' xxvij die mensis Junii anno domini millesimo CCCXXVI, presentibus magistris Philippo de Nassington Ricardo de Scardburgh et Roberto de Bouthum clericis testibus ad premissa vocatis et rogatis et aliis in multitudine copiosa.

Et ego Willelmus de Carleton clericus Eboracensis diocesis publicus auctoritate apostolica notarius premissis dum coram dicto commissario generali et per eum ac per dictas partes prout suprascribuntur fiebant dictis anno mense die et loco ac indictione nona una cum dictis testibus presens interfui et ea sic fieri vidi et audivi, ac de mandato dicti commissarii et requisitione dictarum partium premissa ad modum indenture scripsi, et me in testem hic subscripsi signumque meum una cum appensione sigilli officii dicti commissarii apposui consuetum in pleniorem fidem premissorum.

274. PRO PURGATIONE RICARDI BELLE CLERICI INCARCERATI. Memorandum of order to the dean of Cleveland to proclaim that objectors to the purgation of Richard Belle of Barton (dioc. Lincoln), clerk, defamed in a secular court of burglary at Upsall (*Upsale*), should appear before Master Denis Avenel, official of York, or his commissary-general, in St. Peter's, York, on the second juridical day after Michaelmas. Bishopthorpe, 12 Sept. 1326.

275. Licence to John de Brumpton, rector of Thormanby, to be absent for one year. Cawood, 21 Sept. 1326.

276. Institution and mandate for induction of Thomas de Grenerygg, chaplain, to the church of Sneaton; presented by the abbot and convent of Whitby. Bishopthorpe, 25 Mar. 1327.

277. [*York, 12 Sept. 1326. Certificate of the commissary-general of York that he has executed the archbishop's commission (dated Westminster, 2 June) to enquire concerning the alleged bastardy of John, son of John of Thormanby, pursuant to a royal judicial writ dated 20 April.*]

[Fo. 245ᵛ; N.F. 297ᵛ] CERTIFICATORIUM .. COMMISSARII DOMINI SUPER SENTENCIA LATA IN CAUSA BASTARDIE JOHANNIS DE THORMODBY. Venerabili [*etc.*] suus humilis et devotus domini .. officialis curie Eboracensis commissarius generalis una cum dicto officiali conjunctim et divisim commissarius specialis obedienciam reverenciam et honorem. Mandatum vestrum reverendum recepimus in hec verba:

Willelmus etc. dilectis filiis officiali curie nostre Eboracensis et ejus commissario generali salutem [*etc.*]. Mandatum regium recepimus in hec verba: Edwardus Dei gracia etc. venerabili in Christo patri W. eadem gracia etc. salutem. Sciatis quod cum Johannes filius Johannis de Thormodby nuper in curia nostra coram justiciariis nostris apud Westm' peteret versus Johannem filium Johannis filii Nicholai de Thormodby unam bovatam terre cum pertinenciis in Thormodby que Alicia Mundevill' dedit Johanni de Thormodby et Dionisie uxori ejus et heredibus de corporibus ipsorum Johannis de Thormodby et Dionisie exeuntibus, et que post mortem predictorum Johannis de Thormodby et Dionisie prefato Johanni filio Johannis de Thormodby filio et heredi eorundem Johannis de Thormodby et Dionisie descendere deberet per formam donationis predicte, idem Johannes filius

Johannis filii Nicholai venit in eadem curia nostra et dixit quod predictus Johannes filius Johannis de Thormodby nichil juris clamare potest in predictis tenementis per descensum hereditarium post mortem predictorum Johannis de Thormodby et Dionisie eo quod idem Johannes filius Johannis de Thormodby bastardus est, et quia hujusmodi cause cognitio ad forum spectat ecclesiasticum vobis mandamus quatinus convocatis coram vobis convocandis rei veritatem super hoc diligenter inquiratis, et quid inde inquisieritis constare faciatis justiciariis nostris apud Westm' in octabis sancti Michaelis per litteras vestras patentes, et habeatis ibi hoc breve. Teste W. de Berford apud Westm' xx die Aprilis anno regni nostri decimo nono. Cujus auctoritate brevis regii vobis mandamus quatinus super omnibus et singulis premissis vocatis hiis quorum interest in forma juris inquiratis plenius veritatem, facientes ulterius quod premissorum exigunt qualitas et natura. Et nos de omni eo quod in hac parte feceritis quamcitius comode poteritis distincte et aperte certificetis per vestras litteras patentes harum et totius processus vestri in hac parte habendi seriem continentes, quod si ambo hiis exequendis minime interfueritis alter vestrum qui presens fuerit ea nichilominus exequatur. Valete. [Westm', 4 non. June 1326.]

Cujus auctoritate mandati vestri, vocatis illis quorum intererat in genere et specialiter Johanne filio Johannis filii Nicholai de quo in mandato regio fit mentio judicialiter coram nobis dictisque Johanne et dicto Johanne juxta formam vocationis nostre personaliter comparentibus, traditoque articulo ex parte dicti Johannis filii Johannis de Thormodby in quo petiit se legitimum filium predictorum Johannis de Thormodby et Dionisie fuisse et esse pronunciari et declarari, factaque contestatione per partem adversam verbis affirmativis, juramento hincinde prestito tam de calumpnia quam de veritate dicenda, factisque interrogationibus judicialibus, productis testibus juratis examinatis et eorum dictis publicatis ac juris ordine qui in hac casu requirebatur in omnibus observato, quia tam per confessionem dicti Johannis filii Johannis filii Nicholai quam per depositiones testium coram nobis productorum invenimus dictum Johannem filium Johannis de Thormodby suam intentionem sufficienter fundasse, eundem Johannem filium Johannis de Thormodby non bastardum set legitimum dictorum Johannis et Dionisie de quibus in articulo fit mentio ipsumque de legitimo matrimonio inter eosdem inito procreatum fuisse et esse pronunciavimus et declaravimus justicia id poscente. Conservet vos etc. Datum Ebor' ij idus Septembris anno domini supradicto.

278. [*Bishopthorpe, 14 Sept. 1326. Publication of the commissary-general's decision.*]

LITTERA PATENS ET TESTIMONIALIS SUPER DICTA SENTENCIA. Omnibus

Christi fidelibus ad quos presentes littere pervenerint Willelmus etc. salutem in Eo qui est omnium vera salus. Universitati vestre notum facimus per presentes quod nos certificatorium discreti viri magistri Johannis de Wodhous .. officialis curie nostre Eboracensis commissarii generalis ac nostri una cum dicto .. officiali ad infrascripta conjunctim et divisim commissarii specialiter deputati recepimus et inspeximus in hec verba: Venerabili in Christo patri etc. ut supra. In quarum receptionis et inspectionis testimonium sigillum nostrum presentibus est appensum. [Thorp' juxta Ebor', 18 kal. Oct. 1326.]

279. [*Laneham, 29 Sept. 1326. Reply of the archbishop to the royal justices.*]
CERTIFICATORIUM FACTUM .. JUSTICIARIIS DOMINI REGIS SUPER EADEM SENTENCIA.Venerabilibus viris et discretis domini nostri regis justiciariis Willelmus etc. salutem in omnium Salvatore. Breve dicti domini nostri regis nuper recepimus in hec verba quod etiam vobis juxta ipsius tenorem duximus transmittendum: Edwardus Dei etc. ut supra. Cujus pretextu vocatis in hac parte vocandis super contentis in eodem inquisivimus diligenter veritatem, unde compertum est quod Johannes filius Johannis de Thormodby de quo in ipso brevi fit mentio non est bastardus set filius legitimus Johannis et Dionisie in dicto brevi nominatorum et de legitimo matrimonio inter eosdem inito procreatus, que vobis tenore presentium intimamus ut ulterius que vobis incumbunt exequamini in hac parte. Feliciter ac diu in Domini valeatis. [Lanum, 3 kal. Oct. 1326.]

280. Dispensation for bastardy, with permission to be promoted to all orders and hold a living with cure of souls, to John de Upsale, clerk. Given in virtue of a letter of Pope John XXII dated at Avignon, 28 Nov. 1325. Cawood, 16 Nov. 1326.

281. Licence to John de Brumpton, rector of Thormanby, to be absent for two years, at the request of Sir Ralph Gray. Cawood, 8 Sept. 1327.

282. [Fo. 246; N.F. 298] Licence to the prior and convent of Guisborough to sell three corrodies and to farm Kirkburn (*Brun super Wald*) church for two years, provided it is to the advantage of the house and that all receipts are paid to its bursars. Bishopthorpe, 27 Mar. 1327.

283. [*Bishopthorpe, 7 Apr. 1327. Inihibition against royal justices of oyer and terminer compelling the swearing of oaths during Lent.*]
INHIBITIO FACTA JUSTICIARIIS NE COMPELLANT ALIQUEM JURARE IN

TEMPORE QUADRAGESIMALI. Willelmus etc. dilectis filiis discretis viris Roberto de Scorburgh Thome Dayvill et Thome de Burton vel duobus eorum ad audiendum et terminandum transgressiones inter Alanum de Bulmer Willelmum de Cotum Johannem filium Roberti de Wylton querentes ex parte una, et Willelmum de Uggethorp Willelmum de Wellebergh Johannem Chapman Willelmum Dassh et alios in brevibus regiis nominatos ex altera, justiciariis per dominum nostrum regem deputatis salutem cum benedictione et gracia Salvatoris. Cum pro communi salute fidelium provide ecclesiastice dispositionis judicio ordinatum fuerit et statutum quod certis anni temporibus contemplative devotioni deditis secularis potestas neminem possit compellere ad jurandum, vobis sub obtestatione divini judicii et sub pena districtionis canonice firmiter inhibemus ne super dictis transgressionibus hoc tempore quadragesimali contra statuta canonica quemquam Christianum ad sancta Dei evangelia jurare compellatis. In cujus rei testimonium sigillum nostrum presentibus est appensum. [Thorp' juxta Ebor', 7 id. Apr. 1327.]

284. Licence to Master John de Ergom, rector of Bossall, to be absent for two years from St. Peter *ad vincula* next. Bishopthorpe, 29 May 1327.

285. Licence to Thurstan de Chisenhale, subdeacon, rector of Barton-le-Street, to study for two years in accordance with the constitution *Cum ex eo*. Bishopthorpe, 6 June 1327.

286. Commission to Lewis [de Beaumont], bishop of Durham, to institute Geoffrey de Edenham, vicar of Woodhorn (*Wodehorn*, dioc. Durham), to the church of Kirby Misperton, to which he has been presented by William de Ros, lord of Helmsley, in an exchange of benefices with William de Boulton. The archbishop has already received Boulton's resignation and made enquiry about the patronage of Kirby and Edenham's life, etc. Bishopthorpe, 19 July 1327.

287. Certificate of the bishop of Durham that, after receiving Edenham's resignation of Woodhorn, he instituted him as rector of Kirby Misperton. Durham, 22 July 1327.

288 (i). Letters patent of the archbishop rehearsing and confirming no. 287. (ii) Memorandum that Edenham swore obedience; a mandate for induction was issued. Bishopthorpe, 31 July 1327.

289. [*Laneham, 15 Sept. 1327. Commission to Master John de Wodehouse, Master William de Stanes and Richard de Grimston to receive the purgation of Marmaduke Ouwayn, clerk.*]

Willelmus etc. dilectis filiis magistris Johanni de Wodhous' et Willelmo
de Stanes ac domino Ricardo de Grymeston receptori nostro Eboracensi
clericis nostris familiaribus salutem [*etc.*]. Ad admittendum
purgationem Marmeduci Ouwayn nostre diocesis clerici nuper in foro
seculari coram domini nostri regis justiciariis super crimine burgarie
domus Roberti Unwyn de Upsale ut dicebatur commisse et asportatione
bonorum ejusdem diffamati nostreque carcerali custodie apud
Ebor' juxta consuetudinem ecclesie Anglicane aliquamdiu mancipati,
facta primitus proclamatione puplica et solempni in ecclesia nostra
cathedrali beati Petri Eboracensis quod siquis vel qui quicquam
rationabile sive justum proponere voluerit vel voluerint quare ad
purgationem dicti clerici minime procedi debeamus[1] in hac parte
secundo die juridico post festum sancti Mathei apostoli proximum
futurum in ecclesia nostra antedicta comparens et comparentes coram
vobis cum plenitudine justicie audietur et audientur juxta canonicas
sanctiones, necnon ad cognoscendum statuendum diffiniendum et
pronunciandum super objectis seu obiciendis si que emerserint contra
ipsum ac ulterius faciendum et exercendum in eodem negotio quod
ipsius qualitas et natura exigit et requirit de consuetudine et de jure,
vobis cum potestate cohercionis canonice committimus vices nostras,
quod si non omnes vos hiis interesse contigerit duo vestrum qui presentes
fuerint ea nichilominus exequantur. De dicti vero Marmeduci
fama et conversatione inquiri ac etiam ut moris est in hac parte fecimus
publice proclamari, quarum proclamationis et inquisitionis certificatoria
presentibus annexa vobis duximus transmittenda. Valete.
[Lanum, 17 kal. Oct. 1327.]

290. [*Bishopthorpe, 20 June 1327. Dispensation of John de Gilling, clerk,
for bastardy and for receiving the first tonsure.*]

DISPENSATIO JOHANNIS DE GILLYNG CLERICI SUPER DEFECTU NATALIUM.
Memorandum quod xij kalendas Julii anno domini millesimo
CCCXXVII apud Thorp' juxta Ebor' dominus dispensavit cum
Johanne de Gillyng clerico nostre diocesis super defectu natalium
quem patitur de soluto genitus et soluta auctoritate litterarum domini
Gaucelini Dei gracia episcopi Albanensis domini nostri pape
penitenciarii sibi in hac parte directarum in forma consueta, et super eo
quod primam tonsuram clericalem recepit tacito de defectu predicto
juxta formam litterarum predictarum.

291. [Fo. 246ᵛ; N.F. 298ᵛ] (i) Certificate of the dean of Ryedale
that he has executed the archbishop's commission (dated Bishopthorpe,
2 Apr. 1327) to cite Master Simon de Stanes, rector of a moiety of

---

[1] MS. *debeat.*

Hutton Bushel, to appear before the archbishop on the first juridical day after *Misericordia Domini*, bringing his letters of institution and orders, to answer to his retention of the moiety. Levisham, 18 Apr. 1327.

(ii) [*Laneham, 27(?) Apr. 1327. Simon is charged with failure to be ordained as priest.*]

ACTA PRIMI DIEI. Quo die apud Lanum dicto magistro Simone per Robertum de Stanes procuratorem suum litteratorie constitutum coram nobis comparente, lectis certificatorio .. decani nostri de Rydale et procuratorio dicti Roberti, nichilque pro parte dicti Simonis coram nobis judicialiter proposito seu exhibito, objectoque et dicto eidem procuratori verbotenus summarie et de plano quod licet dictus magister Simon dominus suus medietatem ecclesie de Hoton Bussell predicte curam animarum notorie habentis per annum et annos ut rector ejusdem titulo institutionis tenuisset, tamen infra tempus a jure statutum non curavit nec fecit se in presbiterum ordinari, que sunt publica notoria et manifesta in partibus de Hoton Bussell et locis evicinis et super hiis laborat publica vox et fama, super quibus contra ipsum intendimus procedere declarare pronunciare et exequi quod canonicis convenerit institutis, unde prefiximus eidem et domino suo in personam suam proximum diem juridicum post festum apostolorum Philippi et Jacobi ad comparendum coram nobis ubicumque etc. ad faciendum et recipiendum ulterius in ipso negotio quod justicia suadebit et ad audiendum sentenciam si liqueat in eodem.

(iii) [*Bishopthorpe, 2 May 1327. Sentence of deprivation.*]

ACTA SECUNDI DIEI. Quo die apud Thorp' prope Ebor' dicto Simone sepius preconizato tam in portis nostris quam in hostio capelle nostre ibidem, ipsoque diutius expectato et nullo modo comparente, ipsum pronunciamus contumacem et in penam contumacie sue sentencialiter declaravimus et in scriptis pronunciamus sub hac forma:
PRONUNCIATIO ET DECLARATIO IN DICTO NEGOTIO CONTRA PREDICTUM MAGISTRUM SYMONEM. In Dei nomine amen. Nos W. [*etc.*] advertentes et considerantes processum habitum coram nobis contra magistrum Simonem de Stanes qui se gerit pro rectore medietatis ecclesie de Hoton Bussell nostre diocesis super exhibitione tituli si quem habet super retentione dicte medietatis ecclesie predicte cui quidem medietati notorie iminet cura animarum et que fuit curata notorie diu ante admissionem dicti magistri Simonis ad eandem et institutionem suam si quam habuit in eadem, considerantes etiam quod dictus Simon tam coram nobis quam commissariis nostris sepius fuerat legitime et peremptorie citatus ad ostendendum exhibendum proponendum

litteras institutionis sue si quas habeat super retentione medietatis ecclesie predicte ac litteras ordinum suorum et titulum quemcumque ac quicquid canonicum pro se habuerit et proponere voluerit super retentione medietatis ecclesie predicte et ad ulterius faciendum et recipiendum in hujusmodi negotio secundum ejusdem qualitatem et naturam quod convenerit canonicis institutis, nichilque ex parte sua unquam coram nobis seu aliquo .. commissariorum nostrorum exhibito proposito seu ostenso super premissis vel aliquo eorundem, licet ad hoc dictus magister Simon diem et dies ac terminos peremptorie competentes et sibi legitime assignatos optinuisset, quia constat nobis quod dicta medietas ecclesie memorate curam animarum notorie habens vacat de jure et a diu est vacavit eo quod dictus magister Simon non fecit nec procuravit se ad sacros ordines promoveri infra annum a tempore quo dicte ecclesie medietatem predictam notorie ut premittitur curam animarum habentem titulo institutionis fuerat pacifice assecutus cessante legittimo impedimento, licet eandem medietatem per novem annos et amplius velut rector de facto pacifice tenuisset et adhuc sic detineat in presenti in anime sue grave periculum et in fraudem animarum eorum quos suos in hac parte pretendit esse parochianos et ex aliis causis legitimis nos ad hoc moventibus; ipsam medietatem notorie ut predicitur curatam ipso jure vacare et vacantem esse sentencialiter declaramus et pronunciamus in hiis scriptis, dictum magistrum Simonem ab eadem et ejusdem detentione quatenus eidem de facto incumbit per hanc nostram sentenciam totaliter ammoventes, reservantes nobis expressius facultatem exigendi ab eodem et repetendi fructus proventus et obventiones quos idem magister Simon de ipsa prefata medietate ecclesie memorate medio tempore indebite recepit contra canonica instituta. Decernimus etiam denunciandum fore patronis ejusdem medietatis ecclesie quod ad dictam medietatem personam idoneam infra tempus a jure statutum presentent sub pena juris dumtamen nulli alii de jure debeatur et maxime virtute gracie sedis apostolice hujusmodi beneficium expectanti.

Lecta lata et in scriptis pronunciata fuit ista sentencia per dictum venerabilem patrem in capella sua de Thorp' prope Ebor' pro tribunali sedentem secundo die mensis Maii anno gracie millesimo trecentesimo vicesimo septimo indictione decima. Presentibus magistris Willelmo de Alberwyk Ada de Heselbech et Johanne Lambok de Notingham ac dominis Ricardo de Otringham et Thoma de Barneby testibus.

292. [*York, 24 July 1327. Simon's resignation of the moiety.*]
RESIGNATIO PREDICTI MAGISTRI SYMONIS DE DICTA MEDIETATE FACTA GRATIS EX HABUNDANTI. Venerabili [*etc.*] suus humilis et devotus obediencie filius Simon de Stanes portionarius ecclesie de Hoton

Buscels vestre diocesis obedienciam reverenciam et honorem. Ob reverenciam paternitatis vestre reverende et ut lites discordie et contentiones dirimantur ac ut vestre voluntati pareant in hac parte necnon pro vestra precipue benevolencia captanda, dictam portionem meam cum suis juribus et pertinenciis universis in vestras sacras manus pure sponte simpliciter et absolute resigno et eidem ac omni juri michi in eadem competenti renuncio penitus per presentes sigillo meo pendente signatas, vestre paternitati reverende supplicans humiliter et devote quatinus resignationem et renunciationem meas admittere dignemini memoratas ulteriusque facere in premissis et ea contingentibus quod vestro in hac parte incumbit officio pastorali. [Ebor', 9 kal. Aug. 1327.]

293. [*Bishopthorpe, 31 July 1327. Release to Simon for all his receipts from the moiety until the day of his deprivation.*]

[Fo. 247; N.F. 299] REMISSIO FRUCTUUM PERCEPTORUM DE DICTA MEDIETATE ECCLESIE DE HOTON BUSCELES. Willelmus etc. dilecto filio magistro Symoni de Stanes nuper possessioni medietatis ecclesie de Hoton busceles nostre diocesis incumbenti salutem [*etc.*]. Probitatis tue merita et laudabile obsequium quod ecclesie nostre et nobis impendere poteris prestantius in agendis favorabiliter attendentes, omnibus et singulis actionibus petitionibus et demandis nobis occasione quorumcumque fructuum proventuum seu obventionum per te ex parte tua seu nomine tuo de dicta medietate a tempore quo primitus eam fueris assecutus usque ad secundum diem mensis Maii proximum preterea qualitercumque perceptorum quomodolibet competentibus si et quatenus de jure poterimus absque status nostri prejudicio et offensa justicie renunciamus penitus in hiis scriptis et eas tibi tenore presentium remittimus de nostra gracia speciali, quibus sigillum nostrum apposuimus in testimonium premissorum. Vale. [Thorp' prope Ebor', 2 kal. Aug. 1327.]

294. Memorandum of obedience by John Petri de Hoveden, clerk, who entered the above moiety by papal provision. Bishopthorpe, 3 Aug. 1327.

295. [*Cawood, 4 Sept. 1327. Ordinance for the chantry founded in Skelton church by Adam de Skelton, quoting licences of (i) Edward II, dated 24 Jan. 1325, and (ii) John de Fauconberg, dated 17 Apr. 1325, (iii) Adam's (undated) charter of gift to Drax, and four other letters (summarised).*]

ORDINATIO PERPETUE CANTARIE IN ECCLESIA DE SKELTON. In Dei nomine amen. Cum ad divini laudem nominis et sui cultus augmentum ac pro salute animarum de quibus inferius memoratur nos Willelmus [*etc.*] cantariam de qua inferius fit mentio precibus et instancia eorum quorum interest ordinandi fuerimus diligentius ac sepius requisiti consensus que fuit inter Adam de Skelton ex parte una et priorem de Drax et ejusdem loci conventum ordinis sancti Augustini Eboracensis diocesis ex altera dum tamen auctoritas voluntas et consensus nostri intervenerint in hac parte, videlicet quod predictus Adam dedit concessit et carta sua confirmavit Deo et Beate Marie et Beato Nicholao et dictis priori de Drax et ejusdem loci conventui et eorum successoribus imperpetuum unum mesuagium et unam carucatam terre et dimidiam cum pertinenciis in Hilton in Cliveland, videlicet omnia illa tenementa cum pertinenciis que predictus Adam habuit ex concessione[1] Roberti filii Roberti filii Roberti de Pothowe in eadem villa tenenda et habenda omnia predicta tenementa cum suis pertinenciis predictis priori et conventui et eorum successoribus cum omnibus libertatibus et aisiamentis et cum omnibus rebus et juribus ad predicta tenementa quoquomodo spectantibus imperpetuum, et etiam predictus Adam de Skelton concessit pro se et heredibus suis quod ipse et heredes sui omnia predicta tenementa cum suis pertinenciis predictis priori et conventui et eorum successoribus contra omnes gentes warantizabunt imperpetuum et defendent, pro qua quidem donatione concessione et warantia idem prior et conventus pro se et successoribus suis concedunt quod ipsi et successores sui imperpetuum invenient unum capellanum ydoneum et honestum singulis annis de die in diem in ecclesia de Skelton in Cliveland pro anima ipsius Ade et anima Margerie uxoris ejus necnon et pro animabus Petri patris ejus[dem] Ade et Alicie matris ejus ac Petri fratris ejusdem Ade et omnium antecessorum suorum ac etiam pro animabus domini Johannis Fauconberge Walteri filii ejus et omnium antecessorum suorum et omnium fidelium defunctorum divina celebraturum imperpetuum, et eidem capellano qui pro tempore fuerit ornamenta ecclesiastica et quinque marcas annuatim pro sustentatione dicti capellani invenient imperpetuum, et predicti prior et .. conventus concedunt pro se et successoribus suis quod ad quodlibet altare in prioratu suo predicto sit una memoria in scriptis posita de animabus predictorum Ade Margerie Petri et Alicie Petri domini Johannis et Walteri et antecessorum suorum, ita quod quilibet canonicus ad altaria predicta in sua celebratione divinorum de die in diem de animabus predictis memoriam valeat optinere, et ad cantariam predictam bene et fideliter sustentandam et in omnibus ut premittitur fideliter faciendis et perimplendis predicti .. prior et conventus pro se et successoribus suis se obligant cujuscumque judicis districtioni, et concedunt quod si ipsi prior et conventus aut successores sui pro predicta cantaria facienda capellanum ibidem divina celebrantem

[1] MS. *consessione*.

imperpetuum vel ornamenta ecclesiastica vel quinque marcas annuas
pro sustentatione dicti capellani ut predictum est vel aliquod eorum
non invenerint, extunc liceat predicto Ade et heredibus suis qui pro
tempore fuerint ad predictam cantariam faciendam in omnibus predictis
terris et tenementis ad quorumcumque manus devenerint conjunctim
et divisim dictos .. priorem et conventum et eorum successores
ac etiam tenentes tenementa predicta quandocumque de inveniendo
capellanum predictum et alia sua necessaria sicut predictum est si in
eis vel aliquo eorum quocumque tempore defecerint dist[r]ingere
vel districtiones sic captas retinere quousque de defectu cantarie in missis
celebrandis ac etiam de defectu omnium premissorum plene satisfecerint ut tenentur. Concedunt insuper predicti prior et .. conventus
pro se et successoribus suis quod si contingat predictam cantariam ob
defectum capellani nullo inibi existente per duos menses in celebratione
predicta deficere, quod extunc bene licebit archiepiscopo Eboracensi
Anglie primati qui pro tempore fuerit sede sua Eboracense plena et
ipsa vacante decano et .. capitulo ecclesie beati Petri Eboracensis qui
pro tempore fuerint ad eandem cantariam de capellano ydoneo
adtunc providere quotiens opus fuerit in forma predicta, qui stipendia
dictarum quinque marcarum et omnia sua necessaria predicta de
predictis priore et .. conventu et successoribus suis capiet, reclamatione dictorum prioris et .. conventus vel eorum successorum non
obstante, cotidie divina celebraturo imperpetuum pro animabus
superius scriptis exceptis tamen diebus Dominicis et majoribus
dupplicibus festis ac diebus Sabbati, quibus vero diebus Dominicis
et majoribus duplicibus festis de die, diebus vero Sabbati de Sancta
Maria Virgine gloriosa matre Dei teneatur modis omnibus celebrare,
qui etiam capellanus qui pro tempore fuerit matutinas et horas
canonicas in ecclesia de Skelton supradicta cum aliis sacerdotibus dicat
cotidie et devote ac etiam 'Placebo', 'Dirige' cum commendatione ubi
dicere voluerit. Et si contingat aliquem capellanum dicte cantarie
assignatum qui pro tempore fuerit adversa valitudine seu morbo
incurabili aut aliquo alio impedimento per tres menses forsitan
detineri, idem capellanus extunc alium capellanum ydoneum loco suo
inveniet qui dictam ut premittitur pro eodem perficiet cantariam
quousque plene convaluerit et hujusmodi cessaverit impedimentum et
eam in propria persona faciat ut superius est expressum; dictusque
capellanus et successores sui qui pro tempore fuerint ad hujusmodi
cantariam quotiens vacaverit dicta sede plena per .. archiepiscopum
Eboracensem qui pro tempore fuerit et ipsa vacante per dictos ..
decanum et .. capitulum instituantur canonice in eadem, idemque
capellanus cui dicta cantaria quotiens vacaverit fuerit assignanda per
dictum Adam tota vita sua et ipso defuncto per dictos priorem et ..

conventum ordinario loci vel decano et capitulo supradictis ipso ordinario nullatenus subsistente ad dictam cantariam presentetur. Et si forsan non presentaverint infra duos menses a[1] cujuscumque vacationis dicte cantarie initio continue numerandos, liceat extunc archiepiscopo Eboracensi dicta sede plena qui pro tempore fuerit et ipsa vacante dictis .. decano et .. capitulo dictam cantariam capellano ydoneo conferre et de eadem hujusmodi capellano prout expedit providere. Et si nec dictus archiepiscopus dicta sede plena nec ipsa vacante dicti .. decanus et .. capitulum quod non est verisimile alicui capellano in defectum dictorum prioris et conventus infra tempus suum nullum capellanum ad dictam cantariam presentantium ipsam cantariam conferant ut est dictum, tunc liceat heredibus dicti Ade dictos priorem et .. conventum de die in diem distringere per omnes terras et catalla sua predicta et districtiones retinere quousque ydoneum capellanum ad dictam presentaverint cantariam. Et dictus capellanus quicumque qui pro tempore fuerit in admissione sua tactis sacrosanctis evangeliis juramentum prestet corporale quod omnia et singula premissa in dicta ordinatione contenta quatenus eum contingunt toto tempore suo quo dictam cantariam optinuerit legitimo cessante impedimento pro posse fideliter faciet et pro viribus exequetur. Unde nos Willelmus permissione divina archiepiscopus Eboracensis supradictus, exhibitis coram nobis carta domini regis et scripto domini Johannis de Fauconberge una cum carta Ade de Skelton de qua premittitur dictorumque prioris et .. conventus et Ade de Skelton procuratoriis et submissionibus ac prioris et conventus de Gysburn ordinis sancti Augustini nostre diocesis quibus dicta ecclesia de Skelton est appropriata litteris hujusmodi cantariam in eadem ecclesia sua perpetuo faciendam memorantibus quorum tenores inmediate subsequuntur:

[Fo. 247ᵛ; N.F. 299ᵛ] (i) Edwardus[2] Dei gracia rex Anglie dominus Hibernie et dux Aquitanie omnibus ad quos presentes littere pervenerint salutem. Licet de communi consilio regni nostri statutum sit quod non liceat viris religiosis seu aliis ingredi feodum alicujus ita quod ad manum mortuam deveniat sine licencia nostra et capitalis domini de quo res illa inmediate tenetur, per finem tamen quem dilectus nobis in Christo prior de Drax fecit nobiscum concessimus et licenciam dedimus pro nobis et heredibus nostris quantum in nobis est Ade de Skelton quod ipse unum mesuagium et unam carucatam terre et dimidiam cum pertinenciis in Hilton dare possit et assignare prefato priori et conventui ejusdem loci, habenda et tenenda eisdem priori et conventui et successoribus suis ad inveniendum quendam capellanum divina singulis diebus pro animabus ipsius Ade et animabus antecessorum suorum et omnium fidelium defunctorum in ecclesia omnium

---

[1] MS. *et.*   [2] See *CPR. 1324–7*, 83.

sanctorum de Skelton celebraturum imperpetuum, et eisdem priori et conventui quod ipsi predicta mesuagium et terram cum pertinenciis a prefato Ada recipere et tenere possint sibi et successoribus suis ad inveniendum quendam capellanum divina singulis diebus in ecclesia predicta pro animabus predictis celebraturum imperpetuum sicut predictum est tenore presentium similiter licenciam dedimus specialem, nolentes quod predictus Adam vel heredes sui aut prefati prior et conventus seu successores sui ratione statuti predicti per nos vel heredes nostros inde occasionentur in aliquo seu graventur, salvis tamen capitalibus dominis feodi illius serviciis inde debitis et consuetis. In cujus rei testimonium has litteras nostras fieri fecimus patentes. Teste me ipso apud Langele xxiv die Januarii anno regni nostri decimo octavo.

(ii) Omnibus hoc scriptum visuris vel audituris Johannes de Faucomberge miles dominus de Skelton salutem in Domino sempiternam. Licet de communi consensu regni domini regis statutum sit quod non liceat viris religiosis terras seu tenementa alique sine licencia domini regis et capitalium dominorum de quibus illa tenementa tenentur ingredi nec sibi appropriare per quod terre seu tenementa hujusmodi ad manum mortuam deveniant quoquo modo, tamen ego predictus Johannes concessi pro me et heredibus meis Ade de Skelton quod ipse mesuagium unam carucatam terre et dimidiam cum omnibus pertinenciis in Hilton que idem Adam de me tenet dare possit et assignare religiosis viris priori et conventui de Drax, habenda et tenenda eisdem priori et conventui et successoribus suis imperpetuum ad inveniendum quendam capellanum divina in ecclesia de Skelton pro animabus ipsius Ade et Margerie uxoris ejusdem Johannis de Faucomberge et Walteri filii ejus et animabus antecessorum suorum et heredum celebraturum imperpetuum vel qualicumque alio modo predictus Adam predicta tenementa predictis viris religiosis assignare voluerit et sibi viderit expedire, et eisdem religiosis quod ipsi tenementa predicta recipere possint statuto predicto non obstante. Volo etiam et concedo pro me et heredibus meis quod nec ego nec heredes mei nec aliquis per nos prefatum Adam nec prefatos religiosos occasione concessionis et assignationis predictarum molestari possimus nec inquietare nec aliquod servicium seu demandam a prefatis tenementis exigere vel vendicare, set quod ab omni actione et jure ad eadem tenementa tam in dominico quam in servicio exclusi simus imperpetuum. In cujus rei testimonium presenti scripto sigillum meum apposui. Datum apud Skelton xvij die mensis Aprilis anno domini millesimo CCC vicesimo quinto.

(iii) Sciant presentes et futuri quod ego Adam filius Petri Marescalli de Skelton in Cliveland dedi concessi et hac presenti carta mea confirmavi Deo et ecclesie Beati Nicholai de Drax priori et conventui

ejusdem loci unum mesuagium et unam carucatam terre et dimidiam
cum pertinenciis in Hilton in Clyveland, videlicet illa tenementa in
dominiis dominicis et serviciis quibuscumque et cum omnibus pertinenciis suis que quidem tenementa habui ex dono et feoffamento
Roberti filii Roberti de Pothowe in eadem villa de Hilton, habenda et
tenenda eisdem priori et conventui et eorum successoribus libere bene
et in pace cum omnimodis proficuis appruamentis commoditatibus
aysiamentis et pertinenciis quibuscumque predictis tenementis qualitercumque spectantibus ad omnimoda commoda sua inde facienda
imperpetuum ad inveniendum quendam capellanum divina singulis
diebus pro anima mea et anima Margerie uxoris mee necnon pro
animabus Petri patris mei et Alicie matris mee ac Petri fratris mei et
omnium antecessorum meorum ac etiam pro animabus domini
Johannis de Faucomberge Walteri filii ejus et omnium antecessorum
suorum et omnium fidelium defunctorum in ecclesia omnium sanctorum
de Skelton in Clyveland celebraturum imperpetuum, et ad quodlibet
altare in prioratu de Drax sit una memoria in scriptis posita de animabus supradictorum ita quod quilibet canonicus in sua celebratione
divinorum ad altaria predicta de animabus predictis de die in diem
memoriam valeat optinere. Et ego predictus Adam et heredes mei
predicta tenementa cum omnibus pertinenciis suis predictis priori et
conventui et eorum successoribus ut predictum est contra omnes
homines warantizabimus imperpetuum. In cujus rei testimonium
presenti carte sigillum meum apposui. Hiis testibus domino Johanne
de Faucomberge milite, domino Johanne Chaumberlein milite,
Johanne de Dalton, Johanne filio Petri Marescalli de Skelton, Thoma
de Bolleby, Johanne Sewal, Willelmo Sybry, Ricardo le Speller,
Roberto de Seleby clerico, et aliis.

[(iv) Letters patent of the prior and convent of Drax appointing
William de Wyntringham, their fellow canon, as proctor before the
archbishop in this business. Drax, 10 June 1327.

(v) Letters patent of the same submitting to the archbishop's decree
in the establishment of the chantry (as decribed in Adam's charter).
Drax, 10 June 1327.

(vi) Similar undertaking by Adam, [Fo. 248; N.F. 300] sealed with
the seal of the dean of Christianity of York. York, 18 Aug. 1327.

(vii) Letters patent of Robert de Wylton, prior, and the convent of
Guisborough, agreeing to the establishment of the chantry, provided
there is no prejudice to their appropriated church of Skelton. Guisborough, 23 Aug. 1327.]

Omnia et singula supradicta prout in serie continentur acceptantes,
ipsa sic fieri debere et esse et imperpetuum ac inviolabiliter observari
de consensu expresso dictorum prioris et conventus de Drax et dicti

Ade de Skelton et prioris et conventus de Giseburn predictorum ordinamus decernimus confirmamus emologamus ratificamus pronunciamus ac etiam diffinimus, ac dictos priorem et conventum de Drax ad inveniendum singulis annis dicto capellano qui pro tempore fuerit dictam cantariam celebranti ut est dictum quinque marcas sterlingorum ad festa sancti Martini in yeme et Pentecostes per equales portiones persolvendas necnon ad inveniendum dicto capellano qui pro tempore fuerit omnia et singula ornamenta ecclesie pro dicta cantaria necessaria perpetuis futuris temporibus successivis de ipsorum prioris et conventus de Drax consensu expresso in hiis scriptis per precepti sentenciam in personam fratris Willelmi de Wyntringham procuratoris et ipsum procuratorem eorum nomine condempnamus. In quorum omnium et singulorum premissorum testimonium nos Willelmus [*etc.*] sigillum nostrum huic ordinationi quadripartite una cum sigillis dictorum Ade de Skelton priorisque et conventus de Drax apposuimus. Et nos prefati Adam ac prior et conventus de Drax sigilla nostra eidem ordinationi sic quatripartite una cum sigillis dictorum Ade de Skelton priorisque et conventus de Drax apposuimus. Et nos prefati Adam ac prior et conventus de Drax sigilla nostra eidem ordinationi sic quatripartite ipsam in omnibus et per omnia acceptantes et consensus nostros eidem expressius adhibentes duximus apponenda. Data consignationis nostre apud Cawode ij nonas Septembris anno domini millesimo CCC vicesimo septimo et pontificatus nostri decimo et consignationis prioris et conventus de Drax predictorum in capitulo eorundem Nonis Septembris et dicti Ade de Skelton eisdem die et loco anno supradicto.

296. Institution and mandate for induction of John de Malton, priest, to the new chantry in Skelton church; presented by Adam de Skelton. 'Et juravit domino ejusque successoribus officialibus et ministris obedienciam in canonicis mandatis et se facturum quod natura dicte ordinationis exigit et requirit'. Bishopthorpe, 2 Oct. 1327.

297. [*Bishopthorpe, 15 Oct. 1327. Dispensation of Roger de Wilton, chaplain, for marrying John de Barton and Juliana Roce secretly.*]
DISPENSATIO CUM DOMINO ROGERO DE WYLTON CAPELLANO SUPER EO QUOD CELEBRAVIT CLANDESTINUM MATRIMONIUM ETC. Noverint universi quod nos Willelmus etc. dominum Rogerum de Wilton nostre diocesis capellanum a sentencia suspensionis qua auctoritate canonis eo quod matrimonium celebravit clandestinum inter Johannem de Barton et Julianam relictam Stephani Roce de Beverlaco extitit involutus absolvimus, ac cum aliqua parte triennii quo dicti canonis auctoritate suspensus fuit occasione premissa auctoritate juris nobis in hac parte

tributa prefati capellani conditionibus et aliis meritorum donis diligenter attentis dispensavimus misericorditer cum eodem, ut premissis non obstantibus valeat in suis ordinibus debite ministrare. In cujus rei testimonium sigillum nostrum pendens est appensum. [Thorp' prope Ebor', Id. Oct. 1327.]

298. Licence to Walter Flemyng, rector of Appleton-le-Street, to be absent for one year and meanwhile put his church to farm. Bishopthorpe, 29 Sept. 1327.

299. Memorandum of licence to the prior and convent of Newburgh to sell a corrody to John de Alberwyk, chaplain, provided this be to the utility of the house, notwithstanding the archbishop's decree and inhibitions. Bishopthorpe, 4 Nov. 1327.

300. [*Cawood, 3 Jan. 1328. Letter to the prior and convent of Guisborough, refusing to remove Stephen de Aukland, a canon, from their house.*]

LITTERA PRO FRATRE STEPHANO DE AUKLAND CANONICO DE GYSBURNE. W. permissione etc. dilectis filiis priori et conventui de Gysbourn' nostre diocesis salutem [*etc.*]. Exhibita nobis vestrarum series litterarum innuere videbatur quod fratris Stephani de Aukland mora inter vos intollerabilis existit certis de causis in vestris litteris predictis introductis et presertim quia jam altera vice dejecto habitu suo domum suam deseruit ut asseritur apostatando, propter quod vestris ut apparet inest desideriis ut pro ejusdem fratris Stephani mora alibi ordinetur. Nos vero pensantes et firmiter opinantes quod hac vice novissima nec animo apostatandi nec revera apostatando quominus ut ea occasione anime sue saluti salubre consequeretur consilium quod querebat de suo monasterio divertebat, non comperimus in dictis litteris vestris causas aliquas legitimas et sufficienter probatas quarum pretextu ipsi fratri Stephano abjudicari debeat domus sua vel ipse ab eadem quomodolibet ammoveri set in eadem expedit eum persistere sub observancia regulari. Quocirca vobis mandamus sicut alias firmiter injungentes quatinus dictum fratrem Stephanum inter vos admittentes, juxta nostrarum priorum litterarum [tenorem] fraterna caritate ut convenit pertractetis salva semper sui ordinis disciplina. Valete. [Cawode, 3 non. Jan. 1327.]

301. CREATIO PENITENTIARII IN DECANATIBUS CLIVEL' ET WHITEBYSTRAND.[1] Commission to John de Bellerbi, canon of Guisborough, as penitenciary in the deaneries of Cleveland and Whitbystrand, excepting only cases of poaching in the archiepiscopal parks and the seduction

---

[1] The liberty of Whitbystrand was normally regarded as part of the deanery of Cleveland (A. Hamilton Thompson, *The English Clergy*, p. 65, n. 2).

of nuns. Memorandum that the dean of Cleveland was ordered to publish this in full chapter and elsewhere. Cawood, 5 Feb. 1328.

302. Licence to Simon de Munketon, rector of Escrick, to be absent for three years, 'videlicet per unum annum causa peregrinationis ad sanctum Jacobum et reliquos duos annos morandi in loco congruo et honesto ubi viget studium generale'. Bishopthorpe, 14 June 1328.

303. [*Bishopthorpe, 7 Mar. 1328. Commission to visit Moxby priory, with powers to replace the prioress.*]

[Fo. 248ᵛ; N.F. 300ᵛ] COMMISSIO SUPER VISITATIONE DOMUS DE MOLSEBY· Willelmus etc. dilectis filiis magistris Thome de Nova villa juris civiliˢ professori rectori ecclesie de Gisburn in Craven et Ricardo de Melton rectori ecclesie de Botill' nostre diocesis clericis nostris familiaribus salutem [*etc.*]. De vestris fidelitate et industria plenius confidentes ad visitandum domum de Molseby nostre diocesis predicte personas etiam et res ejusdem tam in capite quam in membris, necnon ad inquirendum de criminibus defectibus et excessibus earundem viis et modis quibus congrue poteritis ac ad corrigendum puniendum et reformandum hujusmodi crimina defectus et excessus quos per vos in hac parte comperi contigerit, et ad admittendum cessionem priorisse ejusdem domus que nunc est de statu suo si eidem gratis cedere voluerit coram vobis alioquin si ipsius demerita id exposcant vel si causam seu causas inveneritis sufficientes ad ammovendam seu deponendam eandem legitime a statu priorisse et ad injungendam eidem pro hujusmodi demeritis penitenciam salutarem, et ad concedendam subpriorisse et conventui licenciam aliam ydoneam in ejusdem domus priorissam eligendi ipsamque electionem et electam personam examinandas ac eandem electionem confirmandam canonice vel infirmandam et in eventu hujusmodi infirmationis aliam ydoneam juxta vestre discretionis arbitrium in futuram dicte domus priorissam preficiendam eidemque electe confirmate seu per vos prefecte curam et administrationem in spiritualibus et temporalibus dicte domus committendas eandemque installandam et ab eadem juramentum fidelitatis et obediencie nomine nostro recipiendum, ac omnia et singula facienda et excercenda que ad visitationis et correctionis officium pertinent de consuetudine vel de jure vobis vices nostras committimus cum cohercionis canonice potestate. Predicte priorisse ac omnibus et singulis de conventu et aliis quorum interest vel interesse poterit in virtute sancte obediencie et sub pena districtionis canonice firmiter injungimus et mandamus quatinus vobis et vestrum cuilibet per se divisim in premissis et circa ea pareant humiliter et intendant. Et nos de omni eo quod feceritis in premissis et inveneritis in scriptis redacto reddatis plenius certiores. [Thorp' juxta Ebor', Non. Mar. 1327.]

304. Dispensation to Stephen de Aucland, canon of Guisborough, for irregularity in entering the religious life and taking orders after he had, together with his mother, lent ten shillings usuriously; he also incurred excommunication by visiting the papal see, casting off his habit, after failing to obtain his prior's licence to go. Given in virtue of a letter of John de Wrotham, papal penitenciary, dated at Avignon, 9 Sept. 1327. Bishopthorpe, 11 Mar. 1328.

Printed in *Cart. Gyseburne*, ii. 387–8.

305. CONFIRMATIO ELECTIONIS PRIORISSE DE MOLSEBY. MEMORANDUM QUOD EISDEM DIE ET LOCO SCRIPTUM FUIT PERPETUO VICARIO ECCLESIE DE QUENEBY AD INSTALLANDUM ET INDUCENDUM EANDEM. Mandate to the nuns of Moxby to obey Joan de Toucotes, nun of their house, whom they elected as prioress after the resignation of Sabina. Bishopthorpe, 26 Mar. 1328.

306. Institution, in the person of Robert son of Ralph de Ripplingham, and mandate for induction (to the archdeacon of York or his official) of William de Wytheton, acolyte, to the church of Foston, vacant by the death of Thomas de Eskryk; presented by the abbot and convent of St. Mary, York. Bishopthorpe, 30 Mar. 1328.

307. Memorandum of a letter to the official of York that the prior of Guisborough has been excused from personal attendance in the next synod to be held after Easter, provided that he sends a proctor. Cawood, 7 Apr. 1328.

308. Certificate to the treasurer and barons of the Exchequer, quoting two writs of Edward III (similar to no. 63 and dated York, 20 Feb. 1328). These refer to a petition to the king by the clergy of York diocese for the reassessment of benefices destroyed by the Scots so that they cannot pay a tenth granted to the king by the clergy of the province in accordance with the old assessment; Master Adam de Haselbech, rector of Lythe, and the prioress and nuns of Rosedale have applied to the king for reassessment. At the archbishop's order, the dean of Ryedale and the vicar of Kirkby Moorside have, by sworn inquests, assessed Rosedale at 100 shillings and Lythe at £20, as is shown in their attached certificates. Cawood, 16 Apr' 1328.

309. Institution and mandate for induction of Master Thomas de

Nassyngton, clerk, to the church of Elvington, vacant by the death of John Hard; presented by Henry de Moreby. Bishopthorpe, 8 June 1328.

310. [Fo. 249; N.F. 301] Certificate (similar to no. 308) quoting a writ (dated Northampton, 26 Apr. 1328). Richard de Grymeston, rector of Settrington, Master Ralph de Yarewell, rector of Cottam, and Master William de Langeton, clerk, were ordered to reassess Whitby abbey and its benefices, and Ralph and William have done so, as follows: Whitby church, 30 marks; Sneaton church, 5 marks; Fylingdales (*Filyng*) church, 12 marks; Hackness (*Hakenays*) church, 24 marks; Seamer church, 40 marks, and the abbot's portion there, 33s. 4d.; his portion in Foxholes church, 13s. 4d.; his portion in Nafferton church, 30s.; his temporalities, £50. Bishopthorpe, 19 June 1328.

Printed in *Cart. Whiteby*, ii. 655–6; *CCR. 1327–30*, 280.

311. Mandate to the abbot of St. Mary, York, collector of the tenth, quoting no. 310, ordering collection as there assessed. Dated as above.

312. Commission to Masters William de Stanes, official of the court of York, John de Wodehous, its commissary-general, and John de Notingham, rector of Elkesley, to visit Newburgh priory, enquiring particularly on articles contained in a schedule, and to correct, 'majoribus articulis si que emerserint in hoc casu nobis specialiter reservatis'. Dewsbury, 22 June 1328.

313. [*Bishopthorpe, 12 Aug. 1328. Mandate to the rural dean of Bulmer setting out the penance imposed on Laurence de Difford.*]

Penitencia domini Laurencii de Difford capellani. Willelmus etc. dilecto filio decano nostro de Bulmer salutem [*etc.*]. Quoniam Laurencio de Difford capellano pro sua incontinencia cum domina Johanna de Barton nuper priorissa domus de Molseby commissa inter cetera[1] penitenciam injunximus infrascriptam, videlicet quod per sex dies Dominicos et festivos dum major missa fuerit in celebrando in ecclesia parochiali de Sutton in Galtres stet ad fontem cum uno cereo ardente in manu sua superpellicio indutus, corona rasa et deposito capucio et dicat de psalterio quantum possit necnon dictum cereum post missam in sacras manus sacerdotis offerat humiliter et devote, tibi mandamus quatinus dictum dominum Laurencium moneas et efficaciter inducas quod dictam penitenciam modo quo premittitur humiliter peragat et devote et si necesse fuerit ipsum ad id faciendum per quascumque censuras

___
[1] *inter cetera* inserted.

ecclesiasticas compellas canonice vice nostra. Et nos de omni quod feceris in premissis et qualiter dictus dominus Laurencius suam peregerit penitenciam finito negotio distincte et aperte certifices per tuas litteras patentes harum seriem continentes. Valete. [Thorp' prope Ebor', 2 id. Aug. 1328.]

314. [*Bishopthorpe, n.d. Decree following the visitation of Moxby priory.*]

[Fo. 249ᵛ; N.F. 301ᵛ] DECRETUM DOMUS DE MOLSEBY. Willelmus etc. dilectis filiabus priorisse et conventui domus de Molseby nostre diocesis salutem [*etc.*]. Visitationis nostre officium apud vos viij die mensis Marcii anno gracie MCCCXXVII per certis nostros commissarios ad hoc specialiter deputatos debite exercentes quedam inibi comperta ad vestrarum salutem animarum et domus vestre utilitatem perpetuam in forma subscripta duximus corrigenda.

(1) In primis ordinamus statuimus et decernimus ac in virtute obediencie et sub pena excommunicationis majoris quam contravenientes poterunt non inmerito formidare precipimus et injungendo mandamus quod pax et caritas sine quibus nulla subsit religio inter vos regnent decetero ut deberent.

(2) Item quod ordo et regula bene custodiantur silencium etiam in claustro dormitorio refectorio et aliis locis ac horis debitis firmiter observetur.

(3) Item fiant proclamationes ut convenit in capitulo et quod priorissa corrigat corrigenda quantum cum Deo poterit sine acceptatione personarum, nisi gravitas delicti vel protervitas delinquentis aliud exposcat, et quod omnes moniales prout tenentur se voto obediencie astrinxerant sue priorisse ac ejusdem mandatis exhortationibus et monitionibus correctionibus et injunctis canonicis obediant et intendant sine reluctatione vel murmure aliquali et ea prout injungitur faciant ut tenentur, alioquin contravenientes acriter castiget, et si forsitan aliquam inveniat quod absit incorrigibilem vel sibi resistentem nos de ipsius nomine certificet absque mora ut inde debitam emendam juxta ipsius demerita faciamus. Volumus tamen quod priorissa pie mansuete et caritative erga suas commoniales se habeat sicut decet absque offensa rancore et improperationibus inhonestis.

(4) Item priorissa in negotiis domus agendis propriam voluntatem non sequatur sed consilio utatur saniori statuatque in grangiis et officiis interioribus et exterioribus tam moniales quam alios ministros custodes circumspectos, minus etiam circumspectos et insufficientes ab hujusmodi officiis amoveat et alios ydoniores locorum ipsorum subroget prout utilitati domus melius viderit fore faciendum.

(5) Item volumus ut commune sigillum sub duabus clavibus bene et fideliter custodiatur et quod nulla littera sigilletur cum eodem nisi

prius in presencia priorisse et conventus perlegatur et de consensu eorundem consignetur.

(6) Item quia per frequentes accessus vestros apud Ebor' et alibi et etiam propter accessus personarum secularium ad vos quedam vestrum ac domus vestra sunt et est multipliciter diffamate, injungimus vobis omnibus et singulis ne que vestrum septa monasterii exeat, nisi petita prius licencia priorisse et obtenta et tunc ex causa utili et necessaria et non aliter, et quod quelibet monialis ad amicos suos ex causa hujusmodi prefectura licenciam petat a priorissa recipiendi quicquid eidem per hujusmodi amicos suos oblatum fuerit, ita tamen quod illud statim cum redierit sue revelet priorisse et de licencia ejusdem retineat vel eidem restituat in utilitatem monasterii convertendum, ne quod absit alique vestrum in sui dampnationem perpetuam inveniatur proprietaria et quod nulla persona secularis vel religiosa maxime suspecta cum aliqua vestrum colloquium habeat aut nuncium vel litteras recipiat nisi in presencia priorisse nec etiam inibi pernoctet quovis modo.

(7) Item quia domum vestram invenimus diversis debitis multipliciter oneratam, injungimus quod quelibet[1] vestrum studeat viis et modis quibus poterit ipsam domum ab hujusmodi oneribus debite relaxare, et quod tota pecunia ad dictam domum de quibuscumque rebus ejusdem qualitercumque proveniens ad manus priorisse et duarum bursariarum proveniat, de qua et de omnibus rebus et officiis bis vel saltem semel singulis annis circa festum sancti Martini reddatur compotus et statim status domus singulis innotescat. Pensiones corrodia dimissiones alienationes bonorum domus inmobilium et perhendinationes quarumcumque personarum sub depositionis priorisse et excommunicationis aliarum de conventu penitus inhibemus absque nostra seu successorum nostrorum licencia speciali. Et si quid contrarium factum fuerit, illud exnunc revocamus cassamus irritamus et nulla ac irrita tenore presentium pronunciamus, et nichilominus priorissa a suo officio sit suspensa ipso facto.

(8) Item quia omnes revelatores secretorum capituli sunt majoris excommunicationis sentencia dampnabiliter involuti, prohibemus ne que vestrum secreta capituli vestri cuiquam revelare presumat sub pena predicta.

(9) Item injungimus quod priorissa et omnes moniales domus simul comedant in refectorio et jaceant in dormitorio et quod singulis horis canonicis intersint, nisi infirmitate vel alia causa legitima fuerint impedite, et quod tam sero quam mane quantum possibile fuerit juxta religionis honestatem dormitorium simul vel quasi ingrediantur ut convenit et egrediantur ut mutuum conversationis testimonium vigeat

[1] MS. *quilibet.*

inter ipsas, et quod ostia clausi diebus bene custodiantur et noctibus secure et tempestive seruris claudantur per priorissam vel aliam bonam et maturam monialem domus clavibus in ipsius manibus securius custoditis.

(10) Item fiant liberationes bladorum in granatario et non in grangiis juxta modum antiquitatis observatum.

(11) Item volumus quod infirme domine aliter quam sane juxta egritudinis qualitatem ac domus facultatem procurentur grossis cibariis pro levioribus si voluerint commutatis.

(12) Item quod domus vestras necessarias ruinosas et discoopertas et precipue pistrinam bracinam et torale quam citius poteritis faciatis convenienter emendari.

(13) Item utantur moniales decetero mantellis tunicis et aliis indumentis eis juxta statuta regule convenientibus sub pena districtionis canonice et non aliis.

(14) Item ordinamus quod decetero nullus miles vel domina aut quevis alia persona et precipue in ipsa domo dominium non habens se ibidem de monialibus vel statu earundem aut dicte domus aliqualiter intromittat statuat inibi sive ordinet, et si contrarium factum fuerit illud revocamus cassamus et irritamus ac cassum et irritum pronunciamus per decretum.

(15) Dominam Sabinam de Appelgarth certis de causis nos ad hoc moventibus quousque aliud ordinaverimus ab omnibus officiis et administrationibus amovemus, injungentes eidem quod claustrum teneat conventumque sequatur in obsequiis divinis locis et temporibus oportunis, primas portas monasterii non exeat, litteras seu nuncium non mittat vel recipiat nisi in presencia priorisse et ab eadem visas et intellectas, aliam vero penitenciam eidem domine Sabine pro suis demeritis infligendam nobis adhuc specialiter reservamus.

(16) Dominam Johannam de Brotherton nunc quarta vice super incontinencie vicio convicta a dicta domo excludi volumus et mandamus, ita quod in eadem nullatenus readmittatur absque nostra sciencia et mandato speciali.

(17) Item nulla monialis super incontinencie vicio convicta vel graviter diffamata in aliquo statuatur officio quousque canonice correcta fuerit et aliud per nos inde fuerit ordinatum.

(18) Penitenciam etiam domine Johanne Blaunkfront pro suis excessibus et demeritis infligendam sub gestu suo futuro graciose duximus differendam.

Hec autem nostra salubria monita correctiones et injuncta per vos et successores vestros quousque per nos seu successores nostros revocata fuerint vel mutata in virtute sancte obediencie et sub pena depositionis priorisse que nunc est et que pro tempore fuerit ac excommunicationis in ceteras de conventu injungimus firmiter observari. Valete. Datum apud Thorp' juxta Ebor.

315. Institution and mandate for induction of John de Aldeburgh, acolyte, to the church of South Kilvington, vacant by the death of John de Scargill; presented by Geoffrey de Upsall, kt. Ripon, 12 July 1328.

316. [*Ripon, 29 July, 1328. Letter to the prioress and convent of Nunkeeling to receive Johanna de Brotherton, nun of Moxby, to do penance.*]

MISSIO DOMINE JOHANNE DE BROTHERTON MONIALIS DE MOLSEBY AD DOMUM DE KILLYNG ET PENITENCIA EJUSDEM. W. etc. dilectis filiabus priorisse et conventui de Killyng nostre diocesis salutem [*etc.*]. Dum profusam Christi clemenciam qui pro lapsi hominis reparacione mori misericorditer est dignatus, diligenter attendimus ad agendum benignius cum hiis qui diabolicis seducti blandiciis peccati sordibus se fedantes et postea penitentis animi ducti consilio petunt misericordiam de commissis merito provocamur. Accedens itaque ad presenciam nostram domina Johanna de Brotherton monialis de Molseby nostre diocesis ac in vultu lacrimanti et contrito spiritu nostris pedibus se advolvens, confessa est per carnis lasciviam graviter se errasse domum suam et habitum pluries et temere dimittendo que decetero viciis dare repudium et bonis se cupit operibus ut asserit exercere ac penitenciam peragere sibi pro hujusmodi excessibus injungendam, nos igitur compassionis debitum eidem subducere non valentes devotionem vestram requirimus specialiter et rogamus, vobis nichilominus in Deo firmiter exhortantes, quatinus absque cujusvis excusationis diffugio dictam dominam Johannam ad morandum ad tempus pro agenda in domo vestra penitencia caritatis intuitu ne quod absit vagando pereat et precum nostrarum interventu graciose admittentes, penitenciam infrascriptam ipsam peragere compellatis, videlicet ut in singulis sextis feriis in pane jejunet et aqua quibus unam a presidente in capitulo vestro recipiat disciplinam, quartis autem feriis carnes non comedat neque pisces, solitaria quoque in aliqua camera commoretur ad deflenda crimina jam commissa, nec cum aliquibus viris religiosis vel secularibus nisi cum confiteri voluerit colloquium habeat seu tractatum et velum suum nigrum dimittat, quousque meritis suis id poscentibus aliud super hoc duxerimus ordinandum. Valete. [Rypon, 4 kal. Aug. 1328.]

317. Memorandum of a letter to the prioress and convent of Moxby to receive the said Joan to do this penance there, 'et aliam juxta regulam suam injungendam', to certify the archbishop thereon, and to compel her by censures if necessary. Bishopthorpe, 5 Aug. 1328.

318. [Fo. 250; N.F. 302] Certificate of William de Alberwyk,
S.T.P., precentor of York, and Ralph de Yarwell, rector of Cottam,
quoting the archbishop's commission (dated Bishopthorpe, 28 Mar.
1328) to them and Thomas de Nova villa, 'juris civilis professori', and
William de Burton, vicar of Kirkby Moorside, to make reassessments
in accordance with writs of Edward III on behalf of the following:
(i) Guisborough, Newburgh, Kirkham, Malton and Marton priories
(dated York, 2 Mar. 1328); (ii) St. Andrew's priory, York (dated York,
4 Mar. 1328); (iii) Thurstan de Chisenhale, rector of Barton-le-Street
(dated York, 5 Mar. 1328). All had petitioned the king and council in
parliament that Scottish raids had destroyed their property. The new
assessments of temporalities, made with sworn clergy and laymen, are
as follow: Malton, 120 marks; Kirkham, £60; Newburgh, £20;
St. Andrew's, 24 marks; Marton, 12 marks; and, for spiritualities,
Barton rectory, 12 marks. They have not yet assessed Guisborough.
York, 16 Apr. 1328.

319. Certificate of the above to the treasurer and barons of the
Exchequer. Church Brampton (*Kirkbrampton juxta Northampton*),
2 May 1328.

320A. Certificate of these reassessments to the abbot of St. Mary,
York, collector of the tenth; also that the treasurership of York is now
assessed at 110 marks. Church Brampton, 2 May 1328.

320B. Certificate of Ralph de Yarwell and William de Burton,
quoting the archbisop's commission (as in no. 318) that Guisborough
has been reassessed at £36. Guisborough, 13 June 1328.
   Memorandum that certificates were duly sent to the Exchequer and
the abbot of St. Mary. Otley, 6 July 1328.

Printed in Cart Gyseburne, ii. 399–400.

321. [*Ripon, 21 July 1328. Order to the prior of Newburgh to send canons
to other houses and impose penances.*]

[Fo. 250ᵛ; N.F. 302ᵛ] PENITENCIA ET EMISSIO QUORUNDAM CANONICORUM
DE NOVOBURGO. Willelmus etc. dilecto filio priori monasterii de Novo
Burgo nostre diocesis salutem [*etc.*]. Injuncte nobis pastoralis solicitudinis necessitas juxta canonicas sanctiones nos compellit ut ad
debitam morum et vite reformationem et correctionem salubrem
personarum omnium et religiosarum precipue nobis ubilibet subjec-
tarum vigilanti studio curaque solicita nostre mentis intuitum con-
vertamus. Nuper siquidem in dicto vestro monasterio visitationis per
certos clericos nostros ac per nos correctionis officium exercentes,

propter quedam inibi tunc comperta ad dicti vestri monasterii ut
confidimus comodum et quietem sic duximus ordinandum, videlicet
quod fratres Johannes de Kilvyngton Johannes de Thresk et Willelmus
de Wycome domus vestre concanonici propter quasdem suas protervias
et inobediencias ut de aliis taceamus a dicto vestro monasterio emittan-
tur et ad alia monasteria, videlicet frater Johannes de Kilvyngton ad
monasterium de Hextild' frater Johannes de Thresk ad monasterium de
Kertemel et frater W. de Wycome ad monasterium sancti Oswaldi de
Glouc' transmittantur domus vestre sumptibus et expensis, quos ad
quinque marcas sterlingorum pro quolibet eorundem annuatim
taxamus, in eisdem donec aliud inde ordinaverimus modo qui sequitur
moraturi, videlicet quod nullus eorum septa dictorum monasteriorum
exeat, litteras vel nuncium non emittat vel recipiat nec cum secularibus
colloquium habeat nisi in presencia priorum eorundem monasteriorum
vel alterius deputati ab eisdem, quilibet etiam eorum singulis sextis
feriis in primo anno emissionis eorundem ab esu piscium se abstinea.
septemque psalmos penitentiales cum letania dicat humiliter et devotet
Eandem vero penitenciam fratribus Edmundo de Burton Willelmo de
Langeton Willelmo de Kirketon et Johanni de Otrington domi
commorantibus pro suis rebellionibus et aliis suis demeritis duximus
injungendam et quod quilibet eorum quatuor dictis sextis feriis unam
recipiat disciplinam de manibus presidentis, Johanni de Otrington
predicto quodcumque officium interius et exterius certis ex causis
interdicentes. Claustrumque teneant, singulis horis canonicis intersint
conventumque sequantur ut tenentur. Quocirca vobis mandamus
firmiter injungentes quatinus prefatos fratres Johannem de Kilvington
Johannem de Thresk et W. de Wycome quamcitius poteritis modo
premisso ad loca predicta emittere non tardetis, ipsorum monasteriorum .. prioribus expensas pretaxatas temporibus oportunis debite
ministrantes, fratres etiam Edmundum de Burton Willelmum de
Langeton W. de Kirketon et Johannem de Otrington predictos domi
ut premittitur com[m]orantes ad premissa eis injuncta modo predicto
salubriter subeunda et peragenda moneatis ex parte nostra et efficaciter
inducatis, ac si ipsorum protervitas hoc exposcat ad ea facienda per
quascumque censuras ecclesiasticas vice nostra canonice compellatis.
Et nos de omni eo quod feceritis in premissis et qualiter prefati fratres
vestri eisdem paruerint tempore oportuno reddatis certiores distincte
et aperte per vestras litteras harum seriem continentes. Litteras vero
nostras dictorum monasteriorum de Hext' Kertemel et sancti Oswaldi
Glouc' .. prioribus et eorum conventibus pro ipsorum admissione
confectas vobis mittimus dictis prioribus per vos ulterius transmittendas.
Penitenciam insuper fratribus Johanni Talevace et Hugoni de Fletham
pro eorum adhesionibus fratribus predictis canonice injungendam sub

eorum gestu adhuc ducimus differendam. Valete. [Rypon, 12 kal. Aug. 1328].

322. [*Ripon, 21 July 1328. Letters to the priors and convents of Hexham, Cartmel and St. Oswald Gloucester for the reception of canons of Newburgh to do penance.*]

PRO ADMISSIONE PREDICTORUM CANONICORUM. Willelmus etc. dilectis filiis .. priori et conventui monasterii nostri de Hextildesham salutem [*etc.*]. Quia plerumque visum est quod locorum ac societatum mutatio hominum mutat conditiones atque mores, ex hac igitur et aliis causis legitimis fratrem Johannem de Kilvington canonicum et professum domus de Novoburgo vestri ordinis nostre diocesis ad vos et monasterium vestrum predictum inibi ad nostrum beneplacitum inter vos dicte domus de Novoburgo sumptibus et expensis, quos ad quinque marcas annuatim vobis pro omnibus suis necessariis solvendas taxamus, secundum ordinis vestri disciplinam et observancias regulares moraturum duximus transmittendum, penitenciam infrascriptam inter vos peragendam eidem inter cetera salubriter injungentes, videlicet quod septa dicti vestri monasterii non exeat, litteras vel nuncium non emittat vel recipiat nec cum secularibus colloquium habeat nisi in prioris vel subprioris seu custodis ordinis vestri presencia, singulisque sextis feriis primi anni a tempore emissionis sue ab esu piscium se abstineat, septem etiam psalmos penitentiales dicat cum letania humiliter et devote. Quocirca vobis mandamus firmiter injungentes quatinus prefatum fratrem Johannem inter vos modo premisso beningne admittatis ac ipsum regulari et fraternali affectione in sinu caritatis ut convenit pertractantes, eundemque ad predictam penitenciam peragendam si necesse fuerit secundum regule vestre disciplinam donec aliud inde juxta ipsius gestum duxerimus ordinandum vice nostra debite cohercentes. Et nos de omni eo quod feceritis in premissis et qualiter prefatus frater Johannes prefatam suam penitenciam subierit ac etiam peregerit reddere curetis tempore oportuno plenius certiores distincte et aperte per vestras litteras harum seriem continentes. Valete. Datum die loco et anno proximis supradictis. Memorandum quod eisdem die et loco emanavit consimilis littera priori et conventui de Kertemel pro fratre Johanne de Thresk. Item alia .. priori et conventui sancti Oswaldi Glouc' pro fratre Willelmo de Wycome.

323. Licence to Master Thomas de Nassyngton, clerk, rector of Elvington, to study for two years in any *studium generale*. He need not be promoted above the order of subdeacon. His church is to be served by a vicar deputed by himself or the archbishop. Bishop Burton, 12 Sept. 1328.

324. Licence to Sir Thomas, rector of Terrington (*Tyverington*), to be absent for one year 'pro sanitate[1] corporis sui recuperanda'. Kirkham, 18 Nov. 1328.

325. Institution ('cum sigillo majori signata') in the person of Master Thomas de Luco and mandate for induction of Francesco Gaytani, clerk, to the church of Lythe, vacant by the resignation of Master Adam de Haselbech; presented by Peter de Maulay V. Cawood, 28 Dec. 1328.

326. Institution etc. of Ralph de Hoton, priest, to the church of Hinderwell, vacant by the death of John de Killum; presented by Peter de Maulay V. Cawood, 28 Dec. 1328.

327. Institution etc. of Peter de Rithre, priest, to the church of Kirby Misperton, vacant by the resignation of Geoffrey de Edenham; presented by William de Ros of Helmsley, kt. Cawood, 19 Jan. 1329.

328. [*Cawood, 7 Feb. 1329. Letter to the rector of Kirby Knowle, keeper of the seal of Arden priory, to seal documents necessary for the election of a new prioress but not to relinquish the seal.*]
[Fo. 251; N.F. 303] RECTORI ECCLESIE DE KIRKBY KNOLL' AD SIGIL-LANDUM LITTERAS ELECTIONIS DE ERDEN. Willelmus etc. dilecto filio domino Roberto rectori ecclesie de Kirkeby Knoll' nostre diocesis salutem [*etc.*]. Vacante monasterio de Erden dicte nostre diocesis per cessionem domine Isabelle Covvell ultime priorisse ejusdem in manibus nostris factam dataque per nos licencia conventui ejusdem monasterii procedendi ad electionem future priorisse, cum sigillum commune ipsius conventus penes vos resideat de mandato nostro nec poterit ipse conventus instrumenta electionis sue consignare nisi sigilli earum communis copiam obtineant penes vos ut premittitur existentis, vobis mandamus firmiter injungentes quatinus ad monasterium de Erden predictum personaliter accedentes instrumenta electionis sue faciatis dicto sigillo communi ut expedit consignari, ipsum nichilominus salvo custodientes quousque futura priorissa fuerit confirmata vel alias auctoritate nostra prefecta et aliud inde a nobis habueritis in mandatis. Moneatis etiam et efficaciter inducatis predictam dominam Isabellam nuper priorissam dicti monasterii quod ad domum de Arthington in qua professionem suam emisit infra triduum redeat ad Deo serviendum deinceps inibi moratura, quod si facere contempserit ipsam ad id per quascumque censuras ecclesiasticas canonice compellatis, ad

---

[1] MS. *senitate*.

quod vobis vices nostras committimus cum cohercionis canonice potestate. Valete. [Cawood, 7 id. Feb. 1328.]

329. Institution and mandate for induction of William de Boulton, priest, to the church of Rudby, vacant by the death of Thomas de Wherleton; presented by Nicholas de Menill, kt. Bishopthorpe, 5 Apr. 1329.

330. Licence to Gawain de Tweng, rector of Kirkleatham (*Lythum*), to stay in the company of William de Thweng, kt., from Easter next until Easter following, 'et fuit die Jovis in Cena Domini'. Bishopthorpe, 20 Apr. 1329.

331. Mandate to John Talvace, rector of Hawnby, to install as prioress of Arden Beatrice de Holm, whom the archbishop has appointed after quashing her election 'propter ipsius formam'. Bishopthorpe, 27 Apr. 1329.

332. Certificate of the priors of Newburgh and Marton quoting the archbishop's commission (dated Bishopthorpe, 7 Apr. 1329) to reassess Stillington (*Styvelyngton*) prebend in York Minster in accordance with a writ of Edward III (dated Salisbury, 20 Oct. 1328).[1] John de Godelee, its prebendary, had petitioned the king that Scottish raids had destroyed it. A sworn inquest has reassessed the prebend at 20 marks. Stillington, 13 Apr. 1329.
  The archbishop accordingly certified the treasurer and barons of the Exchequer. Bishopthorpe, 17 Apr. 1329.

333. Memorandum of licence to Ralph de Hoton, rector of Hinderwell, to study in any *studium generale* for three years and farm his church to the prior and convent of Grosmont, at the request of Peter de Maulay V. Bolton Abbey (*Boulton in Craven*), 3 July 1329.

334. Institution and mandate for induction of Master Edmund de Haukesgarth, acolyte, to the church of Kirby in Cleveland, vacant by the resignation of Master Robert de Heselarton; presented by the abbot and convent of Whitby. Roche abbey, 14 July 1329.

335. Institution etc. of Nicholas Darel, clerk, to the church of South Kilvington, vacant by the resignation of John de Aldeburgh; presented by Geoffrey de Upsale, kt. Cawood, 19 Aug. 1329.

[1] *CCR. 1327–30*, 325–6.

336. Licence to John de Brumpton, rector of Thormanby, to be absent for one year, at the request of Master Richard de Eryom. 7 Sept. 1329.

337. Licence to John de Everley, rector of Thornton Dale (*Thornton in Pykeringlith'*) to study for two years and farm his church. Bishopthorpe, 6 Oct. 1329.

338. Memorandum of licence to Agnes de Sutton for the celebration of services in her oratory in Barton-le-Street; she is to attend her parish church at Christmas, Epiphany, Easter, Ascension, Whit Sunday, the nativity of St. John the Baptist, and the feast-day of the saint 'in cujus honore dicta dedicatur ecclesia'. Brayton, 13 Oct. 1329.

339. [*Bishopthorpe, 2 Sept. 1329. Commission to the official of York and his commissary-general to execute the sentence given in a cause concerning the provision of a chaplain and a clerk to serve Stittenham chapel and other costs of the chapel.*]

[Fo. 251ᵛ; N.F. 303ᵛ] COMMISSIO AD DEMANDANDAM SENTENCIAM IN CAUSA INTER PRIOREM DE MARTON ET VICARIUM DE SHIREFHOTON EX PARTE UNA ET INCOLAS ETC. ALIAS LATAM EXECUTIONI.[1] Willelmus etc. dilectis filiis officiali curie nostre Eboracensis et ejus commissario generali salutem [*etc.*]. Cum dudum inter priorem et conventum monasterii de Marton in Galtres rectores ecclesie de Shirrefhoton et vicarium ejusdem ecclesie ex parte una, ac incolas et inhabitatores ville de Stitlum dicte ecclesie parochianos ex altera, super refectione et emendatione cancelli capelle de Stitlum predicte quotiens indiguerit una sentencia diffinitiva, necnon inter predictos vicarium et incolas super inventione unius capellani in dicta capella de Stitlum perpetuo celebraturi et cujusdam clerici eidem capellano ministraturi ac luminaris et aliorum onerum eidem capelle incumbentium alia sentencia diffinitiva per nos fuissent canonice late, prout per litteras nostras patentes inde confectas plenius poterit apparere, quibus vero sentenciis in omnibus non est paritum ut deberet prout dictorum incolarum querela nobis apertius indicavit; et quia sentencia sine executione esse non debeat, vobis de quorum fidelitate et industria plenius confidimus ad demandandum debite executioni dictas nostras sentencias, quotiens et quando opus fuerit et ex parte prioris vicarii seu incolarum predictorum fueritis requisiti vel alter vestrum congrue fuerit requisitus, conjunctim et divisim et cuilibet vestrum per se et insolidum vices nostras committimus cum cohercionis canonice potestate. Valete. [Thorp' prope Ebor', 4 non. Sept. 1329.]

[1] In a later hand *Stitlome capella* and *vide 233*.

340. Commission to the official of York, his commissary-general and Master Richard de Erium, D.Can. & C.L., canon of York, to act in the cause brought by John de Holthorp', chaplain, presented to the church of Barton-le-Street, and Thurstan de Chesenhale, its incumbent, with power to remove the latter. Southwell, 19 Nov. 1329.

341. Licence to Walter Flemyng, rector of Appleton-le-Street, to study for one year. Cawood, 6 Jan. 1330.

342. Mandate to the archdeacon etc. to induct Robert de Beverley to the church of Stonegrave, to which he has been instituted by Roger, bishop of Coventry and Lichfield, by authority of the archbishop. Cawood, 8 Jan. 1330.

343. Institution and mandate for induction of Philip de Redyng, priest, to the church of Middleton by Pickering, vacant by the death of Master Robert de Hampton; presented by Thomas Wake, lord of Liddell. Cawood, 30 Jan. 1330.

344. Licence to John de Seleby, rector of Welbury, to be absent for three years and farm his church. Bishopthorpe, 19 Feb. 1330

345. Institution etc. of Henry de Acastr', acolyte (York), to the church of Scawton (*Scaleton*), vacant by the death of Richard de Wyrkeshale; presented by William Malbys, kt. Bishopthorpe, 25 Feb. 1330.

346. Commission to the official of York, his commissary-general, Master Richard de Eryom, D.Can. & C.L., Master John de Not[ting-ham], receiver of York, and Master Robert de Southak, advocate of the court of York, to act in the cause between John de Holthorp' and Thurstan de Chisenhale concerning Barton-le-Street church (see no. 340). Four, three or two are to be sufficient to act, provided that the official be one if he is in York city. Bishopthorpe, 22 Mar. 1330.

347. Licence to W. de Boulton, rector of Rudby, to be absent for two years and farm his church. Bishopthorpe, 3 Apr. 1330.

348. Similar licence to John Baron de Athelingflete, rector of Upper Helmsley, for one year. Bishopthorpe, 15 May 1330.

349. Memorandum of licence to William de Wytheton, rector of Foston, to be absent to study and farm his church. 'Et aliam litteram

habuit quod non impetetur ratione non residencie a tempore institutionis sue usque in hunc in diem a sequestratore nostro seu alio ministro nec pro eo quod dimisit ecclesiam suam ad firmam anno domini MCCCXXIX, licencia super hoc non obtenta'. Bishopthorpe, 9 June 1330.

350. Memorandum of dispensation for bastardy to William Benkyn of Kirkleatham, acolyte (York), after enquiry into all articles by virtue of papal letters (not quoted). Bishopthorpe, 10 June 1330.

351. Institution and mandate for induction of William de Brafferton, priest, to the vicarage of Great Edstone, vacant by the death of Sir William; presented by the prior and convent of Hexham. Cawood, 14 June 1330.

352. Institution etc. of William de Wardhowe, acolyte, to the church of Lythe; presented by Peter de Maulay V. Bingham, 29 June 1330.

353. [*N.d. Commission to enquire into a dispute arising from the provision of William Couper of Aislaby to a benefice in the gift of the prior and convent of Newburgh.*]

[N.F. 304ᵛ]¹ [W.] permissione divina Eboracensis archiepiscopus Anglie primas, executor seu provisor unicus in negotio provisorio Willelmi Couper de Aselakby pauperis clerici nostre dyocesis ad providendum eidem [de bene]ficio ecclesiastico spectante ad collationem vel presentationem .. prioris et conventus de Newburgh secundum formam litterarum apostolicarum nobis directarum a sede apostolica deputatus, [dilect]is filiis magistris Roberto de Pykering decano Ricardo de Eriom et Johanni Giffard ecclesie nostre beati Petri Eboracensis canonicis salutem et mandatis apostolicis firmiter obedire. [?Cum] nuper in ipso provisorio negotio ad inquirendum de vita et conversatione ipsius pauperis clerici et certis articulis in dictis litteris apostolicis contentis ac ad dictum mandatum exequendum [pri]ori Sancte Trinitatis Eboracensis ordinis sancti Benedicti Mermistratensis et priori fratrum predicatorum ejusdem civitatis Eboracensis conjunctim et divisim cum clausula 'donec eas ad [nos] duxerimus revocandas', commisissemus vices nostras, idem .. prior Sancte Trinitatis premissa inquisitione hujusmodi beneficium si tunc vacavit alioquin proximum vacaturum quod eidem [?cleri]co deberi contigerit spectans ad collationem vel presentationem dictorum religiosorum eidem clerico conferendum reservavit, et ne illud alteri conferrent vel ad id quemvis alium presentarent [ipsi]s religiosis inhibuit sub certis penis, decernens si secus fieret

¹ An inserted leaf, of which the recto is blank. It lacks the beginning of each line.

irritum et inane. Verum ex parte ipsorum religiosorum nobis extitit graviter querelatum quod cum nos in ipso negotio [pro]visorio vices nostras priori Sancte Trinitatis Eboracensis non totaliter set quousque eas duxerimus revocandas commisissemus sub certa forma, idem prior eos vocari fecit ad certos [di]em et locum ad procedendum in negotio predicto juxta naturam ejusdem, ad quos veniens pars dictorum religiosorum parata ad proponendum contra eundem priorem Sancte Trinitatis quod ipse majorum excommunicationum sentenciis diversis involutus extitit et sic excommunicatus diversimode publicatus sicque capax non extitit commissionis predicte nec procedere potuit [nec] debuit in negotio memorato ac ad proponendum alia diversa pro locis et temporibus contra dictum pauperem clericum ac ipsius inquisitionem faciendam propter que non fuit providendum prefatus prior Sancte Trinitatis nullo modo eisdem die et loco venit set se absentavit, postmodum tamen absque vocatione citatione et inquisitione quacumque de vita [et] moribus et articulis contentis in litteris apostolicis nobis directis suspicans de premissis obiciendis contra formam litterarum apostolicarum et nostrarum intentionem mandatis et nostram omis[sa] inquisitione super articulis predictis confingens ut asserebatur et pretendens inquisitum cum non esset, litteras eidem clerico continentes inhibitionem et reservationem concessit [et] assignavit durante excommunicatione predicta ut premittitur publicata, super quibus petebant sibi justiciam fieri et de remedio provideri. Unde nos dilectis filiis .. officiali curie nostre Eboracensis et ejus commissario generali ad cognoscendum [et] procedendum super hiis vocatis vocandis premissa examinandum revocandum reformandum pronunciandum et publicandum conjunctim et divisim vices nostras commisimus cum cohercionis canonice potestate, donec eas etc. Super qua quidem querela et contentis in eadem coram ipsis inter partes [   ]ans processum extitit et aliquamdiu altercatum, demum accedens ad nos prefatus pauper clericus ut subductis litium ambagibus ad inquirendum juxta formam litterarum apostolicarum [direct]arum ac naturam et qualitatem negotii ac ipsum negotium exequendum aliquem virum providum per nos deputari et assignari cum instancia postulavit, se ad defendendum [et pro]sequendum dictam querelam ac causas ejusdem impotentem pretendens occasione sue notorie paupertatis. Nos igitur volentes quantum de jure possumus lites dirimere [?ipsius]que pauperis clerici provisionem per hujusmodi litium anfractus non differri ac pensantes quod cessante causa cessare debet et effectus, predictas commissiones quascumque ex certa sciencia [revo]camus et vobis ac cuilibet vestrum per se et insolidum ad inquirendum de novo de vita et conversatione ipsius pauperis clerici et ceteris contentis in litteris apostolicis supradictis [secundum] formam earundem ac naturam et

qualitatem negotii dictumque mandatum apostolicum plenarie exequendum et expediendum vices nostras committimus cum cohercionis
canonice [potes]tate, donec eas ad nos duxerimus revocandas. Valete.
Datum apud.[1]

354. [*Bishopthorpe, 5 Aug. 1330. Mandate to the official of York, his
commissary-general and the receiver of York not to molest Master William de
Burton vicar of Kirkby Moorside for non-residence when he goes on pilgrimage
to Compostella in performance of a vow.*]

[Fo. 252; N.F. 305] LICENCIA MAGISTRO W. DE BURTON EUNDI PEREGRE
AD SANCTUM JACOBUM. Willelmus etc. dilectis filiis .. officiali curie
nostre Eboracensis et ejus .. commissario generali ac receptori nostro
ibidem et ceteris ministris quibuscumque salutem [*etc.*]. Quia magistrum Willelmum de Burton perpetuum vicarium ecclesie de Kirkeby
Moreshevede nostre diocesis ut a data presentium usque ad tres
septimanas post festum Pasche proximum futurum ad sanctum Jacobum
peregre proficisci causa voti sui solvendi valeat et redire decrevimus
tolerare, quem id facere quantum Deo possumus et ad nos pertinet
toleramus, et cui ne interim in duabus synodis nostris Eboracensibus
post festum sancti Michaelis proximum futurum et dictum festum
Pasche celebrandis indulsimus personaliter comparere teneatur
dumtamen per procuratorem sufficientum compareat in eisdem, vobis
mandamus quatinus vos seu aliquis vestrum dictum magistrum
Willelmum vicarium predictum occasionibus premissis seu aliqua earum
interim nullatenus impetatis vel etiam molestetis impetat seu molestet.
Valete. [Thorp' juxta Ebor', Non. Aug. 1330.]

355. Licence to Sir Gawain, rector of Kirkleatham, to farm his
church from St. Mark's day past for one year, to be absent, and not to
appear in synods. Bishopthorpe, 7 Aug. 1330.

356. Licence to John de Brumpton, rector of Thormanby, to be
absent for one year from 7 Sept. next, at the request of Master R. de
Eryom. 13 Aug. 1330.

357. Mandate to the official of the archdeacon of Cleveland to
induct Hugh called Walgh, chaplain, master of the hospital of St.
Mary, Bootham (*Bouthom juxta Ebor'*), to the church of Stillingfleet,
vacant by the resignation of Richard de Grymeston and newly appropriated to the hospital, saving the vicar's portion assigned in the
archbishop's ordinance. Bishopthorpe, 24 Aug. 1330.

[1] Unfinished.

358. [*Newburgh priory, 29 March 1330. Grant of a corrody to Alan del fell of Towthorpe by the prior and convent of Newburgh.*]

PENSIO ALANI CUBICULARII. Tenore presentium pateat universis quod nos Johannes prior et conventus monasterii beate Marie de Novo burgo concessimus Alano de fell de Touthorp' unum panem album conventualem et unam lagenam cervisie conventualis cotidie de celario nostro percipiendos vel semel in ebdomoda pro tota ebdomoda et de coquina sicut uni canonicorum nostrorum ad totam vitam suam. Concessimus etiam eidem Alano unam robam de secta scutiferi prioris singulis annis percipiendam et pro garcione suo septem bastardos panes et septem lagenas cervisie secunde singulis septimanis pro tota vita ipsius Alani percipiendos. Item concessimus eidem Alano ad totam vitam suam unam cameram infra elemosinariam domus nostre predicte candelam literam et focale sicut alii corrodiarii ejusdem domus nostre percipiunt. Et si contingat quod dictus Alanus panem cervisiam et ferculum predicta vendere vel dimittere voluerit quod nos si tantum ut alii dare voluerimus pro eisdem in emptione hujusmodi ceteris preferamur. In cujus rei testimonium sigillum nostrum commune presentibus est appensum. Datum apud Novum Burgum in domo nostra capitulari iiij kalendas Aprilis anno gracie millesimo trecentesimo tricesimo.

359. Institution and mandate for induction of Robert de Bowes, priest, to the church of Kirby Knowle, vacant by the death of Sir Robert; presented by Ralph de Lascels, kt. Cawood, 5 Oct. 1330.

360. APPROPRIATIO ECCLESIE DE STYVELYNGFLET'.[1] Letter in public form approving of the proposal of Master Robert de Pykeryng, dean of York, founder of the hospital of St. Mary, Bootham. This is to have a chaplain as master, presented by Pykeryng and his heirs, who will celebrate daily. Two chaplains will celebrate for the souls of Edward II, his ancestors and heirs, Archbishop Melton, Walter sometime bishop of Lichfield, the archbishops and canons of York, Pykeryng and his brother Master William, their ancestors and heirs, Thomas de Fisheburn and all faithful departed. The master will provide food and clothing for these two chaplains, or else 24s. p.a. each for clothing, and also for six other old and infirm chaplains in the hospital.

With the king's licence, Pykeryng has granted the patronage of Stillingfleet church to the hospital and sued the archbishop for it to be appropriated. Richard de Grimeston, its rector, and Hugh Walsh,

---

[1] Heavily over-written in a later hand. The document is printed in *Historians of the Church of York* (Rolls Series, 1879–94), iii. 241–8. Another text is in the York *Liber Domesday* (Minster Library, L2 (2)A, ff. 53–5.)

presented as master, have submitted to the archbishop. [Fo. 242ᵛ; N.F. 305ᵛ] After accepting Grimeston's resignation, the archbishop, with the assent of the dean and chapter of York, grants the appropriation to the master and hospital. A vicar bound to personal residence is to have the cure of souls and serve the church, paying procurations at archidiaconal visitations and *synodalia*; live in the manse where vicars lived before the consolidation of the vicarage with the rectory; and have as his portion half a bovate of the church's land, with a meadow and other appurtenances, and all the altarage except the tithe of hay and wool. His presentation will belong to the master.

The hospital is to pay Grimeston, the ex-rector, £26 13s. 4d. p.a. for life; £10 p.a. to the under-treasurer of York Minster to support two chaplains not vicars, called *persone*, celebrating in the minster, one for the archbishop and his successors, the second for Masters Robert and William [Pickering], as shall be ordained; and 6½ marks to the dean and chapter to indemnify the archbishopric from other (specified) payments to them. At his admission, the master will swear to make these payments, under pains of suspension, etc. (detailed).

Each of the six poor chaplains is to be fed and clothed in the hospital, or have 12d. per week for the former and 7s. 8d. p.a. for clothing. A clerk paid 40s. p.a. will serve all [eight] chaplains. Some of the charges may be waived during Grimeston's lifetime if payment of his pension is too heavy a burden; thereafter, up to twelve chaplains may be kept if the hospital's means permit. For the repair of Stillingfleet chancel, the master will see to five parts, the vicar to one.

These letters were made by Master John Thome de Barneby super Doon, notary public by papal and imperial authority and the archbishop's scribe, with his attestation, and witnessed by Master Richard de Eryom and Richard de Otringham, canons of York and Beverley, Master Adam de Haselbech, the archbishop's chancellor, Masters Richard de Snoweshull, William de Syreston and William de Carleton, notaries, and many other clerks and laymen. Bishopthorpe, 25 Aug. 1330.

361. [Fo. 253; N.F. 306] Commission to Master John de Wodehous', commissary-general of the official of the court of York, and Philip de Nassington and John de Thouthorp', advocates of the court, or two of them, to visit and correct Moxby priory. Southwell, 4 Nov. 1330.

362. Memorandum of appointment of Adam de Tyverington, chaplain, as *tutor* of Thomas de Grayngham, rector of Terrington. Bishopthorpe, 24 May 1331.

363. Licence to Philip de Radyng, rector of Middleton (by

Pickering), to serve Sir Thomas Wake for one year. Bishopthorpe, 31 May 1331.

364. Licence to Gawain de Tweng, rector of Kirkleatham, to be absent for one year from Trinity Sunday next and farm his church. 26 May 1331.

365. Licence to John Baroun, rector of Upper Helmesley, to let the harvest fruits ('fructus autumpnales') of his church in the present year. Bishopthorpe, 26 June 1331.

366. Grant to Adam de Tyveryngton, chaplain, of custody of the sequestration of Terrington church, now vacant; he is to account to the archbishop or to the official of York. Bishopthorpe, 6 July 1331.

367. Licence to J. de Brumpton, rector of Thormanby, to be absent for one year from 7 September. Coverham, 24 July 1331.

368. Memorandum of dispensation for bastardy to John de Kirke-byknol, son of Robert de Foulstowe, acolyte (York), according to papal letters (not quoted); also for being ordained without letters dimissory or this dispensation by another bishop. Bishopthorpe, 3 Aug. 1331.

369. Licence to William de Wardhowe, rector of Lythe, to study in any *studium generale* and let the harvest fruits for one year. 8 Aug. 1331.

370. [*Cawood, 11 Aug. 1331. Collation of a chantry or parsonage in York Minster established in the appropriation of Stillingfleet church.*]

COLLATIO PERSONATUS SEU CANTARIE IN ECCLESIA EBORACENSI DOMINO J. BONENFANT. Willelmus etc. dilecto filio domino Johanni Bonenfaunt de Otteley presbitero salutem [*etc.*]. Mores et merita quibus te novimus comendabiliter insignitum nos excitant propensius et inducunt ut te prosequamur favore gracie amplioris. Hinc est quod cum in ordinatione appropriationis ecclesie de Stivelynflet' nostre diocesis hospitali beate Marie in Bouthom juxta Ebor' nuper per nos facte contineatur inter cetera quod .. magister hospitalis predicti qui pro tempore fuerit subthesaurario ecclesie nostre Eboracensis annis singulis ad duos anni terminos decem libras sterlingorum solvere teneatur per ipsum sub-thesaurarium duobus capellanis qui nominabuntur persone divina in dicta nostra Eboracensi ecclesia, uni videlicet pro nobis et successoribus nostris alteri vero pro magistris Roberto de Pykering decano ecclesie nostre Eboracensis et Willelmo fratre germano ejusdem ac non nullis aliis, celebraturis imperpetuum fideliter persolvendas, nos personatum seu cantariam persone pro nobis .. et successoribus nostris divina celebraturo iniby ordinatum vacantem et ad nostram collationem spectantem tibi caritatis intuitu conferimus cum suis juribus et pertinenciis universis et te instituimus canonice in eodem. Vale. [Cawode, 3 id. Aug. 1331.]

371. INDUCTIO EJUSDEM. To the dean and chapter of York. Same date.

372. Licence to Master Edmund de Haukesgarth, rector of Kirby in Cleveland, to study for three years and farm his church. Bradford, 1 Oct. 1331.

373. Writs of Edward III informing the archbishop that Nicholas de Stapelton, 'chivaler', has recovered the presentation to Terrington church against (i) Anketin Salvayn, 'chivaler', and (ii) William le Latimer, 'chivaler', and ordering admission on Stapelton's presentation. [Both] tested by William de Herle, Westminster, 12 Oct. 1331.

374. [Fo. 253ᵛ; N.F. 306ᵛ] Institution and mandate for induction of Roger Basset, acolyte, to the church of Terrington, vacant by the death of Thomas de Graingham; presented by Nicholas de Stapelton, kt. Appleby, 27 Oct. 1331.

375. Certificate of the prior of Newburgh and vicar of Felixkirk quoting the archbishop's commission (dated at the hospital, Northallerton, 15 May 1331) to reassess Arden priory in accordance with a writ of Edward III (dated Gloucester, 22 Dec. 1327),[1] ordering the archbishop to reassess benefices destroyed by the Scots and so unable to pay the tenth granted to the king by the clergy of York, as petitioned by the clergy of York diocese. They enquired at Thirsk on 28 June by six neighbours of Arden, *viz.* William le Kirkeman of Hawnby (*Halmeby*), William de Neuton, John Sutor, Robert Hardyng of Dale, William Hardyng and William de Heton, and found that the nuns have no ecclesiastical benefice, all their lay fee is scarcely worth 20s. p.a. 'ultra miseram sustentationem earundem', and there is nothing else to be assessed. Newburgh, 28 June 1331.

376. Institution and mandate for induction of Hugh de Neuton, priest, to the church of Crathorne, vacant by the resignation of Richard de Bynington; presented by the prior and convent of Guisborough, in an exchange from the church of St. John, Stamford (dioc. Lincoln). Bishopthorpe, 14 Nov. 1331.

[1] See *CCR. 1327–30*, 191.

377. (i) Institution of Richard de Bynington, priest, to St. Mary's, Stamford, quoting a commission of Henry, bishop of Lincoln (dated at the Old Temple, London, 5 Oct. 1331), who has approved the exchange (see no. 376) after an enquiry by the dean of Stamford; [Fo. 254; N.F. 307] presented by Gilbert de Wygeton, rector of Botlesford, proctor of the prior and convent of Saint-Fromond (dioc. Coutances). (ii) Order for induction to the archdeacon of Lincoln or his official. Bishopthorpe, 14 Nov. 1331.

378. CERTIFICATORIUM SUPER PERMUTACIONE ECCLESIARUM DE CRATHORN' ET SANCTI JOHANNIS STAUNFORD'. To the bishop of Lincoln. Same date.

379. Licence to Hugh de Neuton, rector of Crathorne, to be absent for one year and not to appear in synods in person. Bishopthorpe, 15 Nov. 1331.

380. Memorandum of dispensation for bastardy to William Homet of Guisborough, acolyte, according to letters (not quoted) of Gaucelin, bishop of Albano, papal penitentiary; with confirmation and dispensation for receiving minor orders without letters dimissory. Bishopthorpe, 17 Nov. 1331.

381. Commission to Master John de Wodehuse, commissary-general of the official of York, to visit and correct Keldholme priory, with powers to remove the prioress or any other nun from office, to examine and confirm elections of their successors, and to commit custody and administration. Bishopthorpe, 2 Dec. 1331.

382. Licence to William de Boulton, rector of Rudby, to be absent for one year. Bishopthorpe, 11 Dec. 1331.

383. Memorandum of dispensation for bastardy to William, son of Robert Percy of Wykeham (*Wicham*), acolyte (York), according to letters (not quoted) of Pope John XXII; with confirmation (as in no. 380). Bishopthorpe, 21 Dec. 1331.

384. [*Cawood, 25 Jan. 1332. Letter to the rural dean of Ryedale not to molest the parishioners of Appleton-le-Street for non-payment of procurations.*]
LITTERA PRO NON FATIGATIONE PAROCHIANORUM ECCLESIE DE APPLETON IN RIDALE PRO PROCURATIONE EJUSDEM PAROCHIE NOBIS DEBITA. Willelmus etc. dilecto filio decano nostro de Ridale salutem [*etc.*]. Volumus et tibi mandamus quatinus executioni quam facis parochianis

ecclesie de Appelton in Ridale occasione procurationis nostre nobis debite pro reconciliatione cimiterii dicte ecclesie imperpetuum super- sedeatis, ita quod eos ea occasione numquam de cetero impetas nec molestas. Vale. [Cawod', 8 kal. Feb. 'anno . . . quintodecimo'.]

385. [Fo. 254ᵛ; N.F. 307ᵛ] Mandate to the dean of Bulmer to proclaim at Newburgh that objectors to the election of John de Thresk, canon of the same, as prior following the death of John de Caterik, are to appear before the archbishop on the fourth law-day after St. Matthias the Apostle wherever he might be in the diocese. Bishopthorpe, 15 Feb. 1332.

386. Licence to John de Ergom, rector of Bossall, to be absent for one year. Bishopthorpe, 25 Feb. 1332.

387. To John de Thresk, canon of Newburgh. Confirmation of his election as prior. Bishopthorpe, 29 Feb. 1332.

388. Mandate to the subprior and convent to obey him. Same date.

389. Mandate to the archdeacon etc. to install him. Same date.

390. Request (similar to no. 67) to the prior and convent of New- burgh to grant a pension 'quoad vixerit' to Richard de Warewik, the archbishop's yeoman ('valetto nostro'), such as any of the archbishop's yeomen usually receive; their answer is to be sent by the bearer of this letter. Ripon, 15 Mar. 1332.

391. Institution and mandate for induction of John Broun, chaplain, to the church of Holy Trinity, Elvington, vacant by the resignation of Master Thomas de Nassington; presented by Henry de Moreby. Ripon, 18 Mar. 1332.

392. [*Ripon, 21 Mar. 1332. Commission to correct faults found in the visitation of Arden priory by the official of York.*]

COMMISSIO AD VISITANDUM DOMUM MONIALIUM DE ERDEN. W. etc. dilectis filiis magistro Willelmo de Langeton curie nostre Eboracensis advocato domino Johanni rectori ecclesie de Cowesby ac domino Thome per- petuo vicario de Felicekirk nostre diocesis salutem [*etc.*]. De vestriscir- cumspectione etc. ad corrigendum puniendum et reformandum crimina defectus et excessus comperta in visitatione per officialem curie nostre Eboracensis commissarium nostrum in hac parte specialem in domo monialium de Erden nostre diocesis nuper facta in rotulo presentibus annexo contenta, et ad ammovendam priorissam ab administratione sua si de jure privanda fuerit et aliam monialem canonice in eventu electam in priorissam confirmandam et eidem administrationem committendam, necnon sequestrum interpositum super sigillo communi dicte domus sigillo dicti domini nostri incluso et interdictionem de non administrando bona dicte domus per ipsum commissarium nostrum interpositum relaxanda, ac omnia alia et singula facienda exercenda et exequenda in premissis secundum qualitatem et naturam eorundem que justicia suadebit, vobis vel duobus vestrum ita quod dictus magister Willelmus sit unus eorundem vices nostras committimus cum cohercionis canonice potestate. Et nos de omni eo quod feceritis in premissis quamcitius poteritis distincte et aperte certificetis per vestras patentes litteras harum seriem continentes. Valete. [Rypon, 12 kal. Apr. 1331.]

393. TERCIA VISITATIO ARCHIDIACONATUS CLYVELAND'. Mandate to the archdeacon etc. to cite the clergy of Bulmer deanery, including exempt and non-exempt religious and others pretending to have appropriated churches, tithes, portions or pensions 'in alienis parochiis aut ecclesiis contra jus commune', or holding perpetual chantries, chapels or oratories, and four, six or eight men from the vills of every parish according to the size of the vills, to attend visitation as follows: on Monday 27 Apr., in Stillingfleet church; on Wednesday 29 Apr., in Elvington church; on Thursday 30 Apr., in Helmsley church; on Saturday 2 May, in Myton church; on Monday 4 May, in Thirsk church; and on Tuesday 2 June, in Crambe (*Crambum*) church. Rectors and vicars are to produce their letters of institution and titles to their benefices; they and the chaplains are to produce letters of orders; those claiming appropriated churches, pensions, portions or tithes are to show the letters by which they hold them; and those who hold perpetual chantries, chapels or oratories are to show the deeds of foundation and ordination and their titles to celebrate in the chapels or oratories. [Fo. 255; N.F. 308] The archdeacon is to certify and attend, and the rural dean to show the names of churches and chapels and of those cited, and by which persons and from which places tithes, pensions and portions are received.

A similar mandate issued for the visitation of Cleveland deanery: on Saturday 9 May, in Acklam (*Acclom*) chapel; on Wednesday 13 May, in Brotton church; and on Thursday 14 May, in Mickleby chapel.

A similar mandate issued for the visitation of Ryedale deanery: on Monday 18 May, in Hutton Bushel church; on Thursday 21 May, in Cropton chapel; on Saturday 23 May, in Harome (*Harum*) chapel; on Saturday 30 May, in Barton-le-Street church; and on Monday 1 June, in Malton church. Bishopthorpe, 5 Apr. 1332.

394. Citations (separate) for the visitation of religious houses: Guisborough, on Monday 11 May,[1] Whitby, on Friday 15 May; Newburgh, on Monday 25 May; and Marton, on Wednesday 27 May. Bishopthorpe, 3 Apr. 1332.

395. Citations (separate) for the visitation of nunneries: Thicket, on Tuesday 28 Apr.; Baysdale, on Friday 8 May; Wykeham, on Tuesday 19 May; Yedingham, on Wednesday 20 May; Rosedale, on Friday 22 May; Keldholme, on the same Friday; and Moxby, on Wednesday 27 May. Bishopthorpe, 3 Apr. 1332.

396. [*Cloughton, 17 May 1332. Licence to the abbot and convent of Whitby to let the church of Great Ayton for five years.*]

LICENCIA ABBATIS ET CONVENTUS DE WHITEBY UT POSSINT DIMITTERE ECCLESIAM SUAM DE ATON AD FIRMAM PER QUINQUENNIUM. Willelmus etc. dilectis filiis .. abbati et conventui monasterii de Whiteby nostre diocesis salutem [*etc.*]. Quia in visitatione nostra quam nuper apud vos paternis affectibus personaliter exercuimus invenimus ipsum monasterium vestrum ere alieno graviter oneratum, ut ecclesiam de Aton nostre diocesis quam in usus proprios pretenditis vos habere ac fructus et proventus quoscumque ejusdem positis ad firmam persone idonee pro debitis dicti monasterii persolvendis per quinquennium dimittere vobis tenore presentium concedimus [licenciam] specialem, dumtamen id in utilitatem domus vestre cedat super quo consciencias vestras oneramus. Proviso quod peccuniam seu quicquid aliud de ipsa ecclesia ut premittitur ad firmam dimissam levaveritis seu etiam perceperitis ad solutionem debitorum dicti monasterii vestri convertatis et quod ipsa ecclesia debitis non fraudetur obsequiis et animarum cura in ea nullatenus necligatur et quod procuratorem in ea dimitatis idoneum qui ordinariis in singulis respondeat debite loco vestri. Valete. [Cloghton, 16 kal. June 1332.]

397. (i) Certificate of R. de Wodehous, archdeacon of Richmond, that he has executed the archbishop's commission (dated Foston, 2 June 1332) to enquire etc. concerning a proposed exchange of benefices between John Sleght of York, rector of Richmond, and Robert de Boughs, rector of Kirby Knowle; the archbishop had enquiry made by the official of the archdeaconry of Cleveland into Sleght's presentation to Kirby by Ralph de Lassels, kt. Methley, 10 June 1332. (ii) Memorandum that the archdeacon of Cleveland etc. was ordered to induct Sleght and that the archbishop received his obedience. 13 June 1332.

[1] Printed in *Cart. Gyseburne*, ii. 400.

398. [Fo. 255ᵛ; N.F. 308ᵛ] Certificate to John, bishop of Winchester, that the archbishop has executed his commission (dated Wolvesley, 8 July 1332) for an exchange of benefices between Walter de Harpham, rector of Michelmersh (*Muchelmersch*, dioc. Winchester), and Philip de Reding, rector of Middleton (by Pickering); the latter has been collated and instituted in the person of Richard Jurour of Pickering, chaplain. Wintringham, 28 July 1322.

399. Institution of Reding to Michelmersh. Same date.

400. Institution and mandate for induction of Harpham, priest (York), to Middleton, in this exchange; presented by Thomas Wake, lord of Liddell, kt. Wintringham, 28 July 1332.

401. Licence to John de Brumpton, rector of Thormanby, to be absent for two years. Bishopthorpe, 4 Aug. 1332.

402. Licence to Master Gilbert de Alberwik, rector of Langton (*Langeton juxta Malton in Ryedale*),[1] to be absent for two years, let the fruits of his church, and be represented in synods. Laneham, 26 Sept. 1332.

403. Institution and mandate for induction of John de Cornubia to the church of Slingsby, in an exchange with Master William Dareyns for the church of Walkington; presented by the abbot and convent of Whitby, patron of both churches. Arksey, 4 Oct. 1332.

404. [*Bishopthorpe, 9 Oct. 1332. Inspeximus of the appropriation of Sheriff Hutton church to Marton priory and the ordination of a vicarage there by Archbishop Wickwane, 11 May 1282.*]

INSPECTIO ORDINATIONIS ECCLESIE DE HOTON VICECOMITIS. Universis pateat per presentes quod nos Willelmus [*etc.*] scrutatis archivis nostris comperimus in eisdem ordinationem quandam factam super ecclesia de Hoton vicecomitis nostre diocesis et vicarie ejusdem, cujus tenor sequitur in hec verba:

Universis sancte matris ecclesie filiis ad quorum noticiam pervenerit hec scriptura Willelmus permissione divina Eboracensis etc. salutem in Domino sempiternam. Suscepti officii solicitudo caritatem nos admonet ut de personis religionis que divino cultui vacant jugiter precipue cogitantes eas speciali favore ac gracia prosequamur. Attendentes itaque regularis observancie honestatem in qua dilecti in Christo filii .. prior et canonici de Marton nostre diocesis Deo divotius

---

[1] Langton is in the archdeaconry of the East Riding.

famulantur, intuentes etiam quod iidem religiosi hospitibus liberales se
exhibent ac pauperibus gratanter subveniunt et egenis, propter que et
aliis multiplices necessitates multa eos subire oportet onera expensarum
religiosis episcopis paternis visceribus in hac parte providere censuimus
ut hujusmodi onera valeant infuturum commodius supportare, super
igitur ecclesia de Hoton vicecomitis nostre diocesis ad supradictorum
religiosorum patronatum pertinente quo ad piam et meritoriam appro-
priationem ipsius necnon quo ad constitutionem competentis vicare[1]
in eadem postquam rem ad ecclesiam ipsam vesui oculorum personaliter subjecimus sic zele intime caritatis duximus ordinandum: Nos
demum in Dei nomine amen. Ad puram et spontaneam submissionem
antedictorum religiosorum eisdem religiosis predictam ecclesiam de
Hoton appropriamus ac in proprios et perpetuos usus auctoritate
ordinaria per decretum canonicum canonice assignamus, reservatis
perpetuis vicariis successive per nos et successores nostros ad presentationem eorundem religiosorum inibi instituendis de bonis ecclesie
ejusdem congrua portione. Et ut inter eos religiosos et vicarios successive
instituendos dissensiones et scandali materiam perpetuis temporibus
amputemus, ponderatis circumspectius facultatibus et proventibus
ipsius ecclesie de fidedignorum nobis assistentium consilio, ordinamus
et disponimus in hunc modum, videlicet quod prefati .. prior et
canonici de Marton nomine appropriationis et personatus habeant et
percipiant omnes decimas garbarum totius parochie de Hoton in
campo, excepta decima garbarum provenientium de terra dotali
ecclesie supradicte et excepta decima garbarum provenientium de
terra illa, quam domina Alicia de Nevil' ad sustentationem unius
presbiteri assignavit qui pro anima sua et animabus omnium fidelium
defunctorum in ecclesia de Hoton perpetuo celebrabit. Habeant etiam
iidem prior et canonici et percipiant decimam feni provenientis de
dominico domini de Hoton in villa de Hoton et decimam feni capellarum ab eadem ecclesia dependentium. Habeant etiam grangeas in curia
rectorie apud Hoton situatas ad reponendum fructus suos una cum
gardino et columbariis [Fo. 256; N.F. 309] ex parte ipsarum grangia-
rum, ita videlicet quod paries sive murus sufficiens erigatur circiter
medium curie ejusdem qui a porta superiore usque ad portam sive
posternam inferiorem qua itur versus nemus exclusa utraque porta ab
usu canonicorum linealiter se extendat, ultra quem predicti religiosi
solum usum seu habitationem infra septa curie ejusdem nullatenus
sibi valeant vendicare, quos predicta portione appropriationis et
personatus nomine esse volumus sic contentos. Iidem autem prior
et canonici xx marcas annuas religiosis viris .. abbati et conventui
monasterii sancte Marie de Ebor' persolvant et onera extraordinaria

[1] *Sic.*

subeant pro rata portionis sue cum occurrerint supportanda. Perpetui vero vicarii in ecclesia illa de Hoton per nos et successores nostros successive instituendi habeant totum mansum rectorie de Hoton cum gardino et aliis eidem coherentibus citra parietem predictum qui ab eodem manso grangias dividet .. priori et canonicis superius assignatas. Habeant etiam hujusmodi mansum cum duabus portis predictis et cum tota terra que est de dote ipsius ecclesie et capellarum una cum pertinenciis universis, videlicet cum nemore edificiis annuis redditibus omnibus tenentibus pratis pascuis et pasturis et aliis pertinenciis quibuscumque, de qua terra dotali predictis religiosis decimam non prestabunt. Habeant etiam vicarii ipsi decimam feni omnium tenentium domini de Hoton in villa de Hoton. Habeant super et percipiant prefati vicarii totum alteragium predicte ecclesie et capellarum ab eadem dependentium absque diminutione qualibet et omnes minutas decimas parochie ejusdem quocumque nomine censeantur. Iidem vero vicarii predicte ecclesie et capellis suis per se et socios suos capellanos et alios ministros servientes in debito et consueti numero ydonee deserviant et honeste. In libris etiam et ornamentis competentibus ecclesie et capellis quotiens opus fuerit provideant et inveniant in eisdem luminaria consueta, archidiacono loci de procurationibus respondeant et alia onera ordinaria sustineant universa, extraordinaria quidem pro rata sue subeant portionis, onus vero cancellorum construendorum erigendorum seu restituendorum tam ad .. priorem et canonicos quam ad vicarios pro rata pertineant portione. Habeant insuper ipsi vicarii octo bovatas terre et clausuram que 'le Frith' vulgariter appellatur cum toftis et croftis ad dictam terram spectantibus, de qua terra nullam decimam prestabunt sicut nec de terra dotali ut superius est expressum, et prefatas viij bovatas terre cum pertinenciis habeant cum hoc onere subsequente, videlicet quod quilibet vicarius qui pro tempore fuerit suis sumptibus inveniat unum presbiterum ydoneum et honestum qui singulis diebus anni perpetuis temporibus in ecclesia de Hoton missam celebret pro anima predicte domine Alicie que predictam terram ad hoc faciendum assignaverat et pro animabus omnium fidelium defunctorum et alia consueta omni die psallat suffragia, videlicet comendationem 'Placebo' et 'Dirige' pro eisdem ad quod presbiter ipse specialiter deputetur, super quo fideliter observando volumus et sub obtestatione divini judicii ordinamus quod quilibet vicarius in institutione sua in vicaria ipsa coram nobis et successoribus nostris vel saltem coram loci .. archidiacono corporale prestet dum in possessionem mittitur sacramentum. Facient etiam predicti vicarii pro terra ipsa forinsecum servicium quantum pertinet ad unam carucatam terre, unde quindecim carucate terre faciunt feudum unius militis pro omni servicio et seculari demanda sicut in cartis super concessione et assignatione terre ejusdem plenius continetur. In premissorum vero testimonium hoc instrumentum bipartitum cujus una pars penes predictos .. priorem et conventum ac alia penes vicarium residet sigilli nostri munimine fecimus roborari. Datum apud Watton quinto idus Maii anno domini millesimo ducentesimo octogesimo secundo et pontificatus nostri anno tercio.

In cujus rei testimonium sigillum nostrum presentibus est appensum. [Thorp' juxta Ebor', 7 id. Oct. 1332.]

405. [*Bishopthorpe, 9 Oct. 1332. Inspeximus of the appropriation of Sutton-on-the-Forest church to Marton priory and the ordination of a vicarage there by Archbishop Giffard, 18 Feb. 1273.*]

INSPECTIO ORDINATIONIS VICARIE DE SUTTON. Universis pateat per presentes quod nos Willelmus etc. scrutatis archivis nostris comperimus in eisdem ordinationem quamdam super ecclesia de Sutton nostre diocesis et vicaria ejusdem fuisse factam, cujus tenor sequitur in hec verba:

Omnibus Christi fidelibus ad quos presens scriptum pervenerit Walterus Dei gracia Eboracensis archiepiscopus Anglie primas eternam in Domino salutem. Paupertati et depressioni domus de Marton et dilectorum filiorum .. prioris et canonicorum ibidem Deo servientium piis visceribus compatientes et eorum inopiam relevare cupientes, ecclesiam de Sutton que de eorum advocatione est in proprios usus perpetuo possidendam eis caritative concedimus et presentis scripti patrocinio confirmamus, salva vicario in jamdicta ecclesia ministraturo competenti vicaria sua quam ita taxavimus, videlicet quod .. prior et canonici decimas garbarum de eadem villa de Sutton et totam liberam terram que ad ecclesiam spectat cum medietate tofti adjacentis possidebunt, omnia autem residua ad ecclesiam ipsam spectantia cedent in usus vicarii qui pro tempore fuerit, qui quidem vicarius de spiritualibus respondebit et omnia onera episcopalia et archidiaconalia consueta et debita sustinebit, quod ut ratum et stabile perseveret imposterum presenti scripto sigilli nostri munimine consignato confirmandum duximus et corroborandum. Hiis testibus magistris Ricardo de Cornubia canonico Eboracensi, Ada de Richem' canonico Ripon' et Gilberto de Tiwe sacrista capelle nostre Eboracensis, Willelmo Foliot, Ricardo de Berford, Willelmo de Vescy et Odone de Richem'. Datum apud Cawode, xij kalendas Marcii pontificatus nostri anno septimo.

In cujus [*etc.* Thorp' juxta Ebor', 7 id. Oct. 1332.]

406. (i) Collation to William de Burgh, chaplain, of the chantry in York Minster ordained in the appropriation of Stillingfleet church to

Bootham hospital (same form as no. 370). (ii) Mandate for his induction to the dean and chapter of York. Bishopthorpe, 13 Oct. 1332.

407. [*Bishopthorpe, 14 Oct. 1332. Licence granted to Master Robert de Neville, rector of Flintham,[1] to study for one year and pardon for non-residence, putting his church to farm and adultery.*]

LICENCIA STUDENDI CONCESSA RECTORI ECCLESIE DE FLYNTHAM ET DIMITTENDI ECCLESIAM AD FIRMAM ET DIMISSIONIS EX OFFICIO. Memorandum quod ij idus Octobris anno gracie millesimo trecentesimo tricesimo secundo apud Thorp' juxta Ebor' dominus concessit licenciam magistro Roberto de Novo villa rectori ecclesie de Flyntham quod per unum annum litterarum studio indulgens se ab ecclesia sua predicta possit licite absentare et eam viris idoneis interim ad firmam dimittere, proviso etc. Et idem rector super eo quod Matildem uxorem Rogeri de Farndon per mensem et menses in adulterinis amplexibus detinuit ut dicebatur, et quod in ecclesia sua per annum ultimo preteritum non resedit ac quod eandem ecclesiam ad firmam dimisit sine licencia speciali, ex officio impetitus fuit omnino dimissus et habuit litteram dimissionis in genere quia non decuit illos excessus specificare.

408. [Fo. 256^v; N.F. 309^v] Licence to Master William de Wytheton, rector of Foston (*Foston in Bulmereschire*), to be absent for three years studying letters. Bishopthorpe, 15 Oct. 1332.

409. Citation to Master Richard de Snoweshull, rector of Huntington, for the visitation of his church on Friday, 30 Oct; he is to cite the priests of the church and dependent chapels and their other ministers, four parishioners of Huntington and two from every vill in the parish, to appear before the archbishop or his commissaries. Bishopthorpe, 26 Oct. 1332.

410. Collation to Thomas de Winketon, chaplain, of the vicarage of Whenby (*Queneby*). Bishopthorpe, 4 Nov. 1332.

411. Memorandum that the prior of Newburgh was ordered to cite the priests and other ministers and four or six parishioners of the church or chapel of Hood (*Hode*) to attend the archbishop's visitation on Tuesday next. Bishopthorpe, 5 Nov. 1332.

412. [*Bishopthorpe, 8 Nov. 1332. Mandate for the payment of a pension to John de Foxholes, ex-prior of Newburgh.*]

[1] Flintham is in Nottinghamshire.

RATIFICATIO PENSIONIS FRATRIS JOHANNIS DE FOXHOLES, CANONICI DE NOVOBURGO. Willelmus etc. dilecto filio fratri Johanni de Foxholes canonico monasterii de Novoburgo nostre diocesis salutem [*etc.*]. Cum nuper in visitatione nostra quam in dicto monasterio exercuimus inter cetera sit compertum quod in recompensationem prolixi tui laboris et laudabilis quem in officio .. prioris sustinuistis ibidem, ac propter dicti status reliquias quedam provisio seu annua pensio quinque marcarum sterlingorum tibi extitit constituta, nos constitutionem hujusmodi pensionis ratam habentes et acceptam volumus et mandamus ut dicta pensio per .. priorem et conventum dicti monasterii tibi annuatim plenarie persolvatur. Vale. [Thorp' juxta Ebor', 6 id. Nov. 1332.]

413. Licence to Nicholas Darell, rector of South Kilvington, to be absent for two years. Bishopthorpe, 27 Oct. 1332.

414A. [*York, 1 Nov. 1332. Certificate of the commissaries who visited Huntington church on 30 Oct., quoting the archbishop's commission (dated Bishopthorpe, 29 Oct.) and the rector's reply to the citation (i.e. no. 409).*]
CERTIFICATORIUM VISITATIONIS EXERCITE IN ECCLESIA DE HUNTYNGTON. Venerabili [*etc.*] sui humiles et devoti Robertus de Nassington et Johannes de Thoresby obedienciam reverenciam et honorem debitos tanto patri. Mandatum vestrum reverendum nuper recepimus in hec verba:

Willelmus etc. dilectis filiis magistris Roberto de Nassington utriusque juris professori et Johanni de Thoresby canonico Suwell' clericis nostris familiaribus salutem [*etc.*]. De vestris fidelitate et circumspecta industria plenius confidentes, ad visitandum ecclesiam parochialem de Huntyngton nostre diocesis ipsius rectorem capellanos et clericos in eadem seu capellis ab eadem dependentibus qualitercumque ministrantes ac parochianos quoscumque earundem necnon ad inquirendum de criminibus excessibus et defectibus eorundem viis et modis quibus videritis expedire, ac ipsos excessus crimina et defectus in hujusmodi visitatione compertos corrigendum reformandum et puniendum, ac in hiis que cause cognitionem requirunt cognoscendum procedendum statuendum diffiniendum et exequendum et alia faciendum et expediendum que hujusmodi visitationis negotium exigit seu requirit vobis cum cohercionis canonice potestate committimus vices nostras. Proviso quod nos de omni eo quod feceritis et inveneritis in premissis expedito negotio curetis distincte et aperte efficere certiores per litteras vestras patentes harum seriem continentes, quibus rotulum hujusmodi compertorum sub sigillis vestris annecti volumus et mandamus. Valete. [Thorp' juxta Ebor', 4 kal. Nov. 1332.]

Quarum auctoritate litterarum die Veneris videlicet penultima die mensis Octobris ad ecclesiam de Huntyngton predictam vestre diocesis personaliter accedentes, cum constaret nobis capellanos ac ministros ecclesiasticos necnon laicos parochianos dicte ecclesie ad hujusmodi visitationem subeundam necnon et dictum rectorem ad premissa subiturum ac titulum quem in ecclesia sua se habere pretendit exhibiturum canonice fuisse vocatos et citatos, prout per litteras certificatorias ejusdem rectoris presentibus annexas cui ad citandum eos ob premissa per litteras vestras quarum tenore idem rector citatus fuit demandatum fuerat plene liquet, quarum tenor sequitur in hec verba:

Venerabili in Christo patri domino Willelmo Dei gracia etc. vel vestris commissariis Ricardus de Snoweshill rector ecclesie de Huntyngdon ac custos perpetuus jurisdictionis ecclesie de Huntyngton antedicte obedienciam reverenciam et honorem debitos tanto patri. Mandatum vestrum in vigilia apostolorum Simonis et Jude apud Ebor' recepi tenorem continens infrascriptum: Willelmus permissione etc. dilecto filio magistro Ricardo de Snoweshill rectori ecclesie de Huntyngton nostre diocesis salutem [*etc.*]. Quia intendimus per Dei graciam die Veneris videlicet penultima die mensis Octobris ad recreationem animarum etc. ut supra in littera citationis supra in eodem posita (ipsos coram nobis dicto die Veneris in prefata ecclesia comparentes ac ipsam ecclesiam cum suis pertinenciis rectorem ministros ac parochianos ejusdem plene et pacifice visitavimus vice vestra)[1] quod quidem mandatum vestrum juxta ipsius continentiam si et quatenus teneor [Fo. 257; N.F. 310] exequar reverenter citatorum vero nomina ad diem vobis vel vestris .. commissariis exhibebo et personaliter interero, Deo dante. Non est villa nec capella dependens ab ecclesia predicta, quedam tamen particule decime parochianorum de Touthorp et Ercewik pertinent ad ecclesiam de Huntyngton memoratam quas certi incole non inhabitant in presenti. In cujus rei testimonium sigillum meum presentibus est appensum. Datum Ebor' iij kalendas Novembris anno domini supradicto.

Ipsos coram nobis dicto die Veneris in prefata ecclesia comparentes ac ipsam ecclesiam cum suis pertinenciis rectorem ministros et parochianos ejusdem plene et pacifice visitavimus vice vestra et quosdam defectus in ipsa visitatione compertos correximus tunc ibidem. Comperta vero in hujusmodi visitatione ac etiam correctiones et injunctiones quas fecimus super aliquibus hujusmodi compertorum in cedula annexa presentibus continentur, et sic mandatum vestrum reverendum quatenus potuimus sumus executi. Paternitatem vestram conservet Altissimus per tempora feliciter dilatanda. Datum Ebor' kalendis Octobris[2] anno gracie supradicto.

---

[1] This passage in brackets is marked *vacat*: it is repeated later.

[2] Recte *Novembris*?

414B. Similar certificate of the same commissaries quoting the archbishop's (almost identical) commission (dated Bishopthorpe, 8 Nov. 1332) to visit Hood Chapel, its rector and vicar 'siquis sit', chaplains, clerks and parishioners. They went to Hood on Tuesday, 10 Nov., and quote the certificate (dated 8 Dec., *sic*) of J., prior of Newburgh, to the archbishop's citation (i.e. no. 411; it states that the prior and convent claim to hold the chapel); the prior has cited 'dominum Johannem de Overton canonicum nostrum ibi ad voluntatem prioris et conventus celebrantem, laicas vero personas Adam de Drumburgh, Nicholaum carpentarium, Thomam clericum, Hugonem mercenarium, Johannem de Hode et Ricardum molendinarium'. [Fo. 257ᵛ; N.F. 310ᵛ] These appeared before the commissaries, who then made the visitation, etc.; *comperta* are annexed (i.e. as in no. 414A). Bishopthorpe, n.d.

415. Licence to Master John de Erghom, rector of Bossall, to be absent until Michaelmas of next year. 3 Mar. 1333.

416. Licence to Ralph, rector of Hinderwell, to be absent and farm his church to the prior and convent of Guisborough for three years. Bishopthorpe, 23 Apr. 1333.

417. Institution and mandate for induction of John de Foxeleye, priest, to the church of Stonegrave, vacant by the death of Robert de Beverley; presented by John Pateshull, kt. Newcastle upon Tyne, 1 Aug. 1333.

418. [*Byland abbey, 22 Sept. 1332. Indenture between the abbot and convent of Byland and Thomas de Cawode, vicar of Felixkirk, in settlement of an action in Common Pleas.*]

INDENTURA INTER ABBATEM DE BELLA LANDA ET VICARIUM ECCLESIE SANCTI FELICIS. Hec indentura facta die Martis proxima post festum sancti Matthaei apostoli anno domini millesimo trecentesimo tricesimo secundo testatur quod cum contentio esset mota inter religiosos viros Johannem de Miton' .. abbatem et conventum de Bellalanda ex parte una et Thomam de Cawode perpetuum vicarium ecclesie sancti Felicis ex parte altera de quatuor mesuagiis quatuor bovatis terre una acra et dimidia prati cum pertinenciis suis in villa de Marcherby et unum placitum summonitum fuit inter eos in curia domini regis apud Westm' coram Willelmo de Herle et sociis suis tunc justiciariis domini regis de banco, videlicet per predictum abbatem petentem per breve de ingressu et predictum Thomam vicarium deforciantem, lis inter eos tandem in hunc modum conquievit: scilicet quod predicti abbas et conventus concesserunt remiserunt et pro se et successoribus suis quietum clamaverunt predicto Thome de Cawode vicario et ecclesie sancti Felicis totum jus et clameum quod habent habuerunt vel imposterum aliquo modo habere poterunt in predictis quatuor mesuagiis quatuor bovatis terre et una acra et dimidia prati cum pertinenciis suis tenendis et habendis predicto Thome de Cawode vicario et successoribus suis ut de jure ecclesie sue sancti Felicis imperpetuum libere quiete ab omni terreno servicio faciendo tantummodo cantariam in capella de Sutton subtus Wythstancliff', sicut ipse et predecessores sui fecerunt tempore transacto, ita quod nec predicti abbas et conventus nec successores sui nec aliquis alius nomine eorum in predictis quatuor mesuagiis quatuor bovatis terre et una acra et dimidia prati cum pertinenciis suis nec in aliqua parte eorundem aliquod jus vel clameum decetero exigere vel vendicare poterunt infuturum. In cujus rei testimonium parti hujus indenture residenti penes predictum Thomam predicti abbas et conventus sigillum suum commune apposuerunt et alteri parti penes predictum .. abbatem et conventum residenti predictus Thomas sigillum suum apposuit. Hiis testibus dominis Nicholao de Cantulupo, Willelmo Malbys, Johanne de Colvyle militibus, Johanne de Kylvyngton, Willelmo Wysbarn de Baxby, Marmaduco Darell, Ricardo de Esshewra, Johanne de Multon et aliis. Datum apud abbathiam de Bellalanda die et anno supradictis et anno regni regis Edwardi tercii post conquestum sexto.

419. Institution and mandate for induction of William de Lythum, priest, to the vicarage of Kirby in Cleveland, vacant by the death of Geoffrey; presented by the abbot and convent of Whitby. York, 14 Nov. 1333.

420. Memorandum of licence to the prior and convent of Guisborough to sell a corrody, provided that the money be used for the lasting benefit of the house, and also some books of civil law which, they say, are not necessary for the house. York, 30 Nov. 1333.

421. Institution etc. of William de Twengg, priest, to the church of Kirkleatham, vacant by the death of Gawain de Tweng; presented by William de Tweng, kt. York, 10 Jan. 1333.

422. [*York, 15 Jan. 1334. Confirmation of the ordinance for the chantry founded in Brompton church by Sir John Moryn, quoting (i) his indenture of gift, dated 25 Apr. 1331, and licences of (ii) Edward III, dated 27 May 1327, (iii) Henry, earl of Lancaster, dated 19 Oct. 1330, (iv) Henry de Percy, dated 20 Apr. 1329 and (v) Gilbert de Aton, dated 25 Sept. 1326.*]

[Fo. 258; N.F. 311] ORDINATIO PERPETUE CANTARIE IN ECCLESIA PAROCHIALI DE BRUMPTON IN PYKERYNGLITH. Universis sancte matris ecclesie filiis ad quos presentes littere pervenerint Willelmus [*etc.*] salutem in sanctissimis amplexibus Salvatoris. Illius devotionem sinceram convenit pia mentis intentione fovere qui ad divini cultus augmentum multiplicandum numerum ministrantium in ecclesia sancta Dei ac instituendum missarum celebrationes que eo Christi fidelibus magis proficiunt ad salutem, quo in ipsis Rege Celorum per mistica munera complacato peccatorum remedia facilius impetrantur sufficientem perpetuam portionem de suis possessionibus et facultatibus libertate cupit gratuita elargiri. Cum igitur cartam tripartitam nobilis viri domini Johannis Moryn de Brumpton in Pikeringlyth' militis ac ordinationem ipsius factam nuper super quadam cantaria in ecclesia parochiali de Brumpton predicta nostre diocesis ad Divini laudem Nominis sui cultus augmentum et pro salute animarum perpetuis temporibus facienda sigillo ejusdem domini Johannis Moryn ut infra sequitur signatam inspexerimus in hec verba:

(i) Omnibus Christi fidelibus hanc cartam tripartitam visuris vel audituris Johannes Moryn de Brumpton in Pykerynglyth' miles eternam in Domino salutem. Noveritis me pro salute anime mee et animarum Ricardi Moryn patris mei, Nicholae Moryn matris mee, Dionisie uxoris mee, Agnetis de Vescy et Gilberti de Aton et omnium aliorum pro quibus orare specialiter teneor ac pro animabus antecessorum benefactorum omniumque heredum meorum et omnium fidelium defunctorum, dedisse concessisse et presenti carta mea tripartita confirmasse Deo et beate Marie virgini matri sue ac domino Johanni de Snaynton capellano et successoribus suis capellanis ad sustentationem suam et unius alterius capellani stipendiarii per ipsum dominum Johannem et successores suos secum in socium eligendi et assumendi divina in ecclesia parochiali de Brumpton in Pykeringlyth' in forma suscripta perpetuo celebraturis omnes terras tenementa et redditus infrascripta, habitis inde concessione et licencia domini nostri regis Anglie illustris per cartam ipsius domini regis, videlicet unum mesuagium decem acras terre et prati cum suis pertinenciis in Brumpton in Pykeringlyth' et quadraginta octo solidos annui redditus cum pertinenciis in Brumpton predicta exeuntes de decem bovatis terre cum pertinenciis in eadem villa que tenentur de socagio annuatim percipiendos per equales portiones ad festa sancti Martini in hyeme et Pentecostes et dua tofta tres bovatas terre cum pertinenciis suis in Hoton ac quindecim acras prati jacentes in una cultura in Lounholm in territorio de Hoton predicta. Dedi etiam et concessi eidem domino Johanni de Snaynton et successoribus suis capellanis ad sustentationem suam et unius alterius capellani stipendiarii ut predictum est triginta

octo solidos et duos denarios annui redditus in Aton de tenentibus
infrascriptis ad terminos suprascriptos annuatim in forma subscripta
percipiendos una cum dominiis et omnimodis serviciis et consuetudini-
bus per ipsos tenentes aliqualiter faciendis, videlicet de Waltero Roter
decem solidos pro duabus bovatis terre et de Roberto Derling duodecim solidos pro una bovata terre et de Adam Carman tres solidos
quatuor denarios pro una bovata terre et de Willelmo filio Belle
quatuor solidos pro uno tofto et una bovata terre et de Alicia Roter
duodecim denarios pro uno tofto et de Gerardo Peddur duodecim
denarios pro uno tofto et de Elena Roter octo denarios pro uno tofto et
de Yda Stedeman quatuordecim denarios pro uno tofto et de Ricardo
Rykeman quatuor solidos pro uno tofto et de Ricardo Sturgy duodecim
denarios pro uno tofto et una bovata terre, tenenda et habenda
omnia predicta terras et tenementa redditus dominia et servicia cum
omnibus suis pertinenciis qualitercumque ad eadem spectantibus dicto
domino Johanni de Snaynton et successoribus suis capellanis ad sustentationem suam et unius alterius capellani stipendiarii per ipsos eligendi
et assumendi ibidem divina celebraturis prout inferius continetur
libere quiete integre bene et in pace de capitalibus dominis feodorum
illorum in liberam puram et perpetuam elemosinam, sicut aliqua terre
et tenementa redditus et servicia quietius dari concedi vel conferri
poterint et liberius imperpetuum possideri. Pro quibus quidem annuis
redditibus quotiens et quando ad aliquem terminum a retro fuerint in
parte vel in toto volo et concedo quod bene liceat dicto domino Johanni
et successoribus suis capellanis in omnibus eisdem terris et tenementis
cum pertinenciis intrare et distringere ad quorumcumque manus
devenerint et districtiones captas retinere quousque dicto domino
Johanni vel successoribus suis capellanis qui pro tempore fuerint de
dicto annuo redditu cum omnibus arreragiis plenarie fuerit satisfactum.

Volo etiam statuo et ordino quod idem dominus Johannes capellanus
et singuli capellani successores sui eligant et assumant infra quindecim
dies postquam ad eandem cantariam admissi fuerint et secum continue
habeant ac sustentent unum alium capellanum idoneum stipendarium
non perpetuum divina in ecclesia de Brumpton prenotata modo sub-
scripto celebraturum, et ipsum capellanum stipendiarium si inhabilis
et inhonestus fuerit ad officium divinum faciendum quamcito hoc
sciverint dimittant et amoveant et alium capellanum stipendiarium
habilem et honestum loco ipsius recipiant et admittant, reservo tamen
mihi potestatem ordinandi de loco ubi dictus capellanus stipendiarius
etiam extra ipsam ecclesiam de Brumpton si et quando id mihi placuerit
dum vixero celebrabit, ordinatione succedenti et infrascripta in aliis
omnibus et post obitum meum in ea parte in suo robore nichilominus
perpetuo remansura. Quodque ipse dominus Johannes et sui successores

capellani necnon capellani stipendiarii per eos assumpti omnes es
singuli modeste se gerant in omnibus et honeste ac rectori ipsiut
ecclesie de Brumpton qui pro tempore fuerit jurent fidelitatem et
obedienciam in canonicis et licitis, et quod omnes obventiones [et]
oblationes provenientes ad altaria ubi in ipsa ecclesia celebrabunt
rectori ipsius vel locum suum tenenti in ea parte restituent integraliter
preterquam ea que ex devotione ad ipsius cantarie vel sacerdotum
eorundem sustentationem donata fuerint per aliquem alias non
daturum, que sic donata in usus ad quos donata erunt fideliter con-
vertantur, et in suo juramento adicient quod nichil penitus in ipsorum
rectoris et ecclesie prejudicium quomodolibet attemptabunt. Qui
quidem capellani omnes et singuli sint continui et assidui dum sanitate
gaudent et intersint cotidie ad matutinas vesperas et omnes horas
canonicas dicendas seu psallendas simul cum aliis capellanis in ecclesia
antedicta atque singulis diebus septem psalmos[1] penitentiales cum
letania 'Placebo' et 'Dirige' cum commendatione dicant pro anima mea
et animabus omnium supradictorum, nisi forte aliqua alia causa
legitima gravius fuerint impediti. Quodque ipse dominus Johannes et
successores sui capellani de Sancta Trinitate alter capellanus stipendiarius de beata Maria virgine singulis diebus quibus celebrari convenit
missas celebrent, exceptis diebus Pasche Natalis Domini et Omnium
Sanctorum et in illis celebrent missas canonicas de die. Et in eisdem
missis de quocumque sancto eas contigerit celebrari pro anima mea et
pro animabus omnium supradictorum Deum devote clam cotidie
exorent et memoriam faciant specialem. Et ante missas suas singulis
diebus de Sancto Spiritu et in diebus Veneris de Sancta Cruce et post
ipsas missas idem dominus Johannes et sui successores de beata Maria
virgine et alter capellanus pro stipendio assumptus ante vel post
missam de Sancta Trinitate commemorationes dicant, nisi ex causa
rationabili fuerint dimittende.

Adhuc volo ordino et statuo quod quilibet capellanus ad cantariam
predictam admissus statim in admissione ipsius ad eandem inspectis
sacrosanctis evangeliis corporale prestet juramentum coram ipsum
admittente quod de bonis inmobilibus sive mobilibus ad cantariam
ipsam pertinentibus que conservari convenit nichil penitus quomodolibet alienabit nec alienari quantum in eo est permittet sed ea salva pro
viribus conservabit, et omnia alia in presenti carta mea contenta pro
posse suo sustinebit et quantum in ipso fuerit faciet et manutenebit, et
quod contra ea vel aliquod eorundem non veniet aliquo tempore vite
sue salvo in omnibus jure ecclesie parochialis memorate et tunc cantariam ipsam suo perpetuo teneat, etiam si propter etatem decrepitam
aut adversam valitudinem seu casum alium cui factum suum

---

[1] MS. *spalmos*.

dampnabile seu lata sua culpa precedens causam non dederit celebrare [Fo. 258^v; N.F. 311] non possit, dicat tamen cotidie septem psalmos penitentiales cum letania ac commendationem et plenum officium mortuorum. Et si predictus dominus Johannes suo tempore vel aliquis alius ejus successor qui pro tempore fuerit alias inhabilis extiterit minus ydoneus vel inhonestus ad predictum divinum servicium faciendum, statuo ordino atque volo quod per dominum archiepiscopum Eboracensem qui pro tempore fuerit si sedes Eboracensis plena fuerit alioquin per capitulum Eboracensem amoveatur qualibet reclamatione sua non obstante. Quandocumque etiam ipsam cantariam per ejusdem domini Johannis aut successorum suorum quorumcumque decessum cessionem amotionem vel alio quocumque modo in futurum vacare contigerit, alius capellanus ydoneus ad cantariam ipsam et rerum ejusdem regimen domino archiepiscopo Eboracensi qui pro tempore fuerit sede Eboracensi plena et ipsa sede vacante . . decano et capitulo ecclesie beati Petri Eboracensis per me et heredes meos si plene etatis fuerint infra duos menses a tempore quo vacatio ipsa mihi et heredibus meis predictis nota fuerit vel esse debuerit canonice presentetur, ac per archiepiscopum qui pro tempore fuerit sede plena et ea vacante per dictos . . decanum et capitulum sine omni dificultate more et dispendio ad eam admittatur perpetuo nisi in suprascriptis casibus retinendus. Et quandocumque ego vel heredes mei hujusmodi capellanum ydoneum infra dictum terminum non presentaverimus ad cantariam ipsam aut heredes mei tunc legitime etatis non fuerint seu non apparuerit de herede, extunc dominus archiepiscopus Eboracensis qui pro tempore fuerit sede plena et ipsa sede vacante . . decanus et capitulum supradicti infra mensem proximum subsequentem dicte cantarie de capellano idoneo provideant illa vice. Et etiam quandocumque dominus archiepiscopus infra mensem sic eidem cantarie non providerit, extunc infra mensem proximum sequentem prefati . . decanus et capitulum eidem cantarie provideant ea vice, salva mihi et heredibus meis plene etatis de quibus apparuerit omni jure presentandi ad eandem cantariam in forma predicta cum eam aliis vicibus qualitercumque vacare contigerit ut est dictum. Et ego supradictus Johannes Moryn et heredes mei omnia predicta terras et tenementa redditum dominia et servicia cum omnibus pertinenciis eidem domino Johanni de Snaynton et successoribus suis capellanis ut predictum est contra omnes gentes warantizabimus et imperpetuum defendemus et ad hoc obligo me heredes et executores meos et tenementa mea omnia et singula in quibuscumque locis habita et habenda ad quorumcumque manus inposterum devenerint. Et ut presens concessio et donatio mea in forma superius expressa stabiles et irrevocabiles imperpetuum perseverent, excludo omnibus heredibus meis omnem viam et omnimodum jus que vel quod per quodcumque breve vel quacumque actione ratione vel occasione eis competere poterit petendi vendicandi recipiendi clamandi dicta terras et tenementa cum redditu supradicto seu aliqualem partem eorundem imperpetuum. In quorum omnium testimonium et perpetuam firmitatem premissorum uni parti hujus carte mee tripartite penes me residenti sigillum dicti domini Johannis capellani et alteri parti penes eundem dominum Johannem capellanum residenti sigillum meum, tercie vero parti penes dominum archiepiscopum ac . . decanum et capitulum Eboracensem remanenti sigillum meum et sigillum dicti domini Johannis capellani sunt appensa. Hiis testibus dominis Radulpho de Hastings, Willelmo Brows, Alexandro de Bergh, Willelmo Percehay, Willemo Playce militibus, Johanne de Dalton, Willelmo Bard, Johanne de Shirburn, Johanne de Wykham, Edmundo le Hastyngs, Nicholao Haldan et aliis. Datum apud Brumpton in Pykeringlyth' xxv die mensis Aprilis anno domini millesimo trecentesimo tricesimo primo et regni regis Edwardi tercii post conquestum quinto.

Nos Willelmus Eboracensis archiepiscopus supradictus, exhibitis coram nobis carta domini nostri regis una cum scriptis nobilium virorum dominorum Henrici comitis Lancastrie et Leycestrie senescalli Anglie Henrici de Percy ac Gilberti de Aton in verbis gallicanis conceptis hujusmodi cantariam in ecclesia de Brumpton predicta perpetuo faciendam memorantibus, quorum tenores per ordinem subsequuntur:

(ii) Edwardus[1] Dei gracia rex Anglie dominus Hibernie et dux Aquitanie omnibus ad quos presentes littere pervenerint salutem. Licet de communi consilio regni nostri statutum sit quod non liceat viris religiosis seu aliis ingredi feodum alicujus ita quod ad manum mortuam deveniat sine licencia nostra et capitalis domini de quo res illa inmediate tenetur, per finem tamen quem Johannes Moryn fecit nobiscum concessimus et licenciam dedimus pro nobis et heredibus nostris quantum in nobis est eidem Johanni quod ipse tria mesuagia tres bovatas et novem acras terre quindecim acras prati et quatuor libratas redditus cum pertinenciis in Aton Hoton Buscell et Brumpton in Pykeringlyth' dare possit et assignare duobus capellanis divina singulis diebus pro anima ipsius Johannis et animabus antecessorum suorum et omnium fidelium defunctorum in ecclesia parochiali de Brumpton in Pykeringlith' celebraturis, habenda et tenenda eisdem capellanis et successoribus suis capellanis divina singulis diebus in ecclesia predicta pro animabus predictis celebraturis imperpetuum, et eisdem capellanis quod ipsi mesuagia terram pratum et redditum predicta cum pertinenciis a prefato Johanne recipere possint et tenere sibi et successoribus suis predictis divina singulis diebus in ecclesia predicta pro animabus predictis celebraturis imperpetuum sicut

[1] See *CPR. 1327–30*, 109.

predictum est tenore presentium similiter licenciam dedimus specialem, nolentes quod predictus Johannes vel heredes sui aut prefati capellani seu successores sui ratione statuti predicti per nos vel heredes nostros inde occasionentur in aliquo seu graventur, salvis tamen capitalibus dominis feodi illius serviciis inde debitis et consuetis. In cujus rei testimonium has litteras nostras fieri fecimus patentes. Teste meipso apud Ebor' xxvij die Maii anno regni nostri primo.

(iii) A touz ceux qe ceste lettre verrount ou orrount Henry counte de Lancastr' et de Leycestr' seneschal dengleterre saluz en Dieu. Sachez nous avoir graunte et congie done en quant que en nous est a monsieur Johan Moryn chivaler qil puisse amorter et doner en pure et perpetuel almoigne deus mees treis bovetz et sept acres de terre quindz acres de pree et quaraunte oyt southez de rent ou les appurtenaunces en Brumpton et Hoton en Pykeringlyth que sount de nostre seignurie et de nostre fee de Pykering a deus chapelleyns et a lour successours en la eglise parochiel de Brumpton en Pykeringlith pardurablement chauntantz, et as ditz chapelleyns et a lour successours qil puissent les avantditz tenementz oue les appartenaunces avoir et tenir en pure et perpetuel almoigne du doun le dit monsieur Johan pour la chaunterie avantdite sanz chalenge de nous ou de nos heirs a touz iours, nient countresteaunt lestatuit sur ceo fait. Entesmoigne de queu chose a ceste present lettre nous avoms mys nostre seal. Don' a Radclif sur Trent le xix iour Doctobr' lan du regne le roi Edward tiertz puis le conquest quart.

(iv) A touz i ceaus qe cestes lettres verrount ou orrount Henry de Percy saluz en Dieu. Sachiez nous avoir graunte et conge done tantque en nous est a nostre bien ame monsieur Johan Moyrn qil purra graunter et doner un ories et trent et sys southes de rent oue les appartenaunces en Aton en Pykeringlyth qest dentz ma seignurie et mon fee a deus chapelleyns et lour successours a chauntier en leglise parochiel de Brumpton en Pykeringlith pardurablement, et as ditz chapelleyns qils purrount toutz les tenementz et rentes susditz de son doun et feoffement, [Fo. 259; N.F. 312] nemye countreesteaunt lestatut nostre seigneur le roi que terres et tenementz en morte mayne ne deveignent, davoir et tenir touz les tenementz et rentes susditz od les appartenaunces a deus chapelleyns et lour successours a touz iours a chaunter pardurablement en leglise susdite solonc la fourme et en manere que par le dit monsieur Johan serra eut ordeine et establie saunz chalenge ou destourbaunce de nous ou de nos heirs a nul temps, sauve a nous et nos heirs les services eut dewes et coustomez. Entesmoignaunce de queu chose a cestes lettres overtes avoms mis nostre seal. A ces tesmoignes monsieur Wauter Perchay, monsieur Alexaundre de Bergh, monsieur Will' Bruys, chivalers, William Barde de Osgodby, Johan de Wykham,

Wauter de Westhorp, Nichol Halden et autres. Doneetz a Semer le xx
iour du mois Daveril lan du regne le roi Edward le tiertz puis le
conquest tierce.

(v) A touz i ceaus que cestes lettres verront ou orront Gilbert de
Aton saluz en Dieu. Sachiez moi avoir graunte et conge done tantque
en moi est a mon bien asme Johan Moryn qil purra graunter et doner
deus toufts od les croufts treis boveez de terre quindze acres de pree
od les appartenaunces en Hoton Buschell qest demz mon fee et ma
seignurie a deus chapelleyns et lour successours achaunter en leglise
parochiele de Brumpton en Pykering lyth' pardurablement, et as ditz
chapelleyns qils purront toutes les terres et tenementz susditz resceyvre
de son doune et feoffement, nemye countreesteant lestatut nostre
seigneur le roi que terres et tenementz en morte mayne ne deveignent,
a avoir et a tenir toutes les terres et tenementz susditz od les appartenaunces a deus chapelleyns et lour successours a touz iours a chaunter
pardurablement en leglise susdite solonc la fourme et en manere que
par le dit Johan serra eut ordenie et establie saunz chalenge ou destourbaunce de moi ou de mes heirs a nul temps saufe a moi et a mes heirs
les services eut dewes et coustomez. Entesmoignaunce de queu chose
a cestes lettres overtes ai mis mon seal. A ces tesmoignes monsieur
Wauter de Percehay, monsieur Alisaundre de Bergh, monsieur Will'
Brous chivaliers, Johan de Wykham, Johan de la More, Wauter de
Westhorp, Nichol Halden et autres. Donez a Aton le Joeuedi preschein
devant la feste seint Michel lan du regne le roi Edward fuitz le
roi Edward vyntisme.

Omnia et singula in ordinatione dicte cantarie contenta ac ipsius
cantarie ordinationem, causis consideratis et intime ponderatis ejusdem
eorum concurrente voluntate et assensu quorum requiritur in hoc casu
et absque juris prejudicio alieni, quatenus ad nos attinet acceptamus
et ipsa sic fieri debere et esse ac imperpetuum inviolabiliter observari
ordinamus decernimus confirmamus emologamus ratificamus pronunciamus et etiam diffinimus, jure jurisdictione libertate dignitate et
honore nostris et ecclesie nostre Eboracensis in omnibus et per omnia
semper salvis. In quorum omnium testimonium atque fidem presentes
sigilli nostri appensione fecimus communiri. [Ebor', 18 kal. Feb.
1333.]

423. Institution and mandate for induction of John de Snaynton,
chaplain, to this chantry in Brompton church for the souls of John
Moryn, Richard his father, Nicola his mother, Dionisia his wife, Agnes
de Vescy, Gilbert de Aton, and all others, as in the ordinance; presented
by John Moryn, kt. York, 17 Jan. 1334.

424. Licence to Robert de Rouclif, rector of Moor Monkton (*Monketon*),[1] to be absent for two years. York, 20 Jan. 1334.

425. [*Bishopthorpe, 31 Jan. 1334. Testimonial for John de Jarum.*]
LITTERA TESTIMONIALIS DOMINI JOHANNIS DE JARUM CAPELLANI. Universis sancte matris ecclesie filiis ad quos presentes littere pervenerint Willelmus etc. salutem in Auctore salutis. Quia error cui non resistitur approbatur et veritas que non defensatur opprimitur perhibere testimonium veritati credimus perquam esse meritorium atque pium. Universitati igitur vestre tenore presentium innotescat quod dominus Johannes de Jarum capellanus nostre diocesis est libere conditionis de legitimo matrimonio procreatus etatis xxx annorum et amplius bone vite et conversationis honeste et nullo penitus crimine irretitus quatenus humana fragilitas nosce sunt, quinimmo talis quem mores et merita reddunt multipliciter commendatum ac habilem et ydoneum ad beneficium ecclesiasticum obtinendum, nec est idem dominus Johannes qui de nostra diocesi licenciatus recessit cum gracia et licencia redeundi alicubi beneficiatus in presenti, prout per litteras .. officialium .. archidiaconi nostri Clivel' et archidiaconi Dunelm' in quorum archidiaconatibus a primeve etatis sue exordio conversatus extitit luculenter recepimus eorum veris sigillis de quibus nobis constabat ad plenum signatas. In quorum omnium ut premittitur testimonium litteras testimoniales et commendaticias sibi fieri fecimus has patentes sigilli nostri appensione munitas. Valete. [Thorp' juxta Ebor', 2 kal. Feb. 1333.]

426. Licence to Thomas Fox, rector of Gilling East (*Killyng in Ridale*) to be absent for two years in order to go on pilgrimage to 'loca sacra que et prout elegeris', sell (*distrahere*) the fruits and tithes of his church before the separation of the tithes, and not to appear in persons in synods. Bishopthorpe, 4 Mar. 1334.

427. [Fo. 259[v]; N.F. 312[v]] Licence to the rector of Middleton (by Pickering) to be absent for three years and farm the church. Bishopthorpe, 8 Mar. 1334.

428. [*Bishopthorpe, 17 Mar. 1334. Monition to John de Foxholes, ex-prior of Newburgh, to obey the prior.*]
MONITIO FRATRI JOHANNI DE FOXHOLES CANONICO[2] DE NOVO BURGO QUOD OBEDIAT PRIORI ET SUPERIORIBUS SUIS IN DOMO. Willelmus etc. dilecto filio fratri Johanni de Foxols canonico domus de Novo burgo

---

[1] In the archdeaconry of York.
[2] MS. *canonici*.

nostre diocesis salutem [*etc.*]. Intelle[x]imus quod amaro animo
recitamus quod tu, laxato freno obediencie patiencie et silencii ad
quorum observanciam te professa per te religio subjugavit, per cordis
arroganciam et clamationem tui ordinis negligis disciplinam in priorem
tuum qui cure tue persone preponitur, sine quo exnunc te nolumus
habere velle proprium neque nolle quotiens te pro tuis aut alios suos
confratres pro suis injuste impetit culpis ac demeritis velut sui exigit
officii solitudo nimis impetuose insurgis contra eum in verba reproba
sibi ratione status sui ad verecundiam, tibi ad presumptuosam perni-
ciem tuoque sacro ordini ac nostro ministerio ad obprobrium manifestum et perniciosum exemplum aliorum indomita[1] cervice prorumpens
tuisque confratribus discolis adheres delinquentibus partem suam
sustinens contra presidentem tuum cum eisdem conspirando ceteris
etiam tuis sociis Deo obsequentibus adeo te reddis infestum jurgiis
et discordiarum materiis insistendo quod intollerabiliter tuum afficit
collegium gestus tuus. Et ratione status quem prius obtinuisti largam
portionem tam in peccunia quam in rebus aliis de domo tua ultra
quam alii faciunt canonici percipiendam ex nostra gracia tibi decre-
verimus assignari, tu eam in potationibus inordinatis lasciviis et expensis
aliis superfluis et excessivis in domus tue que te sustinet si relata veritate
nitantur, dampnum et jacturam consumere non vereris ut prodigus
et ingratus. Nos igitur nolentes sicut nec valentes tantam rabiem et
insolenciam comuniendo pertransire, sub pena restrictionis et amissionis
portionis predicte quam hucusque percepisti necnon sub pena ultionis
gravioris qua te si secus feceris involvere intendimus, monemus et in
Domino exhortamur quatinus a presumptis hujusmodi premissis
omnino desistens tue religioni ac ordini tuoque collegio uniendo
regulariter te studeas conformare, tuo etiam priori[2] ut alius de gremio
humiliter de cetero pareas in injunctis salubribus et mandatis prout
ordinis tui exegerit disciplina, nostra quam exnunc tibi in hac parte
valere nolumus dispensatione quacumque contraria nullatenus
obsistente. Vale. [Thorp' juxta Ebor', 16 kal. Apr. 1333.]

429. Licence to the rector of Foston (*Fosseton in Bulmerschire*) to sell
the harvest tithes this year before their separation. Bishopthorpe,
22 May 1334.

430. Memorandum that Walter, abbot of Byland, made his pro-
fession of obedience to Roland [Jorz], ex-archbishop of Armagh, acting
on behalf of the archbishop. 3 July 1334.

431. Memorandum of issue of a letter instructing the official of York,

[1] MS. *indonita*.
[2] MS. *tui etiam prioris*.

his commissary-general and the receiver of York, to appoint Richard de Thorneton in the place of Thomas de Tweng, rector of Lythe (*Lithome*), as administrator of the goods of Gawain de Tweng, the previous rector who died intestate, and commit the administration to him and the dean of Cleveland, 'cum illa clausula "quod si non omnes hiis exequendis" etc.' 26 July 1334.

432. LITTERA QUESTUS PRO FABRICA MONASTERII DE WHITEBY NOSTRE DIOCESIS. (i) Authorization for John de Lumby, clerk, to collect aid and sell indulgences for the repair of Whitby abbey. Laneham, 7 Oct. 1334. (ii) Memorandum (in margin) that this letter was cancelled. Cawood, 29 Sept. 1335.

Printed in *Cart. Whiteby*, ii. 654–5.

433. [Fo. 260; N.F. 313] Institution and mandate for induction of John, son of Thomas de Thormotby, chaplain, to the church of Thormanby, vacant by the resignation of John de Brumpton; presented by the prioress and convent of Moxby. Cawood, 15 Nov. 1334.

434. Memorandum of commission to Thomas de Tweng, rector of Kirkleatham, to reconcile his churchyard, polluted by bloodshed. Cawood, 18 Nov. 1334.

435. [*Cawood, 5 Jan. 1335. Commission to the bishop of Lincoln to bless the newly-elected abbot of Rievaulx.*]

COMMISSIO AD IMPENDENDUM ABBATI MONASTERII DE RYEVALL' MUNUS BENEDICTIONIS. Venerabili in Christo patri domino Henrico Dei gracia Lincolniensi episcopo Willelmus etc. salutem et sinceram in Domino caritatem. De paternitatis vestre sinceritate plenam in Domino fiduciam obtinentes, ut in quacumque ecclesia seu capella nostrarum civitatis et diocesis quam ad hoc duxeritis eligendam munus benedictionis fratri Willelmo de Langeton in abbatem monasterii de Rievall' ordinis Cisterciensis nostre diocesis electo confirmato conferre et impendere licite et libere valeatis, et ad omnia alia et singula facienda et expedienda que in hac parte necessaria fuerint seu etiam oportuna, vobis licenciam tenore presentium concedimus specialem. Personam vestram sanam et hilarem conservet Altissimus per tempora feliciter successiva. [Cawode, Non. Jan. 1334.]

436. [*Cawood, 2 Feb. 1335. Appointment of executors of William de Wyvill in place of John de Wyvill.*]

DIMISSIO J. DE WYVILL' AB EXECUTIONE TESTAMENTI PATRIS SUI DEFUNCTI.

Willelmus etc. dilectis filiis .. officiali curie nostre Eboracensis et magistro Ricardo de Snoweshill receptori nostro Eboracensi salutem [*etc.*]. Si Johannes de Wyvill' renuat executor esse testamenti patris sui, tunc ipsum ab omni onere executorio ejusdem testamenti penitus absolvatis, Willelmi fratris sui minoris eidem Johanni quem sibi amicum magis fidum reputamus ac bonorum suorum quorumcumque etiam cum legatis sibi in testamento predicto curam et custodiam committentes. Committatis etiam curam et custodiam Margarete filie domini Willelmi de Wyvill' nuper defuncti una cum bonis suis et legatis sibi in testamento dicti sui patris domine Agnete de Wyvill' relicte dicti domini Willelmi defuncti una cum alio probo viro et fideli quem concuratorem seu coadministratorem sibi per vos volumus deputari, quem videlicet dictus Johannes de Wyvill' vobis duxerit nominandum quo ad alia domini testamentum contingentia faciatis ulterius quod est justum. Valete. [Cawode, 4 non. Feb. 1334.]

437. [*Cawood, 7 Feb. 1335. Commission to Roland Jorz to bless Agnes de Wyvill, receive her vow of chastity and give her the veil.*]

COMMISSIO .. EPISCOPO ARDMACHANO AD RECIPIENDUM VOTUM CASTITATIS DE DOMINA AGNETE DE WYVILL' VIDUA. Venerabili in Christo patri fratri Roulando Dei gracia episcopo dudum archiepiscopo Ardmachano Willelmus etc. salutem et fraternam in Domino caritatem. De vestre puritate consciencie plenam in Domino fiduciam optinentes, ad inpendendum domine Agneti de Wyvill' relicte domini Willelmi de Wyvill' militis defuncti more solito munus benedictionis ac ad recipiendum de eadem votum castitatis necnon ad ministrandum eidem velum sacrum, si ea mera pura et spontanea voluntate emittere et admittere voluerit, et ad omnia alia et singula facienda et excercenda et expedienda que circa premissa necessaria seu oportuna fuerint de consuetudine vel de jure vobis tenore presentium committimus vices nostras. Diu vos conservet incolumen ad regimen sui gregis nostri clemencia Salvatoris. [Cawode, 7 id. Feb. 1334.]

438. Institution and mandate for induction of John de Huntingdon, chaplain, to the vicarage of Easingwold, vacant by the death of John de Merkland; presented by Robert de Wodehus', archdeacon of Richmond. Cawood, 6 Apr. 1335.

439. Memorandum of commission to the rectors of Kirkleatham and Easington to visit Handale priory and receive the cession of the prioress. 13 May 1335.

440. Licence to Master Peter Cave, rector of Sessay (*Ceszay*), to be absent for one year in a *studium generale*. Bishopthorpe, 26 May 1335.

441. Licence to William de Wardhowe, rector of Lythe, to be absent for one year and farm the church. Bishopthorpe, 29 May 1335.

442. [*Bishopthorpe, 17 June 1335. Commission for the provision of William Couper of Aislaby to a benefice in the gift of Marton priory.*]

COMMISSIO SUPER GRACIA FACTA WILLELMO DE ASLACBY PAUPERI PRESBITERO. [W.] permissione [*etc.*] provisor seu executor gracie per sedem apostolicam Willelmo de Aslacby dicto Couper pauperi presbitero nostre diocesis facte dilectis filiis [1]decano ecclesie nostre beati Petri Eboracensis et[1] magistro Ricardo de Eriom canonico ejusdem[2] salutem [*etc.*]. Litteras apostolicas recepimus quas vobis mittimus per latorem presentium inspiciendas eidemque ilico retardendas. De vestris igitur fidelitate et industria plenius confidentes, ad inquirendum in forma nobis in eisdem litteris demandata, videlicet de vita et conversatione ipsius Willelmi ac omnibus et singulis articulis in eisdem litteris contentis de quibus fuerit inquirendum,[3] et si eum vite laudabilis et honeste conversationis repereritis et ecclesiasticum beneficium non obtineat aliudque canonicum non obsistat, ad providendum eidem Willelmo[3] de aliquo ecclesiastico beneficio secundum sue probitatis merita competenti cum cura vel sine cura consueto abolim clericis secularibus assignari spectante communiter vel divisim ad collationem vel presentationem dilectorum filiorum prioris et conventus prioratus de Marton ordinis sancti Augustini si quod in civitate vel diocesi Eboracensibus vacat adpresens vel quam primum ad id obtulerit se facultas et ad inducendum eundem clericum in corporalem possessionem ejusdem beneficii et defendendum inductum necnon ad facienda exercenda et expedienda omnia et singula que nobis in dictis litteris apostolicis committuntur vobis vices nostras conjunctim et divisim committimus cum cohercionis canonice potestate donec eas ad nos duxerimus revocandas. Valete.[4] [Thorp', 15 kal. July 1335.]

443. [Fo. 260[v]; N.F. 313[v]] Similar commission to Masters Richard de Cestr', John de Waren and Richard de Erium, D.C. & Can.L., canons of York, to provide Adam de Walton of Sandal Magna, a poor priest of the diocese of York, to a benefice in the gift of the abbot and convent of Byland in York diocese. Bishopthorpe, 25 June 1335.

444. Licence to John de Cokermuth, rector of Stokesley, to be absent for one year. Bishopthorpe, 10 July 1335.

[1-1] Inserted.
[2] *Ejusdem* inserted and *ecclesie nostre beati Petri Eboracensis* deleted.
[3-3] Inserted.
[4] *Valete* precedes *donec . . . revocandas. Valete . . . revocandas* is an insertion.

445. Memorandum that the institution and induction of the rector of Barton-le-Street in an exchange for the church of Moor Monkton were registered in the fourth quire for the archdeaconry of York and dated Bishopthorpe, 10 July 1335.[1]

446. COMMISSIO IN NEGOTIO PROVISORIO THOME MOYN DE HESELL. Memorandum of commission to the prior of Ferriby and Master William de la Mare to provide Thomas Moyn of Hessle to a benefice in the gift of the prioress and convent of Moxby. Hessle, 18 July 1335.

447. Similar commission to Masters Richard de Eryom and Richard de Cestr', canons of York, to provide Richard 'dicto Carpentario de Heslyngton de Ebor' to a benefice in the gift of the abbot and convent of Whitby. 'Et dominus commisit in hac parte vices suas quousque eas duxerit revocandas'. Cawood, 4 Sept. 1335.

448. Similar commission to the abbot of St. Mary, York, and Master Richard de Havering, canon of York, to provide William de Kirkeby Irlith, a poor clerk, to a benefice in Whitby's patronage. 'Et dominus' (etc., as in no. 447). Bishopthorpe, 22 Sept. 1335.

449. Licence to William de Wythton, rector of Foston, to be absent for three years to study letters in a *studium generale* in England. Cawood, 4 Oct. 1335.

450. Licence to Thomas de Tweng, rector of Kirkleatham, to be absent for two years, not appear in synods in person, farm his church 'personis ydoneis preterquam de villa de Lythum', and be in a *studium generale*. Cawood, 6 Oct. 1335.

451. Institution and mandate for induction of Master John de Burton, clerk (York), to the church of Stokesley, vacant by the death of John de Cokermuth; presented by the abbot and convent of St. Mary, York. Bishopthorpe, 15 Oct. 1335.

452. Licence to the abbot and convent of Bardney (dioc. Lincoln) to let the farm of Hunmanby church and its tithes before their separation to Master William de Alberwyk, chancellor of York, 'et nulli alii', for two years from St. Botulph's day (17 June), 1337. Cawood, 4 Nov. 1335.

[1] i.e. Fo.202v: N.F. 247v. John de Holthorpe', chaplain, presented by Thomas Ughtred, kt., was instituted to Moor Monkton, and Robert de Roucliff' to Barton-le-Street, with William, Bishop of Norwich, acting on the archbishop's commission.

453. Mandate to the official of York, his commissary-general and the receiver of York, not to prosecute (*impetatis*) Peter, rector of Kirby Misperton, on account of his non-residence and non-appearance in synods. n.d.

454. [Fo. 261; N.F. 314] Institution and mandate for induction of John de Welleton, chaplain, to the church of Brafferton, in an exchange from the church of Harewood; presented by the prior and convent of Newburgh. Cawood, 17 Nov. 1335.

455. COMMISSIO IN NEGOTIO PROVISORIO JOHANNIS DE FYSSCHEWYK. Commission to the abbots of Sawley and Whalley to provide John de Fysschwyk', a poor clerk, to a benefice in the gift of the prior and convent of Newburgh. 'Ad quod dominus commisit eisdem abbatibus cum clausulis consuetis vices suas donec eas duxerit revocandas'. Cawood, 26 Nov. 1335.

456. [*Cawood, 21 Jan. 1336. Licence to the prior of Marton to transfer canons and conversi to other houses of the same order.*]

LICENCIA CONCESSA PRIORI DE MARTON AD TRANSFERENDUM CANONICOS. Willelmus etc. dilecto filio priori de Marton nostre diocesis salutem [*etc.*]. Domus vestre indempnitatibus intime prospicere cupientes, ut propter infortunium destructionem bonorum et catallorum domus vestre casu fortuito ignis voragine contingens sex de canonicis et fratribus conversis dicte domus ad alias domos religiosas ejusdem ordinis honestas ubi Deo devote ut convenit ad tempus poterunt famulari pro dicte domus vestre oneribus relaxandis, quousque ejusdem plenius respiraverint facultates, transferre licite valeatis licenciam vobis et eisdem tenore presentium concedimus specialem. Valete. [Cawode, 12 kal. Feb. 1335.]

457. Licence to John, rector of a moiety of Hutton Bushel, to stay 'in loco congruo et honesto quem elegerit' for one year and meanwhile farm his church. Bishopthorpe, 10 Feb. 1336.

458. [*Cawood, 11 Feb. 1336. Dispensation of Nicholas de Appilgarth for being ordained by a bishop other than his own without having first obtained letters dimissory.*]

DISPENSATIO DOMINI NICHOLAI DE APPILGARTH CAPELLANI. Willelmus etc. dilecto filio domino Nicholao de Appilgarth nostre diocesis capellano salutem etc. Super eo quod a non tuo episcopo a nobis primitus licencia sive litteris dimissoriis non obtentis ad omnes sacros ordines te promoveri fecisti ac quod in susceptis hujusmodi ordinibus premisso non obstante excessu valeas ministrare tecum tenore presentium dispensamus, injunctum tibi primitus per nos quod per octo dies a die date presentium in hujusmodi ordinibus stes suspensus. Vale. [Cawode, 3 id. Feb. 1335.]

459. Licence to Thurstan, rector of Barton-le-Street, to be absent for one year, farm his church and not appear in synods. Healaugh Park, 12 Apr. 1336.

460. Commission (like no. 446) to the official of York and prior of St. Andrew, York, to provide John Douthti, a poor clerk, to a benefice in the gift of the abbot and convent of Whitby (with final clause as in no. 455, *mutatis mutandis*). Newstead, 27 July 1336.

461. Licence to William de Wardhowe, rector of Lythe, to be absent for one year, sell the tithes and not appear in synods. Bishop Monkton, 8 Aug. 1336.

462. Certificate to Robert de Wodehous', archdeacon of Richmond, that the archbishop has executed his commission (dated *Keten'*, 29 Aug. 1336) for an exchange of benefices between John de Wodehous', rector of Heversham (*Eversham*, in the archdeaconry), and William de Boulton, rector of Rudby; the latter has been instituted in the person of Master Robert de Newenham, having been presented by the abbot and convent of St. Mary, York. Cawood, 8 Sept. 1336.

463. [Fo. 261ᵛ; N.F. 314ᵛ] (i) Institution of William de Boulton, chaplain, as above. (ii) Mandate for his induction to the official of the archdeacon of Richmond. Cawood, 8 Sept. 1336.

464. Institution and mandate for induction of John de Wodehous', chaplain, to the church of Rudby, in this exchange; presented by Nicholas de Menill, kt. Cawood, 8 Sept. 1336.

465. Licence to William de Skipwith, rector of Crathorne, to be absent for one year in a *studium generale*. Bishopthorpe, 5 Oct. 1336.

466. Commission (like no. 446) to the archdeacon of the East Riding and the priors of Bridlington and St. Andrew, York, to provide William 'dicto clerico de Hundmanby' to a benefice without cure in the gift of the dean and chapter of York. Bishopthorpe, 15 Oct. 1336.

467. Institution and mandate for induction of William Absolon of Cawton (*Calveton capellano in Ridal'*), chaplain, to the vicarage of Great Edstone, vacant by the resignation of William de Braferton; presented by the prior and convent of Hexham. Bishopthorpe, 31 Oct. 1336.

468. Institution etc. of Master Edmund de Haukesgarth to the church of Slingsby, in an exchange from Kirby in Cleveland; presented by the abbot and convent of Whitby. Bishopthorpe, 10 Nov. 1336.

469. Institution etc. of John de Coynubia to the church of Kirby in Cleveland, in the above exchange; presented by the same patrons. Bishopthorpe, 10 Nov. 1336.

470. COMMISSIO IN FORMA PAUPERUM PRO JOHANNE DE OTRYNGTON. Memorandum of commission to Master John de Aton, official of York, to provide John de Otryngton, a poor clerk, to any benefice in the gift of the prior and convent of Lenton, 'cum clausulis consuetis in forma consueta'. Cawood, 11 Jan. 1337.

471. Memorandum of letter to the dean of Ryedale to order the rector of Appleton-le-Street to reside personally within six months of this monition and repair the houses and buildings under pain of £20. Cawood, 8 Feb. 1337.[1]

472. [*York, 13 Nov. 1336. Confirmation of the charter of Nicholas de Moreby, dated 1 Nov., founding a chantry in the chapel of St. Mary, Stillingfleet.*]

[Fo. 262; N.F. 315] ORDINATIO CANTARIE IN CAPELLA BEATE MARIE DE STYVELYNGFLET'. Universis sancte matris ecclesie filiis ad quos presentes littere pervenerint Willelmus etc. salutem in omnium Salvatore. Noverit universitas vestra nos cartam infra scriptam et omnia inferius annotata diligenter inspexisse eo qui sequitur sub tenore: Omnibus sancte matris ecclesie filiis presentem cartam quadripartitam visuris vel audituris Nicholas de Moreby rector medietatis ecclesie de Lynton in Craven salutem in Domino sempiternam. Ad noticiam vestram volo pervenire me divine pietatis intuitu dedisse concessisse[2] et in liberam puram et perpetuam elemosinam confirmasse domino Roberto de North Dalton capellano et successoribus suis capellanis in capella beate Marie de Styvelingflet', quam ad honorem Dei et beate Marie virginis et omnium sanctorum fieri feci que sita est juxta matricem

---

[1] The remainder of the folio, about one-third, has been left blank.

[2] MS. *concesse*.

ecclesiam de Stivelingflet' versus australem, singulis diebus pro salute anime mee animarum Willelmi de Moreby patris mee et Agnetis matris mee at anime domini Johannis Gray qui me promovit animarumque domini Roberti de Moreby et Margarete uxoris sue Willelmi de Moreby et Matildis uxoris sue Henrici de Morebi et Alicie uxoris sue Helwysie de Moreby Willelmi de Crathorn' et Isabelle uxoris sue Willelmi de Seton et Alicie uxoris sue domini Roberti de Northdalton capellani necnon antecessorum et heredum meorum omnium bene-factorum meorum et omnium fidelium defunctorum in forma que sequitur imperpetuum celebraturis, unum toftum unum croftum et medietatem unius bovate terre cum omnibus suis pertinenciis in villa et in territorio de Stivelingflet que habui ex dono et feofamento Henrici de Moreby fratris mei illa scilicet toftum et croftum que jacent inter mesuagium quod Willelmus le Cok tenet ex parte orientali et messua-gium quod Eva filia Roberti filii Hugonis tenet ex parte occidentali et que quidem toftum croftum et medietatem bovate terre supradicte predictus Henricus frater meus habuit ex dono et feofamento Johannis filii Johannis de Fiskergat' de Stivelingflet. Et etiam unum toftum et unum croftum cum pertinenciis in eadem villa de Stivelingflet que habui ex dono et feofamento predicti Johannis filii Johannis de Fiskergat' et jacent in latitudine inter terram Thome ad Pontem quam tenet de domino Johanne de Gray ex parte orientali et terram ejusdem Thome quam tenet de Willelmo de Crathorn' ex parte occidentali et in longitudine a placea quam dictus Thomas tenet de predicto Willelmo de Crathorn' usque Balghelandesflat. Concessi etiam eidem domino Roberto capellano et successoribus suis capellanis sex marcas annui redditus cum suis pertinenciis percipiendas annuatim[1] de manerio meo de Kelkefeld et de omnibus terris et tenementis meis cum suis pertinenciis in Kelkefeld et Eskerik ad duos anni terminos, videlicet ad festa sancti Martini in hieme et Pentecostes per equales portiones tenenda, habenda et percipienda omnia predicta tenementa et reddi-tum sex marcarum cum omnibus suis pertinenciis predicto domino Roberto capellano et successoribus suis capellanis divina in capella predicta pro animabus predictis celebraturis imperpetuum in liberam puram et perpetuam elemosinam, sicut aliqua tenementa vel aliquis perpetuus redditus quietius et liberius dari concedi vel conferri poterunt et possideri secundum concessionem et licenciam specialem per cartas domini regis inde mihi factas et concessas.[2]

ADHUC PLUS DE CANTARIA IN STIVELINGFLET.[3] Pro quo quidem annuo

---

[1] MS. *annutatim*

[2] Marg. insertion by later hand *sequuntur cetera*. Nos. 473 and 474 (below) follow here. For the royal mortmain licence, dated 14 Nov. 1332, see *CPR. 1330–4*, 372.

[3] *IN STIVELINGFLET* in later hand.

redditu sex marcarum supradicto bene licebit predicto domino
Roberto capellano et successoribus suis capellanis in predicto manerio
et in omnibus supradictis terris et tenementis cum suis pertinenciis in
Kelkefeld et Eskerik ad quorumcumque manus devenerint intrare et
omnimodas districtiones in eisdem facere et districtiones illas asportare
abducere et retinere, quotienscumque et quandocumque dictus
redditus in toto vel in parte aliquo tempore a retro fuerit, quousque
eidem Roberto capellano vel ejus successoribus capellanis qui pro
tempore fuerint de predicto redditu tam de arreragiis quam de princi-
pali plenarie fuerit satisfactum.

Qui quidem dominus Robertus capellanus et ejus successores
cantarie predicte qui erunt pro tempore sint continui et assidui dum
sanitate gaudent cotidie ad matutinas vesperas et ad omnes horas
canonicas dicendas in ecclesia de Stivelingflet antedicta et qualibet die
officium mortuorum, preterquam in die Sabbati missam de beata
Maria diebus vero Dominicis et duplicibus festis missam de die in
capella antedicta, atque singulis diebus 'Placebo' et 'Dirige' cum
pertinenciis cotidie dicant et devote pro anima mea et animabus
supradictis, nisi forte aliqua legitima causa et propbabili fuerint
impediti. Et si contigerit aliquem capellanum qui ibidem pro tempore
divina celebraverit infirmitate detineri vel quovis alio modo impeditum
esse quominus servicium predictum perficere poterit in forma prenotata,
inveniat alium capellanum pro se eo tempore in forma predicta divina
celebraturum. Et si predictus dominus Robertus capellanus suo
tempore vel aliquis alius ejus successor capellanus qui pro tempore
fuerit inhabilis extiterit minus ydoneus vel inhonestus ad predictum
servicium divinum faciendum, statuo ordino atque volo quod hoc
evidenter et legitime probato ab hujusmodi cantaria per dominum
archiepiscopum Eboracensem sede plena vel per dominos .. decanum
et capitulum ecclesie beati Petri Eboracensis sede vacante amoveatur,
qualibet reclamatione sua non obstante. Quandocumque vero contigerit dictum dominum Robertum capellanum vel quemlibet alium
ejus successorem aliquo tempore cedere vel decedere seu culpis ejus
exigentibus inde ammoveri vel ad aliquod aliud beneficium promoveri,
bene licebit mihi et heredibus meis infra viginti[1] dies post cessum vel
decessum seu amotionem vel promotionem hujusmodi alium presbiterum ydoneum et honestum eidem cantarie preficere et sibi predicta
tenementa et predictum annuum redditum sex marcarum conferre et
dicto domino archiepiscopo qui pro tempore fuerit sede plena vel
dictis dominis .. decano et capitulo sede vacante legitime presentare
instituendi per eos canonice in eadem suo perpetuo possidendo in
forma prenotata. Et si forte contigerit quod heredes mei dictam cantariam et predicta tenementa et redditum sex marcarum sic conferre

neglexerint vel ultra xx dies[1] quacumque arte fraude vel ingenio maliciose distulerint seu prorogaverint, vel etiam si predictus redditus causa minoris etatis heredum meorum congruo tempore non fuerit persolutus, ordino volo et concedo quod dictus dominus archiepiscopus qui pro tempore fuerit sede plena vel predicti domini .. decanus et capitulum sede vacante lapsis viginti diebus antedictis in penam et negligenciam cujuscumque heredis mei sic conferre nolentis[2] aut presentationem hujusmodi maliciose prorogantis presbiterum competentem et ydoneum ad premissa facienda infra alios viginti dies eligere possint ea vice et pro sua voluntate auctoritate ordinaria eidem cantarie preficere ibidem et ipsum in eadem cantaria ac dictis tenementis et reddittu sex marcarum instituere canonice suo perpetuo vel quamdiu honeste [Fo. 262^v; N.F. 315^v] vixerit possidendo. Et sic fiat semper quotienscumque per defectum heredum meorum collatio dicte cantarie et predictorum tenementorum et reddittus sex marcarum ultra viginti dies a tempore vacationis eorundem fuerit prorogata, salvo tamen in premissis jure meo et heredum meorum omnium qui pro tempore fuerint in proxima sequenti vacatione et aliis vacationibus quandocumque sequentibus unum presbiterum prout superius est expressum ad dictum servicium faciendum et complendum in loco supradicto debito tempore eligendi et eidem conferendi tenementa predicta et reddittum sex marcarum in forma antedicta. Si vero aliquo tempore in futurum contigerit lineam consanguinitatis mee vel heredum meorum extingui vel adnichilari, volo quod ex tunc dicta cantaria et predicta tenementa et reddittus sex marcarum semper conferantur in forma prenotata per predictos dominos archiepiscopum vel .. decanum et capitulum ut predictum est, nisi apparere poteris imposterum de aliquo vero et legitimo herede meo qui illa presentare debeat sicut sepedictum est. Quandocumque vero per mortem cessionem amotionem vel promotionem seu quoquo alio modo dictam cantariam contigerit vacare, statim rector ecclesie de Stivelyngflet qui pro tempore fuerit una cum consensu meo vel heredum meorum eligat quemdam honestum capellanum ad dictum servicium complendum durante hujusmodi vacatione, et eidem capellano per heredes meos qui pro tempore fuerint vel per eorum defectum per dictam dominum archiepiscopum sede plena vel per dictos dominos .. decanum et capitulum sede vacante assignetur de reddittu predicto pro salario suo quantum mereri poterit ibidem durante vacatione supradicta, et quod quicquid fuerit prestitum eidem capellano ratione hujusmodi obsequii sui tempore predicto allocetur ei qui illud prestiterit per primum capellanum cui conferre contigerit dicta cantaria.

---

[1] *viginti et unum* in no. 481.
[2] MS. *nolentes.*

Qui quidem dominus Robertus capellanus et successores sui capellani semper invenient in predicta capella duos cereos singulis diebus dominicis et duplicibus festibus ad missam ardentes cum minutis candelis aliis diebus. Predictus vero dominus Robertus capellanus et quilibet successor ejus capellanus quem ad dictam cantariam una cum predictis tenementis et redditu sex marcarum contigerit presentari statim post institutionem suam, inspectis sacrosanctis ewangeliis, corporale prestet juramentum quod predictam capellam et tenementa ac etiam omnia ornamenta capelle predicte sibi per indenturam pro celebratione divinorum tradita et omnia et singula in presenti carta mea contenta sustinebit, et quantum in ipso fuerit faciet et pro posse suo manutenebit nec contra aliquod eorundem veniet aliquo tempore vite sue, salvo semper in omnibus jure matricis ecclesie de Stivelyngflet' memorate. Et ego vero predictus Nicholas et heredes mei omnia predicta terras tenementa et predictum annuum redditum sex marcar- um cum omnibus suis pertinenciis predicto domino Roberto capellano et successoribus suis capellanis ad divina predicta modo prelibato celebraturis contra omnes homines warantizabimus et imperpetuum defendemus. Et ut hec presens donatio mea stabilis sit et firma imper- petuum perseveret, huic presenti carte mee quatripartite sigillum meum et sigillum dicti domini Roberti capellani alternatim sunt appensa et etiam sigilla dictorum dominorum archiepiscopi et .. decani et capituli in premissorum omnium testimonium et evidenciam pleniorem similiter presentibus apponi procuravi, cujus una pars penes predictum dominum Robertum capellanum et successores suos capellanos, secunda pars penes me et heredes meos, tercia vero pars penes predictum dominum archiepiscopum et quarta pars penes predictos dominos .. decanum et capitulum remanent ad fidem perpetuam observandam. Hiis testibus dominis Johanne de Gray domino de Stivelyngflet, Thoma Ughtred, Radulpho de Lascels militibus, Willelmo de Paumes [de Naburn][1], Thoma de Norff' de eadem, Johanne Russell de eadem, Simone de Neuton de eadem, Johanne filio Walteri de Haulay de Styvelingflet, Henrico Franklain, Roberto Tropinell, Johanne filio Walteri le Serjaunt, Roberto le Taillour, Henrico le Lang, Willelmo Darell de Queldrik, Roberto Margrayve de eadem, Johanne Burdon de eadem et aliis. Datum apud Styvelingflet primo die mensis Novembris anno domini millesimo trecentesimo tricesimo sexto.

Que omnia et singula nos Willelmus archiepiscopus predictus invocato Dei nomine auctoritate nostra pontificali quatenus ad nos pertinet approbamus acceptamus emologamus[2] et sic esse

---

[1] Supplied from no. 481.
[2] MS. *amologamus*.

pronunciamus et diffinimus ea que tenore presentium confirmamus imperpetuum valitura, jure jurisdictione dignitate et honore nostris et successorum nostrorum et ecclesie nostre Eboracensis in omnibus semper salvis. In cujus rei testimonium presentes litteras sigilli nostri impressione fecimus communiri. [Ebor', Id. Nov. 1336.]

473. [Fo. 262; N.F. 315][1] Mandate to the subprioress and convent of Rosedale to obey Elizabeth de Kirkeby Moresheved, nun of their house, whom they elected as prioress after the cession of Isabel de Whiteby; the archbishop has confirmed the election, 'graciamque preferendo rigori, defectus si que fuerint in processu electionis ejusdem ex nostra benignitate ac auctoritate suplentes'. Bishopthorpe, 19 Dec. 1336.

474. Mandate to the official of the archdeacon of Cleveland to install Elizabeth as prioress. Same date.

475. [Fo. 262ᵛ; N.F. 315ᵛ *continued*] Licence to Roger Basset, rector of Terrington, to stay in a *studium generale* for one year from next Easter. Cawood, 22 Feb. 1337.

476. Licence to the abbot and convent of Whitby to sell and farm the fruits of the vills of Cayton, Osgodby, Deepdale and Killerby in Seamer parish for three years. Cawood, 29 Mar. 1337.
Printed in *Cart Whiteby*, ii. 653–4.

477. QUESTUS DE GYSEBURN'. Memorandum of grant to the prior and convent of Guisborough of letters for the repair of the monastery's fabric, for one year with an indulgence of 40 days, in similar form to those granted to Whitby (i.e. no. 432). Cawood, 6 Apr. 1337.

478. [*Thornton Dale, 9 May, 1337. Licence to William, rector of Levisham, not to appear at synods and visitations because of his age and blindness.*]
LICENCIA RECTORIS ECCLESIE DE LEVESHAM. Willelmus permissione divina etc. dilecto filio domino Willemo rectori ecclesie de Levesham nostre diocesis salutem [*etc.*]. Personam tuam senio confractam et oculorum lumine privatam volentes prosequi favore gracie amplioris, ut in sinodis visitationibus et aliis convocationibus seu congregationibus nostris et subditorum nostrorum quibuscumque personaliter decetero comparere minime tenearis, dumtamen per procuratorem sufficientem compareas in eisdem, liberam tibi tenore presentium concedimus facultatem. Vale. [Thornton in Pikeringlith', 7 id. May 1337.]

[1] See note 2, p. 175 above.

479. [*Cawood, 11 Aug. 1337. Licence to John Talvas, rector of Hawnby, to celebrate services in the chapel of St. Mary, Hawnby.*]

LICENCIA CELEBRANDI IN CAPELLA DE HALMEBY. Memorandum quod iij idus Augusti anno domini MCCCXXXVII apud Cawode concessa fuit licencia domino Johanni Talvas rectori ecclesie de Halmeby quod ipse possit celebrare et facere celebrari divina in capella beate Marie de Halmeby singulis festis beate Marie virginis et diebus profestis, diebus Dominicis et festivis dumtaxat exceptis, ita quod tunc in ecclesia parochiali debite ut convenit celebretur, et inde habuit litteram.

480. LICENCIA STUDENDI PRO RECTORE ECCLESIE DE LYTH'. Licence to William Wardehowe, rector of Lythe, to be absent for one year 'in loco congruo et honesto quem elegerit', sell the fruits of his church, and not to appear in person in synods at York provided that he is represented. Cawood, 12 Aug. 1337.

481. [Fo. 263; N.F. 316] ORDINATIO CANTARIE BEATE MARIE IN ECCLESIA DE STYVELINGFLET. Confirmation of the quadripartite charter of William de Moreby granting to Thomas de Taddecastre, chaplain, and his successors (celebrating in the chapel of St. Mary, Stillingfleet, built by William's brothers, for the souls of William, Maud his wife, William de Moreby his father, Agnes his mother, Robert de Moreby and Margaret his wife and their heirs, Nicholas de Moreby, Henry de Moreby and Alice his wife and their heirs, William de Belkethorp', John de Belkethorp' and his (*or* their?) heirs, John son of Robert le Gray and his heirs, Helwis de Moreby, and William's ancestors, heirs and benefactors) a messuage in Moreby [Hall], lying longways between the high road to York and the footpath from William's house to Stillingfleet and 8 perches in width; also 63s. 8d. of annual rent from all William's lands in Moreby and Deighton payable at Whitsun and Martinmas.[1]

In its form, provisions and list of witnesses, this charter otherwise is practically identical with no. 472, with these exceptions: on failure of William's heirs to present in 21 days, the prioress and convent of [Nun] Appleton were to present within 15 days, and on their failure either the archbishop or the dean and chapter; the convent or the archbishop etc. would have the presentation if there were no heirs; provisions for a temporary chaplain and the supply of candles are omitted (i.e. the consecutive sentences *Quandocumque vero . . . cantaria. Qui quidem . . . diebus*); instead of swearing to maintain the chapel etc.,

---

[1] For the royal mortmain licence, dated 17 Feb. 1329, see *CPR. 1327–30*, 362; cf. *ibid.*, 452–3.

the chaplain is to swear to preserve the houses in the tenement 'cum fossatis et hays'; the dean and chapter's seal was not attached (nor a substitute); the fourth part of the indenture was to be kept at Nun Appleton; dated at York, 8 Nov. 1336.

The confirmation (identical to no. 472) dated Bishopthorpe, 5 Dec. 1336.

482. [Fo. 263ᵛ; N.F. 316ᵛ] VISITATIO QUARTA DECANATUUM DE BULMER DE RIDALE ET DE CLYVELAND. Certificate of the official of the archdeacon of Cleveland that he has executed the archbishop's mandate (dated Cawood, 28 Mar. 1337) to cite the clergy of Bulmer deanery and four or six men from every vill to attend visitation as follows: on Monday 28 Apr., in Stillingfleet church; on Tuesday 29 Apr., in Wheldrake (*Qweldrik*) church; on Wednesday 30 Apr., in Bossall church; and on Saturday 31 May, in Brafferton church. The official has divided (*distinguendo*) the parishes, as is shown in a schedule, while the dean will faithfully and reverently present in writing to the archbishop or his familiar clerks the names of churches, chapels and those cited. Slingsby, 18 Apr. 1337.

483. Memorandum that a similar certificate was received in respect of Ryedale deanery, to be visited as follows: on Friday 2 May, in Malton church: on Monday 5 May, in Oswaldkirk church; on Tuesday 6 May, in Kirkdale church; and on Friday 9 May, in Thornton church. Likewise for Cleveland deanery: on Thursday 15 May, in Lythe church; on Monday 19 May, in Eston church; on Tuesday 20 May, in Seamer church; and on Wednesday 21 May, in Ingleby church.

484. QUARTA VISITATIO DOMORUM RELIGIOSARUM ARCHIDIACONATUS CLYVELAND'. Memorandum that the abbot and convent of Whitby were visited in chapter on Tuesday 13 May 1337, 'et inde habuerunt litteram in forma consueta'.[1] Similar notices for the following: Guisborough priory, on Friday 16 May; the prior and convent of Newburgh, on Monday 26 May; the nuns of Thicket, on Tuesday 29 Apr.; the nuns of Arden, on Tuesday 6 May; the nuns of Keldholm, on Wednesday 7 May; the nuns of Wykeham and Yedingham, on Saturday 10 May; the nuns of Handale and Baysdale, on Saturday 17 May; the nuns of Moxby, on Friday 30 May; and the prior and convent of Marton, on Wednesday 28 May.

---

[1] Printed in *Cart. Whiteby*, ii. 654. That these letters were citations is indicated by the note for Marton (only): *Et inde habuerunt litteram citatoriam in forma consueta.*

485. Licence to Walter de Harpham, rector of Middleton, to be absent for one year and sell the fruits of his church. Cawood, 26 Aug. 1337.

486. Licence to Master William de Burton, rector of Kirkby Moorside, not to appear in person in synods for three years, provided that he is represented. Cawood, 19 Sept. 1337.

487. Licence to Master Geoffrey de Setrington, rector of a moiety of Hutton Bushel, to be absent for one year and farm his church. Cawood, 1 Oct. 1337.

488. Memorandum that Richard de Grymmeston, rector of Settrington, was told in writing to release the sequestration he had imposed by the archbishop's authority on the goods of the rector of Thornton-le-Street. Cawood, 15 Dec. 1337.

489. Institution and mandate for induction of Robert de Snaynton and William de Knapton, chaplains, to perpetual chantries in the chapel of the Virgin Mary and St. Helen, Wykeham; presented by the prioress and convent of Wykeham. Cawood, 20 Dec. 1337.

490. Licence to John de Everley, rector of Thornton Dale, to be absent for four years and farm the fruits of his church. Cawood, 29 Dec. 1337.

491. Similar licence (with no period stated) to Roger Basset, rector of Terrington. 13 Apr. 1338.

492. [Fo. 264; N.F. 317] Institution and mandate for induction of Master John Wirkesall', clerk, to the church of Easington; presented by the prior and convent of Guisborough. Cawood, 30 Apr. 1338.

493. Licence to William Wardhowe, rector of Lythe, to be absent for one year, sell tithes and fruits 'quos non personaliter comode cariare', and not to appear in person in synods. Cawood, 18 Aug. 1338.

494. Mandate for the induction of John de Castelford, chaplain, to a moiety of Hutton Bushel, to which he has been instituted by Adam, bishop of Winchester, by virtue of the archbishop's commission for an exchange from the church of Bentworth; presented by the abbot and convent of Whitby. Cawood, 21 Aug. 1338.

495. Institution and mandate for induction of Thomas de Haselwode, chaplain, to the church of Welbury (*Wellebergh'*), vacant by the

resignation of Laurence de Sancto Neoto; presented by the prior and convent of Guisborough. Cawood, 29 Aug. 1338.

496. Institution etc. of Thomas de Ripplyngham, chaplain, to the church of Brompton, vacant by the death of Master Richard de Eryom; presented by the prior and convent of Malton. Cawood, 4 Oct. 1338.

497. Licence to Master William de Wytheton, rector of Foston, to be absent 'in scolis' for three years, 'cum clausula disserendi ad firmam'. Cawood, 11 Oct. 1338.

498. [*Cawood, 11 Oct. 1338. Inspeximus of the letters of orders of William de Wytheton, rector of Foston, ordained subdeacon, deacon and priest at Avignon.*]
LITTERE ORDINUM RECTORIS ECCLESIE DE FOSCETON. Noverint universi quod nos Willelmus etc. litteras venerabilium patrum dominorum Gaucelini episcopi Albanensis et fratris Guillelmi episcopi Sabinensis ac Petri episcopi Penestrum[1] inspeximus sub tenoribus qui sequuntur:
Gaucelinus miseratione divina episcopus Albanensis universis et singulis ad quos presentes littere pervenerint salutem in Domino. Noveritis quod nos die Sabbati quatuor temporum que dies fuit xxiiij mensis Septembris Avinion' in ecclesia fratrum heremitarum de ordine sancti Augustini de mandato et commissione sanctissimi patris domini Johannis pape XXII nobis factis infra missarum solempnia generales ordines celebrantes, Willelmum de Witheton rectorem ecclesie de Foston Eboracensis diocesis ad titulum dicte sue ecclesie de licencia sui diocesani secundum ritum et consuetudinem sancte Romane ecclesie ad sacrum subdiaconatus ordinem duximus promovendum. In eujus rei testimonium sigillum nostrum presentibus jussimus appendendum. Datum Avinion' die et mense predictis anno domini millesimo trecentesimo vicesimo octavo indictione xj pontificatus dicti domini pape anno xiij.
Item, frater Guillelmus miseratione divina episcopus Sabinensis universis et singulis ad quos presentes littere pervenerint salutem in Domino. Noveritis quod nos die Sabbati quatuor temporum que dies fuit xvij mensis Decembris Avinion' in ecclesia fratrum predicatorum de mandato et commissione sanctissimi patris et domini nostri domini Johannis divina providencia pape XXII nobis factis generales ordines infra missarum solempnia celebrantes, Willelmum de Witheton rectorem ecclesie de Foston Eboracensis diocesis de sui diocesani licencia ad sacrum diaconatus ordinem secundum ritum et consuetudinem ecclesie Romane duximus promovendum. Datum Avinon' sub sigilli

[1] MS. *Penestru.*

nostri appensione die mense et loco predictis sub anno a Nativitate Domini millesimo trecentesimo vicesimo octavo pontificatus dicti domini nostri pape anno xiij.

Item pateat universis quod nos Petrus permissione divina episcopus Penestriensis Sabbato quatuor temporum die videlicet xviij mensis Marcii anni nativitatis dominici millesimi trecentesimi vicesimi noni Avinion' in ecclesia cathedrali missam solempniter ac de mandato sanctissimi patris domini Johannis divina providencia pape XXII generales ordines celebrantes, Willelmum de Witheton rectorem ecclesie de Foston Eboracensis diocesis de licencia venerabilis patris domini Willelmi archiepiscopi Eboracensis Anglie primatis ad sacrum presbiteratus ordinem intra missarum solempnia promovimus ut est moris. In cujus testimonium presentes ei concessimus sigilli nostri appensione munitas. Datum anno die et loco predictis pontificatus domini nostri pape anno xiij.

In cujus inspectionis testimonium sigillum nostrum presentibus est appensum. [Cawode, 5 id. Oct. 1338.]

499. Licence to Master Geoffrey de Setrington, rector of a moiety of Hutton Bushel, to be absent for two years, farm the fruits of his church, and not to appear in person at synods. Cawood, 22 Oct. 1338.

500. Institution and mandate for induction of William de Feriby, chaplain, to the church of Brompton, vacant by the resignation of Thomas de Ripplingham, in an exchange from the church of Huggate and the canonry and prebend of Etton in Southwell collegiate church; presented by the abbot and convent of Malton. Cawood, 14 Dec. 1338.

501. [Fo. 264ᵛ; N.F. 317ᵛ] Commissio in negotio provisionis Philippi de Cotom. Memorandum of commission to Master Thomas Sampson, D.C.L., canon of York, to enquire about the life of Philip de Cotom, of York diocese, and to provide him to a benefice in the gift of the prior and convent of Guisborough, 'cum clausulis consuetis et cum illa clausula: donec eas ad nos duxerimus revocandas, ut supra in commissionibus ejusdem forme'. Cawood, 22 Dec. 1338.

502. Collation and mandate for induction of Master William de Alberwyk, chaplain, to the church of Wheldrake, vacant by the death of Master John de Gower, Cawood, 19 Jan. 1339.

503. [*Cawood, 7 Feb. 1339. Confirmation of the ordinance of the chantry founded in the chapel of St. Giles, Eldmire, by Sir William Darell, quoting (i) his charter, dated 21 Oct. 1338, and licences of (ii) Edward III, dated 28 July 1338, and (iii) Henry de Percy, dated 26 June 1338.*]

ORDINATIO CANTARIE IN CAPELLA DE ELVEDMERE. Noverint universi presentes inspecturi quod nos Willelmus [*etc.*] cartam dilecti filii domini Willelmi Darell militis domini de Ceszay ac ordinationem ipsius super quadam cantaria in capella sancti Egidii de Elvedmere nostre diocesis perpetuo facienda salubriter nuper factas et suo sigillo ac sigillo domini Thome filii Gregorii de Topcliff' capellani signatas inspeximus in hec verba:

(i) Omnibus hanc cartam tripartitam visuris vel audituris Willelmus Darell dominus de Ceszay miles salutem in Domino sempiternam. Ad noticiam vestram volo pervenire me divine pietatis intuitu dedisse concessisse et in liberam puram et perpetuam elemosinam confirmasse domino Thome filio Gregorii de Topcliff' capellano et successoribus suis capellanis divina pro salubri statu meo et Johanne uxoris mee dum vixerimus et pro animabus nostris cum ab hac luce subtracti fuerimus et pro animabus patrum matrum antecessorum et heredum nostrorum ac omnium fidelium defunctorum in capella sancti Egidii de Elvedmere singulis diebus in forma que sequitur imperpetuum celebraturis unum mesuagium et sex bovatas terre cum omnibus suis pertinenciis in Crakhale et Elvedmere, illud scilicet mesuagium et illas duas bovatas terre que habui ex dono et concessione Willelmi de Crakhale et illas quatuor bovatas terre que quondam fuerunt Petri du Lound', tenenda et habenda omnia predicta terras et tenementa cum omnibus suis pertinenciis predicto domino Thome capellano et successoribus suis capellanis divina singulis diebus in capella predicta pro statu et animabus predictis sicut predictum est celebraturis inperpetuum in liberam puram et perpetuam elemosinam, sicut alia tenementa quietius et liberius dari concedi vel conferri poterunt et possideri secundum licenciam et concessionem specialem per cartas domini regis et domini Henrici de Percy inde michi factas et concessas.

Qui quidem dominus Thomas capellanus et ejus successores cantarie predicte missam singulis diebus pro statu et animabus supradictis celebravit[1] in capella antedicta nisi forte aliqua legittima causa et probabili fuerint impediti. Quandocumque vero contigerit predictum dominum Thomam capellanum vel quemlibet alium ejus successorem aliquo tempore cedere vel decedere seu culpis suis exigentibus inde ammoveri vel ad aliquod aliud beneficium promoveri, bene liceat michi et heredibus meis vel assignatis infra quadraginta dies post cessum vel decessum seu ammotionem vel promotionem hujusmodi alium[2] presbiterum ydoneum et honestum ad dictam cantariam domino .. archiepiscopo Eboracensi qui pro tempore fuerit sede plena vel dominis .. decano et capitulo ecclesie beati Petri Eboracensis sede

---

[1] *Sic* MS.
[2] MS. *et alium.*

vacante legittime presentare instituendum per eos canonice in eadem suo perpetuo possidendo in forma prenotata. Et si forte contigerit quod heredes mei ad dictam cantariam ultra quadraginta dies quacumque arte fraude vel ingenio neglexerint seu prorogaverint presentare, ordino volo et concedo quod dictus dominus archiepiscopus Eboracensis qui pro tempore fuerit sede plena vel predicti domini .. decanus et capitulum sede vacante lapsis quadraginta diebus antedictis in penam et negligenciam cujuscumque heredis mei vel assignati sic presentare nolentis aut presentationem hujusmodi maliciose prorogantis presbiterum competentem et ydoneum ad premissa facienda infra alios quadraginta dies eligere possint ea vice et pro sua voluntate sua auctoritate ordinaria eidem cantarie preficere ibidem et ipsum in eadem cantaria instituere canonice suo perpetuo possidendo, et sic fiat semper quotienscumque per defectum heredum vel assignatorum meorum presentatio dicte cantarie ultra quadraginta dies a tempore vacationis eorundem fuerit prorogata, salvo tamen in premissis jure meo et heredum meorum seu assignatorum omnium qui pro tempore fuerint in proxima sequenti vacatione et aliis vacationibus quando-cumque sequentibus unum presbiterum prout superius est expressum ad dictum servicium faciendum et complendum in loco supradicto debito tempore presentandi in forma antedicta. Quandocumque vero per mortem cessionem ammotionem vel promotionem seu quoque alio modo dictam cantariam contigerit vacare, statim rector ecclesie de Topclyff' qui pro tempore fuerit una cum consensu meo vel heredum meorum seu assignatorum eligat quemdam honestum capellanum ad dictum servicium complendum durante hujusmodi vacatione et eidem capellano dare et assignare pro salario suo quantum mereri poterit ibidem durante vacatione supradicta, et quicquid fuerit prestitum eidem capellano ratione obsequii sui tempore predicto allocetur ei qui illud prestiterit per primum capellanum instituendum in dicta cantaria vel eum cui de dicta cantaria contigerit provideri.

Predictus vero dominus Thomas capellanus et quilibet ejus[1] successor capellanus quem ad dictam cantariam contigerit presentari sta[tim post in]stitutionem suam[1] in eadem, inspectis sacrosanctis ewangeliis, corporale prestet juramentum quod omnia ornamenta capelle predicte sibi per indenturam pro celebratione divinorum tradita et omnia et singula in presenti carta mea contenta quantum in ipso fuerit faciet et pro posse suo manutenebit toto tempore vite sue, salvo semper in omnibus jure matricis ecclesie de Topcliff' memorate. Et ego predictus Willelmus et heredes mei omnia predicta terras et tenementa cum suis pertinenciis in omnibus ut predictum est prefato domino Thome

---

[1] From *ejus* to *suam* is written over a deletion, which may explain why one line ends *sta-* and the next begins *-stitutionem*.

capellano et successoribus suis capellanis ad divina predicta modo prelibato celebraturis contra omnes homines warantizabimus et imperpetuum defendemus. Et ut hec presens donatio mea stabilis sit et firma imperpetuum perseveret, huic presenti carte mee tripartite sigillum meum et sigillum dicti domini Thome alternatim sunt appensa ac etiam sigillum dictorum dominorum .. decani et capituli in premissorum omnium testimonium et evidenciam pleniorem similiter presentibus apponi procuravi, cujus una pars penes predictum dominum Thomam capellanum et successores suos capellanos, secunda pars penes me et heredes meos et tercia pars penes predictos dominos decanum et capitulum remanent ad fidem perpetuam observandam. Hiis testibus dominis Johanne de Lasceles, Johanne Minyot, Rogero de Burton militibus, Marmaduco Darell, Roberto de Neuby, Willelmo de Crakehale, Edmundo Attewell et aliis. Datum apud Crakehale die Mercurii proxima post festum sancti Luce ewangeliste anno domini MCCCXXXVIII et regni regis Edwardi tercii post conquestum duodecimo.

Nos igitur Willelmus permissione divina Eboracensis archiepiscopus Anglie primas supradictus piam devotionem dicti domini Willelmi et propositum tam salubre conceptum plenius advertentes ob Dei reverenciam et divini cultus augmentum, ad que tendit dicti domini Willelmi affectio prelibata, exhibitis [Fo. 265; N.F. 318][1] coram nobis carta domini nostri regis ac littera domini Henrici de Percy militis domini de Topclyff' super licencia consensu et assensu eorundem adhibitis in hac parte et hujusmodi cantariam in capella predicta perpetuo faciendam memorantibus, quarum litterarum tenores per ordinem subsequuntur:

(ii) Edwardus[2] [*as in no. 422 (ii)—tenetur*] per finem tamen quem Willelmus Darell chivaler fecit nobiscum concessimus et licenciam dedimus pro nobis et heredibus nostris quantum in nobis est eidem Willelmo quod ipse unum mesuagium et sex bovatas terre cum pertinenciis in Crakehale et Elvedmere dare possit et assignare cuidam capellano divina pro salubri statu ipsius Willelmi et Johanne uxoris ejus dum vixerint et pro animabus eorundem cum ab hac luce subtracti fuerint ac animabus patris matris antecessorum suorum necnon omnium fidelium defunctorum in capella sancti Egidii de Elvedmere singulis diebus celebraturo, habenda [*as before, mutatis mutandis—* patentes.*] Teste Edwardo duce Cornubie et comite Cestrie filio nostro karissimo custode Anglie apud Norhampton vicesimo octavo die Julii anno regni nostri xij.

(iii) Omnibus hoc scriptum visuris vel audituris Henricus de Percy

[1] The succeeding folio is also numbered 265 in the original foliation.
[2] See *CPR. 1338-40*, 117.

dominus de Topclyff' super Swale salutem in Domino sempiternam. Sciatis me pro me et heredibus meis concessisse et licenciam dedisse domino Willelmo Darel militi domino de Cessay quod ipse[1] et heredes sui possint dare et assignare unum mesuagium et sex bovatas terre cum suis pertinenciis que de me tenet in Elvedmere et Crakhale cuidam capellano divina singulis diebus in capella sancti Egidii de Elvedmere pro salute anime mee animarum predicti domini Willelmi antecessorum et heredum suorum et omnium fidelium defunctorum imperpetuum celebraturo, et quod idem capellanus predicta tenementa sibi appropriare et ea sic appropriata tenere possit sibi et successoribus suis in capella predicta pro animabus predictis celebraturis imperpetuum similiter licenciam dedi et concessi specialem, ita quod nec prefatus dominus Willelmus vel heredes sui aut prefatus capellanus seu successores sui ratione statuti editi aliqua tenementa ad mortuam manum sine licencia non ponendi per me vel heredes meos inde occasionentur molestentur in aliquo seu graventur. In cujus rei testimonium huic presenti scripto sigillum meum apposui. Hiis testibus dominis Johanne Minyot, Johanne de Lasceles, Rogero de Burton militibus, Roberto de Neuby de Dalton, Edmundo ad Fontem et aliis. Datum apud Ebor' die Veneris proxima post festum nativitatis sancti Johannis Baptiste anno domini millesimo CCCXXXVIII.

Omnia et singula in ordinatione dicte cantarie contenta ac ipsius cantarie ordinationem causis consideratis et intime ponderatis ejusdem quatenus ad nos attinet acceptamus et ipsa sic fieri debere et esse ac imperpetuum inviolabiliter observari ordinamus decernimus confirmamus emologamus ratificamus pronunciamus et etiam diffinimus, jure jurisdictione libertate dignitate et honore nostris et ecclesie nostre Eboracensis in omnibus et per omnia semper salvis. In quorum omnium testimonium atque fidem presentes sigilli nostri appensione fecimus communiri. [Cawode, 7 id. Feb. 1338.]

504. Institution and mandate for induction of Thomas, son of Gregory de Topcliffe, chaplain, to this chantry; presented by William Darell, kt. Cawood, 17 Feb. 1339.

505. Licence to Master John de Wirkesale, rector of Easington, to be absent for two years. Cawood, 20 Feb. 1339.

506. Licence to Thomas de Heselwode, rector of Welbury, to farm his church with its fruits and obventions for three years. Cawood, 2 Mar. 1339.

---

[1] MS. *ipsi.*

507. Institution and mandate for induction of Richard Morers, clerk, to the church of Elvington, vacant by the death of John Broun; presented by Henry de Moreby. Cawood, 4 Mar. 1339.

508. Licence to Richard Morers, acolyte, rector of Elvington, to be absent in a *studium generale* for two years and not be bound to be promoted to higher orders 'in forma constitutionis capituli Cum ex eo'. Cawood, 30 Mar. 1339.

509. Institution etc. of Thomas de Ripplyngham, chaplain, to the church of Stokesley, vacant by the resignation of Master John de Burton, in an exchange from the church of Huggate; presented by the abbot and convent of St. Mary, York. Cawood, 30 Apr. 1339.

510. Licence to Thomas de Ripplyngham, rector of Stokesley, to be absent for one year. Cawood, 28 May 1339.

511. [Fo. 265ᵛ; N.F. 318ᵛ] Licence to William de Wardhowe, rector of Lythe, to be absent for two years and farm the fruits of his church. Bishopthorpe, 10 June 1339.

512. Institution in the person of Master John de Not', rector of Elkesley, and mandate for induction of Master Thomas Beek, chaplain, D. Cn. L., to the church of Brompton, in an exchange from the church of Clayworth, the prebend of Ruscombe in Salisbury cathedral, and a prebend in All Saints collegiate church, Derby; presented by the prior and convent of Malton. Bishopthorpe, 23 June 1339.

513. LICENCIA NON RESIDENDI PRO RECTORE ECCLESIE DE ESCRIK. Licence to Simon de Monkton, rector of Escrick, to be absent for one year and farm the fruits of his church. 19 July 1339.

514. Mandate for the induction of John de Hothwait, deacon, to the church of Brafferton, to which he has been instituted by Master John de Whitechirche, canon of Salisbury, vicar-general of Richard, bishop of Durham, by virtue of the archbishop's commission for an exchange from a portion in the church of Middleton St. George; presented by the prior and convent of Newburgh. Cawood, 30 Sept. 1339.

515. Licence to Roger Basset, rector of Terrington, to be absent in a *studium generale* for one year from 13 Apr. 1340, farm his church, and not to appear in synods. Cawood, 3 Oct. 1339.

516. Licence to William de Skipwith, rector of Crathorne, to be absent in a *studium generale* for one year and not to appear in synods. Cawood, 3 Oct. 1339.

517. (i) Collation to William de Rikhale, chaplain, of the chantry in York Minster ordained in the appropriation of Stillingfleet church to Bootham hospital (same form as no. 370), vacant by the resignation of William de Esingwald, in an exchange from the vicarage of Weston. (ii) Mandate for his induction to the dean and chapter of York. Cawood, 8 Oct. 1339.

518. Institution in the person of Robert de Papworth, clerk, and mandate for induction of Master Thomas Bek, chaplain, to the church of Brompton; presented by the prior and convent of Malton. Cawood, 21 Oct. 1339.

519. Licence to Master Thomas Bek, rector of Brompton, to be absent while resident in Lincoln cathedral. Same date.

520. Institution etc. of William de Feriby, chaplain, to the church of Stokesley, vacant by the resignation of Thomas de Ripplingham, in an exchange from the church of Clayworth; presented by the abbot and convent of St. Mary, York. Cawood, 4 Nov. 1339.

521. [Fo. 265; N.F. 319][1] Licence to John de Hothwayt, rector of Brafferton, to be absent to study for one year. Cawood, 17 Jan. 1340.

522. John de Whittechirch, canon of Salisbury, vicar-general of Richard, bishop of Durham, 'habens inter cetera sibi commissa potestatem beneficiorum ecclesiasticorum permutaciones auctorizandi nomine dicti patris ac etiam venerabilis patris Willelmi Dei gracia Eboracensis archiepiscopi Anglie primatis in hac parte commissarius specialis', to John de Hothwayt, deacon. Institution to Brafferton (as in no 514). Howden, 29 Sept. 1339.

523. Memorandum of the archbishop's mandate to the archdeacon of Cleveland or his official to induct Hothwayt. Cawood, 29 Sept. 1339.

[1] This is the second of the two folios numbered 265.

524. [*Cawood, 12 March 1336. Commission of the provision* in forma pauperum *of William Couper of Aislaby to a benefice in the gift of Marton priory.*]

COMMISSIO IN NEGOTIO PROVISORIO WILLELMI DE ASLACBY PRESBITERI. Willelmus [*etc.*] executor seu provisor unicus in negotio provisorio Willelmi dicti Couper de Aslacby pauperis presbiteri nostre diocesis ad providendum eidem de beneficio ecclesiastico spectante ad collationem vel presentationem prioris et conventus prioratus de Marton ordinis sancti Augustini dicte nostre diocesis secundum formam litterarum apostolicarum nobis directarum a sede apostolica deputatus, dilectis filiis abbatibus monasteriorum beate Marie Eboracensis de Selleby ordinis sancti Benedicti dicte nostre diocesis, officiali curie nostre Eboracensis, magistro Johanni de Aton utriusque juris professori canonico Lincolniensi, prioribus de Gisburn de Kirkham de Bridelington de Novo Burgo de Wartria de Drax de Parco ordinis sancti Augustini dicte nostre diocesis .. prioribus de Malton dicte nostre diocesis et sancti Andree Eboracensis ordinis de Sempingham, salutem et mandatis apostolicis firmiter obedire. Ad procedendum in negotio provisorio predicto servato quocumque processu legitimo per nos seu quemcumque subexecutorem sive subprovisorem nostrum habito sive inchoato et etiam ad providendum dicto pauperi presbitero de beneficio ecclesiastico et ad conferendum eidem illud beneficium juxta seriem et tenorem predictarum litterarum apostolicarum et processuum super hiis habitorum ipsumque inducendum in corporalem possessionem dicti beneficii et defendendum inductum et omnia alia faciendum in hujusmodi provisionis negotio que nos facere possemus vices nostras plenarie committimus vobis et cuilibet vestrum per se et insolidum, aliam quamcumque commissionem quibuscumque aliis commissariis nostris sive subdelegatis in isto negotio per nos factam per quam presenti commissioni nostro vel ejus effectui posset prejudicari vel in aliquo derogari tenore presentium revocantes,[1] injungentes autem vobis firmiter sub pena excommunicationis majoris quam non inmerito poteris formidare si hujusmodi mandatis nostris immo verius apostolicis non parueritis cum effectu, ac etiam in virtute sancte obediencie qua sacrosancte sedi apostolice tenemini et nobis precipientes mandamus quatinus vos et quilibet vestrum cum ex parte dicti Willelmi requisiti fueritis aut aliquis vestrum requisitus fuerit hujusmodi mandatum nostrum seu verius apostolicum in omnibus et per omnia debite exequamini et quilibet vestrum exequatur et eidem contra quoscumque exhibeatis et faciatis promptum justicie complementum. In cujus rei testimonium sigillum nostrum presentibus est appensum. [Cawode, 4 id. Mar. 1336] et pontificatus nostri vicesimo.

[1] See no. 442.

525. ['*Same date*'. *Union of the vicarage of Brafferton to the rectory.*]

UNIO VICARIE DE BRAFERTON FACTÁ ECCLESIE EJUSDEM. Willelmus permissione divina Eboracensis etc. dilecto filio domino Willelmo de Popilton rectori ecclesie de Braferton nostre diocesis salutem [*etc.*]. Ex parte tua nobis extitit intimatum quod licet ecclesia tua predicta fructus redditus et proventus ejusdem ad sustentationem unius rectoris et vicarii perpetui in ea instituti abolim se extendebant, per incursum tamen hostilem sterilitatem terrarum et alia incommoda eadem ecclesia et ipsius fructus et proventus adeo fuerant et sint diminuti quod ad unius persone sustentationem et onera eidem ecclesie incumbentia supportanda sufficere non poterunt hiis diebus ut creditur quod in futurum sufficere debeant quovismodo, quare pro parte tua nobis fuerat supplicatum ut portionem fructuum et proventuum dicte ecclesie qui vicario ejusdem fuerant assignati personatui dicti ecclesie perpetuo unire et assignare ex hiis causis pro oneribus per rectorem dicte ecclesie supportandis curaremus; super quibus nos servato processu legitimo super valore fructuum et proventuum dicte ecclesie ac oneribus eidem incumbentibus et aliis per partem tuam suggestis per testes in forma juris juratos examinatos vocatis omnibus et singulis quorum interest vel interesse poterit in hoc casu inquisivimus et inquiri fecimus diligenter. Et quia per testes fidedignos juratos et examinatos comperimus quod suggesta hujusmodi ex parte tua plenam continebant varitatem ac quod evidens utilitas et urgens necessitas exigunt et exposcunt unionem et annectionem hujusmodi ex hujusmodi causis fieri debere, de voluntate et consensu decani et capituli ecclesie nostre Eboracensis cum quibus ex hac causa deliberationem habuimus sufficientem et tractum, portionem vicarie seu vicario in dicta ecclesia de Braferton de fructibus dicte ecclesie assignatam, concurrentibus omnibus qui requiruntur in hoc casu, rectorie et ecclesie de Braferton unimus annectimus et incorporamus. Et ut liberior [Fo. 265ᵛ; N.F. 319ᵛ] executio fieri de premissis dominus Richerus de Leedes vicarius dicte ecclesie in ea institutus omni juri quod habuit in vicaria predicta propter exilitatem portionis sue in manus nostras resignavit et cessit eidem. Nos etiam cessionem resignationem hujusmodi admittentes volumus et ordinamus ex causis predictis quod tu pro tempore tuo ac omnes successores tui dicte ecclesie de Braferton rectores habeant et percipiant integraliter et insolidum omnes et singulos redditus et proventus dicte ecclesie de Braferton ac omnia onera eidem ecclesie incumbentia subeas et supportes ac successores tui onera hujusmodi subeant et supportent perpetuis temporibus successivis. In cujus rei testimonium sigillum nostrum etc. Datum die et anno domini supradictis.

526. [N.F. 320] Certificate of Andrew de Grymston, sequestrator in the archdeaconry of Cleveland, to Archbishop Greenfield, citing his commission (dated Bishop Burton, 4 Nov. 1314) and giving an itemised valuation of the vicarage of Felixkirk. Felixkirk, 9 Nov. 1314.

[N.F. 320ᵛ] Address and dating clauses of Greenfield's inspeximus of this certificate. Bishop Burton, 18 Nov. 1314.[1]

Printed in *Reg Greenfield*, iii. 94-7.

---

[1] Lower down is *Domino nostro domino archiepiscopo per suum . . . sequestratorem Clyveland'*. This suggests that the document is the original certificate.

INDEX OF PERSONS AND PLACES

References are to the numbers of entries

A

Abberwick (*Alberwik*, *Alburghwyk*), Northumb., Master Gilbert de, rector of Langton, 402
> John de, chaplain, 299
> Master William de, D.D., precentor of York, rector of Wheldrake, archbishop's chancellor, 86 [p. 44], 291, 318, 320, 452, 502

Absolon, William, vicar of Great Edstone, 467

Acaster Malbis, Yorks., 185

Acaster, Henry de, rector of Scawton, 345

Acklam, West (*Acclom*), Yorks., 393

Acklam (*Acclum*), Walter de, O.P., 28

Adam, *conversus* of Rosedale priory, 266

Adam, son of Richard, 240

Addy, Richard, 240

Adlingfleet (*Athelyngflet*), Yorks, 253, 348

Agnes, prioress of Handale, 134

Airmyn, Yorks., William de, bishop of Norwich, 445

Albano (*Albanensis*), Italy, bishop of, *see* Deuza

Alberwik, *see* Abberwick

Aldeburgh, John de, rector of South Kilvington, 315, 335

Alverstan, Alan de, vicar of Stainton, 249

Ampleforth (*Ampleford*), Agnes de, nun of Moxby, 211

Amwell, Herts., John de, rector of Huntington, 236, 251

Appleby, Westm., 374

Applegarth (*Appelgarth*, etc.), Nicholas de, chaplain, 458
> Sabina de, prioress of Moxby, 31, 211, 314 [p. 130]
> William del, of Kilham, vicar of Great Edstone, 250, 351

Appleton, Nun (*Apelton*), Yorks., priory, 211, 481

Appleton, William de, acolyte, 62
> William de, chaplain, 31

Appleton-le-Street (*Appelton in Rydale*), Yorks., 232, 254, 384
> rectors of, *see* Fleming; Langford

Apthorp, Master Robert de, clerk, 273

Arden (*Erden*), Yorks., priory, 7, 137, 222, 242–4, 328, 331, 375, 392, 484

Arksey, Yorks., 403

Armagh (*Ardmachanus*), Ireland, archbishop of, *see* Jorz

Arthington, Yorks., priory, 75, 328

Athelyngflet, *see* Adlingfleet

Aton, *see* Ayton

Attegrene, Attehall, Attewell, *see* Green, Hall, Well

Auckland, co. Durham, Stephen de, canon of Guisborough, 300, 304

Avenel, Master Denis, archdeacon of East Riding, official of York, 274, 277–8, 466

Avignon, France, 164, 280, 304, 498

Ayton, Great (*Aton*, *Aton in Clyveland*), Yorks., 127, 139, 267, 272, 396, 422
> Gilbert de, kt., 107, 223–4, 240 [p. 94], 422 [pp. 159, 163, 165], 423
> Master John de, D.C. & Cn.L., official of York, 470, 482, 524
> Robert son of Peter de, 245–8

B

Badsworth (*Baddesworth*), Yorks., 257

Bagby (*Bagebi*, *Baggeby*), Yorks., Maud de, of Thirsk, 86 [p. 45]
> Robert de, 526
> William de, subdeacon, 217

Balande, *see* Byland

Bampton, John de, clerk, 257

Bard, William, 240; of Osgodby (the same?), 422 [pp. 163–4]

Bardney (*Bardenay*), Lincs., abbey, 452

Barford (*Berford*), Richard de, 405
> William de, justice of Common Pleas, 107, 224, 277

Barnby *or* Barmby (*Barneby*), Thomas de, clerk of the archbishop's household, 291

Barnby-upon-Don (*Barneby super Doon*), Yorks., John Thomas de, notary, 360

Baron (*Barun*), John, of Adlingfleet, rector of Upper Helmsley, 253, 348, 365

Barton, Alice *or* Joan, prioress of Moxby, 211, 255, 263, 313
> Joan de, nun of Moxby, 211
> John de, 297

---

[1] Probably not *magister* as in no. 303.

St. Oswald's priory, Nostell, *see* Nostell priory

Salisbury (*Nova Saresburia*), Wilts, 332
  prebend of Ruscombe in cathedral, 512

Salopesbur', *see* Shrewsbury

Salvayn, Anketin, kt., 373

Sampson, Master Thomas, D.C.L., canon of York, 501

Sandal Magna (*Magna Sandale*), Yorks., 443

Sawley (*Salleye*), Yorks., abbot of, 455

Scaleton, Scalton, *see* Scawton

Scarborough (*Scarburgh, Scardeburgh*), Yorks., 32
  Master Richard de, 273

Scargill, John de, rector of South Kilvington, 315

Scawton (*Scaleton, Scalton*), Yorks., 345
  rectors of, *see* Acaster; Worsall

Schelford, *see* Shelford

Schireburn, *see* Shirburn

Schirefhoton, Schirrevehoton, *see* Hutton, Sheriff

Scorbrough (*Scorburgh*), Yorks., Robert de, 283

Scot, Christiana, 86 [p. 43]
  William, 526

Scotherskelf, *see* Skutterskelfe

Scrayingham (*Scraingham, Skreyngham*), Yorks., rector of, *see* Erghum

Seamer (*Semer, Semere*), Yorks., 121, 269, 310, 422 [p. 165], 476, 483
  Stephen, clerk of, 114
  Ingramus de, canon of Marton, 206

Sedgeberrow (*Seggesbergh*), Worcs., 257
  rectors of, *see* Stowe; Southwark

Selby, Yorks., abbot of, 71, 524
  rural deanery of, 93
  John de, portioner of Rillington, rector of Welbury, 190, 258, 344
  Robert de, clerk, 295 [p. 122]
  Roger de, apothecary of York, 86 [p. 45]

Semer, Semere, *see* Seamer

Serjaunt, John son of Walter le, 472 [p. 178], 281

Sessay (*Cesay, Ceszay, Sezaie*), Yorks., 265, 503
  rector of, *see* Cave
  Hamo de, scholar, 102

Seton, William and Alice de, 472 [p. 175]

Settrington (*Setrington*), Yorks., rector of, *see* Grimston
  Master Geoffrey de, portioner of Hutton Bushel, 487, 499

Sewal, John, 295 [p. 122]

Sexhow (*Sexhou*), Yorks., 128

Sezaie, *see* Sessay

Shelford (*Chelford, Schelford*), Notts., priory, 51–2, 118, 206

Shepherd, Walter, of Sutton, 86

Sherburn-in-Elmet (*Shirburn in Elmet*), Yorks., 253

Sheriff Hutton, *see* Hutton, Sheriff

Shirburn, Alan de, canon, cellarer and perhaps sub-prior of Marton, 42–4, 64, 98, ?156, 206
  Master John de, 97
  John de, 422 [p. 163]

Shirefhoton, *see* Hutton, Sheriff

Shotwell, Master Robert de, official of the archdeaconry of East Riding, 33

Shrewsbury, dean of the royal free chapel of, *see* Hampton

Sinningthwaite (*Syningthwayt*), Yorks., 211

Sixendale, *see* Thixendale

Skelton, Yorks., 295–6
  chantry chaplain of, *see* Malton
  Adam de 'Adam son of Peter Marshal of Skelton in Cleveland,' 295–6
  John de, 295
  John de, clerk, 198
  Margery de, 295
  Peter de, 295
  Peter and Alice de, 295

Skipwith, Yorks., William de, rector of Crathorne, 465, 516

Skreyngham, *see* Scrayingham

Skutterskelfe (*Scothereskelf*), Yorks., 121, 267
  John de, 114
  Robert de, 114

Skryn (*Skyren, Skyrin*), Master John de, commissary-general, 3, 4, 39

Sleaford (*Lafford*), Lincs., 153

Sleght (*Sleyght*), John of, York, rector of St. Mary, Richmond, rector of Kirby Knowle, 397
  Thomas, rector of Hawnby, vicar of Lastingham, rector of St. Mary, Richmond, 60, 132, 189, 218

Sleights (*Sleghtes*), Yorks., 187

Slingsby (*Slyngesby*), Yorks., 122, 403, 468–9, 482
  rectors of, *see* Cornwall; Dareyns; Hawsker

Smith, *see* Faber

Snaith, Yorks., spirituality of, 93
  Stephen de, cellarer of Marton, 85

INDEX OF SUBJECTS

Most of the cross-references are to the Index of Persons and Places.

A

Abbeys. *See* Bardney; Byland; Rievaulx; Roche; St. Albans; Sawley; Selby; Welbeck; Whalley; Whitby; York (St. Mary's). *See also* Priories

Abbots, professions of obedience of, 40

Absence, licence for, 22, 99, 108, 132, 140, 188, 205, 251, 275, 281, 284, 298, 302, 324, 330, 336, 344, 347–8, 356, 363–4, 367, 379, 382, 386, 401–2, 413, 415–6, 424, 426–7, 441, 444, 457, 459, 461, 480, 485, 487, 490–1, 519. *See also* Non-residence

    licence for (? study), 17

Absolution, licence to grant, 177

Accounts, manorial, 86

    royal household, not rendered, 112–3

Adultery, by beneficed clergyman, 407

    by layman, penance for, 208

    purgation on charge of, 221

Advocates, *see* Langton; Nassington, Philip; Southak; Towthorpe

Advowsons, law-suits over, 223–4, 373

Antiphoner, 240

Apostasy, by religious, 7, 77, 157, 172, 181–2, 300, 316

Apothecary, *see* Selby

Appropriation, 360. *See also* Vicarage

    inspeximus of, 404–5

Assault, on canon, 64

Assizes, *see* Mort d'ancestor; Novel disseisin

B

Bakery, ruinous, 314

Basin, silver, 86

Bastardy, 277–9

    dispensation for, 162, 280, 290, 350, 368, 380, 383

Benediction, of heads of religious houses, 40, 191, 435

Benefice, lawsuit over, 39, 184, 264, 340, 346

Blindness of incumbent, 478

Books, of civil law, licence to religious house to sell, 420

Bows and arrows, 139

Breviary, 38, 240

Brewhouse, ruinous, 314

Burglary, clerk accused of, 274, 289

C

Candles, 38

Censer, 240

Chalice, 240

Chancellor, archbishop's, *see* Abberwick; Hazelbadge; Wilton

Chantry, 418

    ordination of, 240, 295, 422, 472, 481, 503

Chapel, licence for services in, 479

    poor condition of, 95

    provision for maintenance of, 38, 95, 97, 339

Chastity, vow of, 437

Christianity, Dean of, in York, *see* Hemingbrough

Church, division of cost of maintenance, 273

    fruits of, licence to let, 365, 452

    fruits of, licence to sell, 268–9

    licence to put to farm, 396

    putting to farm without licence, 408

Civil law, books of, licence to religious house to sell, 420

Cleansing, ritual, of religious house, 220

Churchyard, reconciliation of, 384, 434

Clerk, of the archbishop, *see* Whatton. *See also familiares*

Clerks, criminous, 147, 245–8, 274

Clothing, of religious, 89

Collation, 57, 370, 406, 411, 517

Commissaries-general, *see* Skerne; Woodhouse

Common Pleas, court of, 223–4, 277, 373

Confessions, commission to hear, 81–2. *See also* penitenciaries

    licence to hear, 23, 28

Conversa, licence to receive, 103

Conversus, permitted to leave religious house, 266

Corporals, 240

Corrody, detailed, 358

    licence to religious houses to grant or sell, 173, 228, 282, 299, 420

    prohibition or limitation of the granting of, 2, 31, 66, 68, 78–9, 89, 139, 314. *See also* Livery, Pension

Courts, *see* Assizes; Common Pleas; York

Cum ex eo, see Study, licence for

Cup (*ciphus*), 86

213

Liveries, licence to sell, 148. *See also* Corrody, Pension

Loan, by archbishop to religious house, 270

M

Maintenance of wife pending hearing of divorce, 215

Malt-kiln, ruinous, 314

Marriage, clandestine, 297

Missal, 240

Mort d'ancestor, licence to take assize of, 107

Mortmain, licences, 240, 295, 422

N

Necromancy, clerk absolved for practising, 168

Non-residence, licence for, 138, 355, 493, 499, 505, 510–1, 513. *See also* Absence

process for deprivation of benefice because of, 291

supersession of penalty for, 167, 349, 453

unlicensed, 408

Notaries-Public, *see* Barmby; Carlton; Sherston; Snowshill

Novel disseisin, during Septuagesima, 70, 74

Nun, incontinent, 92, 314, 316–7

personal meeting with archbishop, 94

licence to receive, 69

O

Obedience, oath of, 40, 169, 191, 257, 288, 294, 296, 430

to head of religious house, 88, 428

Official of archdeaconry, creation of, 33

Official of archdeaconry of East Riding, *see* Shotwell

Officials, *see* Avenel; Ayton; Heslerton, Roger; Staines

Old age, of incumbent, 478

Oratory, licences for services in, 29, 128, 131, 338

Orders, letters of, clergy to produce, 123, 393, 482

inspeximus of, 498

Ordinal, 240

Ordination, irregular, dispensation for, 114, 164, 198, 290, 368

P

Penance, 47, 51–2, 77, 91, 157, 172, 181–2, 208, 263, 313, 316–7, 321–2

Penitenciaries, appointment of, 83–4, 301. *See also* Bellerby; Gower; Hawley; Kellessey

papal, *see* Deuza; Fredoli

Pension, grant of by religious house, 358, 390

licence to religious house to grant, 173. *See also* Corrody, Livery

to religious house from church, 25, 80

Pensions, to archbishop's clerks on new creation of head of religious house, 67, 151, 212, 233–4

Permutation of benefices, 153, 257, 286–8, 377–8, 397–9, 403, 462, 464, 468–9, 494, 500, 509, 512, 514, 517, 520, 522

Pilgrimage, 426

to Compostella, 302, 354

Pluralists, papal decree against, 5–6

royal mandate in favour of, 239

Poisoning, attempted, of canon, 64

Pollution of religious house, 220

Priest, failure of incumbent to be ordained, 11

Priories, *see* Appleton, Nun; Arden; Arthington; Baysdale; Bolton; Bridlington; Cartmel; Drax; Esholt; Ferriby, North; Grosmont; Guisborough; Hampole; Handale; Healaugh Park; Hexham; Keldholme; Kirkham; Lenton; Malton; Monkton, Nun; Moxby; Newburgh; Newstead; Nostell; Nunburnholme; Nunkeeling; Rosedale; St. Fromund; Shelford; Sinningthwaite; Swine; Thicket; Thurgarton; Watton; Worksop; Yedingham; York, Holy Trinity; York, St. Andrew's

Prison, archbishop's at Ripon, 248

archbishop's at York, 147

Privy seal, writ of, 239

Probate, *see* Testamentary jurisdiction

Proctors, *see* Apthorp; Hunmanby; Shirburn

Procurations, 12, 111, 124

non-payment of, 384

Property, private, of religious, 88

religious, alienation by former prior, 50

Provision, papal, 169, 294, 353

in forma pauperum, 442–3, 446–8, 455, 460, 466, 470, 501, 524

Psalter, 38, 240

Purgation, 221, 246–8, 274, 289

Q

Quest, letters of, 432, 477